Der 7. Sinn

Der 7. Sinn

Der große Ratgeber zur erfolgreichen ARD-Fernsehserie

Herausgeber:

H. Diether Ebeler
im Auftrag des

WDR

Text:

Eugen Menken

NAUMANN & GÖBEL

DER 7. SINN

Herausgeber: H. Diether Ebeler im Auftrag des WDR
Text: Eugen Menken
Bildtexte: Eugen Menken, Jürgen Schramek
Lektorat: Waltraud Still
Grafisches Konzept und Gestaltung: Hermann Bischoff
Herstellung: Lothar Mutzberg
Satz: Fotosatz Böninghausen GmbH, Köln
Lithographie: O/R/T/Offset Repro Team, Krefeld
Gesamtherstellung: Westermann Druck GmbH, Braunschweig

ISBN-3-625-10708-2

DER 7. SINN ist eine Gemeinschaftsproduktion des WDR Köln
in Zusammenarbeit mit der Deutschen Verkehrswacht e.V.

Inhalt

Zum Geleit

Wir alle brauchen einen 7. Sinn, um uns in den Wirrnissen und Gefahren des Straßenverkehrs zurechtzufinden. Und wenn das Unglück es will, brauchen wir noch einen 8. Sinn, um uns im Dschungel der Paragraphen nicht zu verirren. Gesetzestexte sind Gesetzestexte und von Juristen für Juristen gemacht. Als Laie versteht man einen Gesetzestext zunächst überhaupt nicht. Hat man ihn dann nach einiger Mühe verstanden, dann hat man ihn mit ziemlicher Sicherheit falsch verstanden.

Die Straßenverkehrsordnung (StVO) ist noch einigermaßen gut lesbar. Gleichwohl verwendet auch sie gesetzestechnische Fachausdrücke, die in einem ganz bestimmten Sinne verstanden werden wollen, wie zum Beispiel die Forderung, sich so zu verhalten, daß jede Gefährdung anderer ausgeschlossen sein muß. Das Kleingedruckte seiner Allgemeinen Versicherungsbedingungen hingegen versteht auf Anhieb nur, wer als Meister vom Himmel gefallen ist. Selbst Juristen sind oft verschiedener Meinung, wie ein Gesetzestext auszulegen und auf neue Fälle anzuwenden ist. Gleichwohl huldigen sie seit altersher dem Grundsatz: Unkenntnis schützt vor Strafe nicht. Und wenn die Verkehrsvorschriften dann nicht genügend befolgt werden, reden sie von *zunehmender Disziplinlosigkeit,* die härtere Strafen erfordere. Nach dem Motto: *Die Hauptunfallursache ist der Mensch, und diese muß beseitigt werden.* Dabei liegt es doch klar auf der Hand, daß es wenig zur Befolgung von Vorschriften beiträgt, wenn man erst Jura studieren muß, um sie zu verstehen. Regeln, die nicht verstanden werden, treten sich selbst auf die Füße. In den Augen der Bevölkerung steht daher die Klarheit und Verständlichkeit rechtlicher Regeln zu Recht an erster Stelle, wenn es darum geht, Verhalten zu verbessern. Strafen ist nur zweite Wahl. Der Mensch ändert sich nicht wegen, sondern allenfalls trotz der Strafe. Ich kenne keinen Geisterfahrer, der von Anfang an absichtlich in die falsche Richtung fährt. Ich bin auch nicht so pessimistisch zu glauben, daß die Menschen unfallsüchtig sind und jeden technischen Sicherheitsgewinn dadurch wettmachen, daß sie mehr riskieren. Ich glaube vielmehr, daß wir im Straßenverkehr vieles falsch machen, weil wir oft nicht hinreichend richtig informiert sind und weil wir uns auch manchmal durch falsche Reklame in trügerische Sicherheit wiegen lassen. Propaganda für richtiges Verhalten ist deshalb für mich die *erste* Bedingung für die Verkehrssicherheit.

Verkehrssicherheit geht uns alle an. Wir alle sind von den Problemen unseres Straßenverkehrs persönlich wie auch rechtlich betroffen. Ob wir zu Fuß gehen, Fahrrad fahren oder unser Auto benutzen.

Dennoch gibt uns das Verkehrsrecht manches Rätsel auf: Muß der andere mich nach dem Reißverschlußsystem auf seine Fahrbahn lassen? Darf die Straßenbahn mich einfach anfahren, wenn ich als Linksabbieger auf den Gleisen stehe? Darf die Polizei bei Rot in eine Kreuzung einfahren, wenn sie kein Blaulicht und kein Martinshorn an hat? Wie schnell darf ich in einer Wohnstraße fahren, wenn dort plötzlich Kinder auftauchen können? Genügt es nach einem Unfall, die Visitenkarte hinter den Scheibenwischer des beschädigten Autos zu klemmen? Kann ein betrunkener Fußgänger oder Radfahrer seinen Führerschein verlieren? Hafte ich als Gastgeber, wenn mein Gast auf der Heimfahrt in angetrunkenem Zustand verunglückt oder jemand anderen verletzt? Wenn ich Diskussionen über solche Fragen zuhöre, dann gibt es für jedes schwierige Problem eine ganz einfache Antwort. Aber die ist falsch.

Gerade weil ich als Verkehrsrichter von Amts wegen gehalten bin, mich ständig in fremde Angelegenheiten einzumischen, die mich persönlich nichts angehen, freue ich mich sehr darüber, daß ich dieses Buch schreiben konnte. Es war schon immer mein Wunschtraum, eine Straßenverkehrsordnung für den Normalverbraucher zu schreiben. Am liebsten hätte ich natürlich für jede Gruppe von Verkehrsteilnehmern, vom Fußgänger über den Radfahrer bis zum Autofahrer, eine vollständige und gesonderte StVO geschrieben. Aber dann wäre das Buch zu teuer und auch zu dick geworden. Und Sie hätten vielleicht die Lust am Lesen verloren. Es sollte auch genügend Platz bleiben für die Bilder aus dem 7. Sinn, die für sich selber sprechen. Deshalb mußte ich eine Auswahl treffen. Jede Auswahl ist subjektiv. Dennoch habe ich versucht, für jeden das Wichtigste herauszusuchen. Besonders habe ich die Probleme behandelt, über die nach meinen Erfahrungen als Verkehrsrichter nicht genügend Kenntnis und Klarheit bestehen. Ich hoffe, das Inhaltsverzeichnis hilft Ihnen, sich das herauszusuchen, was Sie persönlich als Verkehrsteilnehmer betrifft. Natürlich würde es mich freuen, wenn Sie zum Beispiel als Autofahrer auch die Kapitel über die Fußgänger, Radfahrer und Motorradfahrer lesen würden. Und umgekehrt, damit wir einander besser verstehen lernen.

Ein großer Teil unserer Verkehrsprobleme beruht nämlich darauf, daß wir dazu neigen, manches zu sehr durch unsere eigene Brille zu betrachten. Wenn wir uns um Rechtsfragen streiten, sind unsere Antworten immer auch von unseren persönlichen Erfahrungen, Gewohnheiten und Vorurteilen geprägt. Ein Pkw-Fahrer erlebt den Straßenverkehr anders als ein Radfahrer oder älterer Fußgänger. Das Recht hat eben die merkwürdige Eigenschaft, daß man es behalten kann, ohne es zu haben. Wir sollten daher nicht am toten Buchstaben des Gesetzes kleben und uns nur das heraussuchen, was uns recht ist. Denn: *Der Zweck ist der Schöpfer des ganzen Rechts* (Rudolf von Jhering). Deshalb habe ich bewußt kein Buch für Besserwisser oder Rechthaber geschrieben. Vielmehr ergreife ich in diesem Buch kraft Gesetzes wie auch aufgrund meiner persönlichen Überzeugung Partei für die Schwächeren: Die Kinder, die Hilfsbedürftigen und älteren Personen. Aber auch für die Radfahrer und alle anderen, die oft den kürzeren ziehen. Denn *Schwach sind wir alle* (William Shakespeare). Für mich als Verkehrsrichter gilt daher: *Das Recht des Stärkeren ist das stärkste Unrecht* (Maria von Ebner-Eschenbach). Deshalb habe ich mich auch nicht gescheut, ab und zu kräftig ins Fettnäpfchen zu treten. Wenn ich dabei Ihrer Meinung nach danebengetreten haben sollte, freut mich das. Es geht mir nämlich nicht darum, persönlich Recht zu haben. Mein Wunsch ist es vielmehr, Sie nachdenklich zu machen.

Wenn Partnerschaft im Straßenverkehr wie im Leben kein leeres Wort sein soll, müssen wir alle unseren eigenen Egoismus ein wenig hintenansetzen und an die anderen etwas mehr denken als an uns selbst. Ein *Egoist ist* ja bekanntlich *ein primitiver Mensch, der an sich selbst mehr denkt als an mich* (Ambrose Bierce). Und wer Partnerschaft dazu mißbraucht, die Gutmütigkeit des anderen auszunutzen, ist für mich ein Verkehrs-Rowdy. Dieses Buch widme ich allen, die von den Problemen des Straßenverkehrs und der Verkehrssicherheit *betroffen* sind. Ich hoffe, es hilft Ihnen ein wenig, Unfälle, Unglück und ungünstige Urteile zu vermeiden. Als Verkehrsrichter lebe ich zwar von Konflikten. Aber ich mag sie trotzdem nicht. Insoweit wäre ich lieber arbeitslos. Verfahren Sie immer nach dem Grundsatz: *Im Zweifel zu Gunsten der Verkehrssicherheit.* Damit werden Sie wie Ihre Partner immer gut fahren.

Das wünscht Ihnen Ihr Verkehrsrichter

Eugen Menken

Der 7. Sinn

Der Erfolg hat viele Väter, der Mißerfolg ist ein Waisenkind. Ersteres trifft auch auf den 7. Sinn zu, um nur einige Namen stellvertretend zu nennen für die vielen Mitarbeiter und Mitarbeiterinnen, die ihren Teil zum Erfolg beigetragen haben:

Die redaktionelle Verantwortung hatte bis 1982 Werner Kleinkorres, und auch in der Regie prägten zwei Namen die Geschichte der Sendung: Alfred Noell und besonders Günther Münch, der mit immer neuen Ideen bei der Umsetzung ins Bild 15 Jahre lang her-

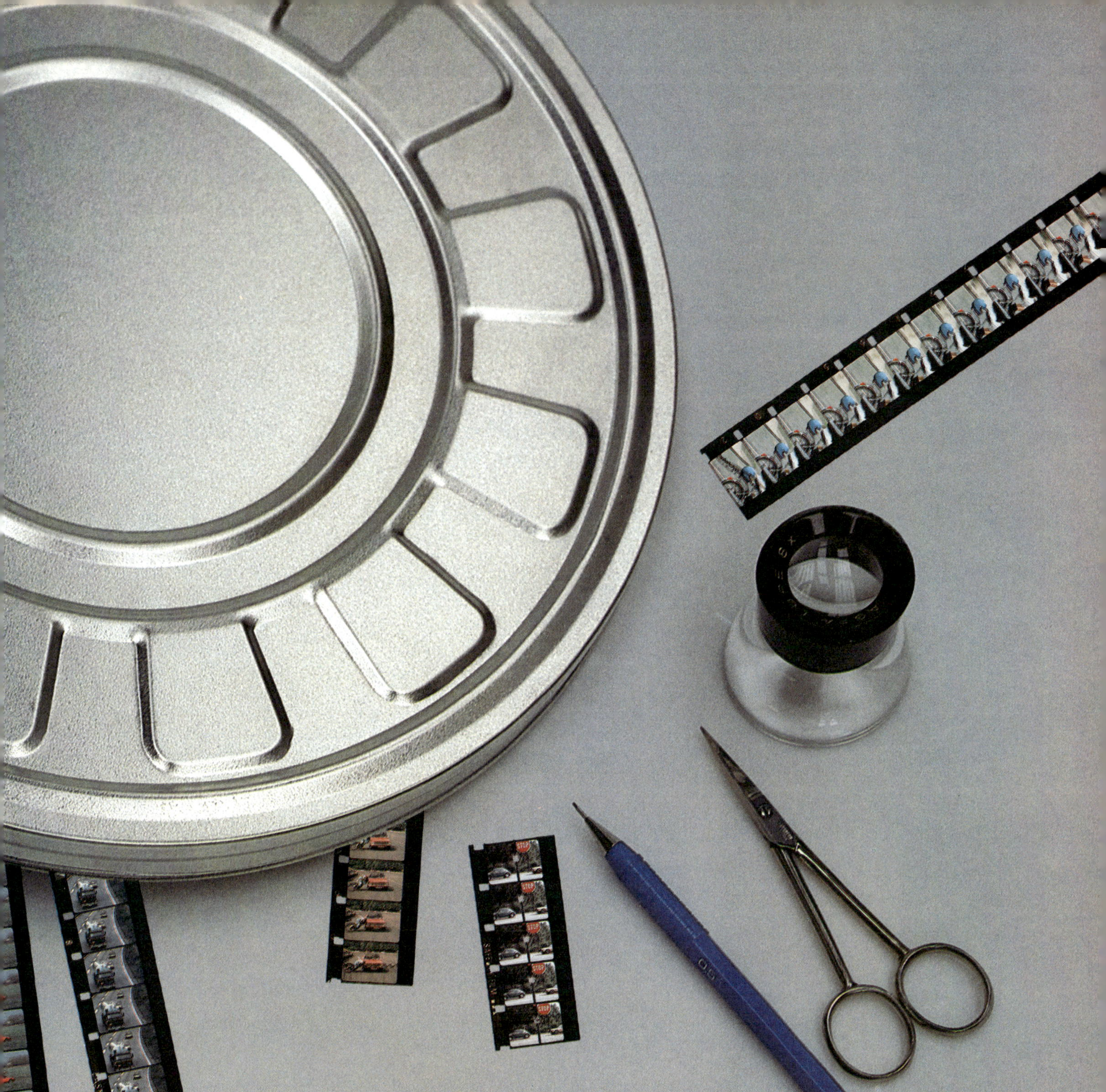

vorragende und preisgekrönte Leistungen vollbracht hat. Unterstützt wurde er dabei von Kameraleuten, wie z. B. Georg Tolksdorf, die keine Gefahren scheuten, die Szenen so lebensnah wie möglich zu gestalten.

Von Anfang an dabei waren auch Egon Högen, die Stimme beim 7. Sinn, weiterhin Heinz Engels, der Mann der Deutschen Verkehrswacht, sowie Günther Breuer, wohl der Fahrer des WDR mit den meisten (aber erwünschten) Blechschäden.

Durch zwanzig Jahre engagierte und kenntnisreiche Arbeit ist ein realitäts- und praxisnahes Filmarchiv entstanden, das seinesgleichen sucht. Der Verlag hat die wichtigsten Filme der letzten Jahre gesichtet, um aus der Fülle von über einer Million Einzelbildern gehaltvolle und informative Abbildungen auszuwählen.

1. Das fünfte Gebot ist das

Räder müssen rollen

Das Rad hat alles ins Rollen gebracht. Unsere Vorväter erfanden es in grauer Vorzeit. Dann dauerte es noch ein paar Tausend Jahre bis zur Geburtsstunde unseres Autos. Vor hundert Jahren (1886) setzten Carl Benz und Gottfried Daimler aus einem Motor und vier Rädern das erste Auto zusammen. Seitdem läuft es. Und läuft. Und läuft . . . Heute besitzen wir allein in der Bundesrepublik 30,2 Millionen Kraftfahrzeuge und legen damit auf einem Straßennetz von einer halben Million Kilometer über 358 Milliarden Kilometer zurück. Das sind pro Kraftfahrzeug rund 12.000 Kilometer. Das Auto hat uns also Beweglichkeit und Freizügigkeit geschenkt. Es hat uns auch zu Wirtschaftswachstum und Wohlstand verholfen. Ohne das Auto wäre unser Wirtschaftswunder nach dem zweiten Weltkrieg

Bei der heutigen Verkehrsdichte ist es unerläßlich, die vorhandenen Regeln zu beachten. Wer dies nicht macht, gefährdet sich und alle anderen, die sich regelgerecht verhalten.

erste Gebot

undenkbar. Etwa jeder sechste Arbeitsplatz hängt vom Auto ab, wenn man auch die mitzählt, die nur mittelbar vom Auto leben, wie die Verkehrspolizisten, Verkehrsrichter und Versicherungsangestellten, aber auch die Unfallärzte.

Viele Deutsche fahren mit dem Auto zur Arbeit. Daher passieren auch manche Unfälle auf dem Weg von und zur Arbeit. Besonders auf der Heimfahrt, wenn man zu früh abschaltet.

Die deutsche Wirtschaft lebt durch das Automobil. Aber obwohl das Auto uns Wohlstand und Arbeitsplätze brachte, hat es uns auch viel Leid gebracht. Jeder einzelne von uns muß die durch das Auto entstandenen Schäden über Steuern und Versicherungen mitbezahlen.

Wo sind sie geblieben?

Unbestreitbar haben die vereinten Anstrengungen und Bemühungen aller um die Verkehrssicherheit besorgten Institutionen und Personen in den letzten Jahrzehnten bei der Bekämpfung der Verkehrsunfälle große Erfolge gehabt. So konnten wir die Zahl der Verkehrstoten in den letzten 15 Jahren halbieren. Aber die Hälfte ist immer noch zuviel. Auch wenn die Unfallkurve, Gott sei Dank, stetig bergab geht, hat uns das Auto, seitdem es zu laufen begann, insgesamt doch viele Opfer abverlangt und manch einen auch überrollt. In der Bundesrepublik haben wir 1953 begonnen, die Opfer zu zählen.
Die traurige Bilanz für 32 Jahre: Über 38 Millionen Unfälle, über 460.000 Tote, und über 14 Millionen mehr oder weniger schwer Verletzte. Wenn man das Auf und Ab der Statistik einmal außer Betracht läßt, sind das 32 Jahre lang Tag für Tag 40 Tote und 1235 Verletzte. Oder andersherum: Alle 70 Sekunden wurde ein Mensch verletzt, und alle 36 Minuten wurde ein Mensch getötet.

Zu den gefährdetesten Gruppen im Straßenverkehr gehören die Zweiradfahrer. Unfälle enden bei ihnen fast immer mit Körperverletzungen.

Keine Lobby für die Verkehrsopfer?

Der Schriftsteller *Gerhard Zwerenz* schrieb Anfang der siebziger Jahre, als unsere Todeskurve den höchsten Punkt erreicht hatte, in seinem bissigen *Bericht aus dem Landesinneren: Westdeutschland mutet sich Jahr für Jahr an Menschenopfer zu von der Verlustgröße des Hitlerschen Polenfeldzuges.* Weiter schrieb er: *Wenn ein Mensch einen anderen umbringt, bestrafen wir ihn wegen Mordes. Wenn zehn Millionen Autofahrer in einem Jahr 20.000 Menschen töten, nennen wir es Statistik.* Warum ist ein Mord immer eine Schlagzeile wert, und warum sind es 40 Verkehrstote pro Tag nicht? Nur spektakuläre Unfälle kommen ins Fernsehen. Wenn ein Ausländer auf einem Autobahn-Kreuz vier Deutsche totfährt. Oder wenn eine Kolonne Lkw-Fahrer als Ritter der Landstraße furchtlos mit unverminderter Geschwindigkeit in den Nebel donnert. Oder wenn ein prominenter Kavalier am Steuer . . . Haben die Verkehrstoten bei uns keine Lobby? Oder die Schwerverletzten, sprich: Krüppel?

Nur zu rund einem Drittel aller Unfälle wird auch die Polizei geholt. Lediglich diese Schäden tauchen in den Statistiken auf. Die Mehrheit der Unfälle wird also mehr oder weniger totgeschwiegen.

Kain, wo ist Dein Bruder Abel?

Im Jahre 1984 wurden bei uns 882 Menschen ermordet oder totgeschlagen. Im selben Jahr haben wir im Straßenverkehr 10.193 Menschen umgebracht. Das sind fast zwölfmal soviel. Im Jahre 1971, unserem Rekordjahr, waren es sogar 29mal soviel. In dem Jahr hatten wir fast 20.000 Tote. Das waren 53 pro Tag. Gewiß: In rein rechtlicher Bewertung ist eine Tötung im Straßenverkehr kein vorsätzlicher Mord, sondern bloß fahrlässig. Und für Fahrlässigkeit kann man ja eigentlich nichts. Das verrät schon unsere Sprache. Wir sagen: Mir ist das Glas aus der Hand gefallen. Damit ziehen wir uns aus der Schlinge. Die Engländer sind ehrlicher. Sie sagen: *Ich* warf das Glas hin (I dropped it). Damit stehen sie zu ihrer Verantwortung. Was uns unangenehm ist und unser positives Selbstbild beeinträchtigt, das verdrängen wir gerne. Wenn wir nicht persönlich betroffen sind. So geht mir der Vater nicht aus dem Kopf, dessen kleines Kind totgefahren wurde. Als der Angeklagte von meinen zwei Schöffen und mir mit Zustimmung des Staatsanwalts Bewährung bekam, schleuderte mir der Vater im Gerichtssaal ins Gesicht: *Wenn das so billig ist, einen totzufahren, dann fahre ich auch einen kaputt.* Ich bin mir sicher, er hat es nicht getan. Denn noch nie hat Rache einen Toten wieder lebendig gemacht.

Auf Straßen, in denen links und rechts Autos parken, ist besondere Vorsicht geboten. Kinder, die die Straße überqueren wollen, haben wegen ihrer geringen Körpergröße nicht genügend Überblick. Auch die Kraftfahrer erkennen zwischen Autos hervorkommende Kinder erst sehr spät.

In drei Jahrzehnten starben täglich in der Bundesrepublik 40 Personen im Straßenverkehr. Die Schuldigen kommen meist mit Geldstrafen und einem Entzug der Fahrerlaubnis davon. Wer einen anderen im Straßenverkehr tötet, hat dies schließlich nicht absichtlich getan, sondern nur fahrlässig gehandelt. Ein Freibrief für alle, die sich nicht an die Regeln halten?

Unfälle wie diese gehören inzwischen zur traurigen Tagesordnung und werden kaum noch wahrgenommen. Nur wer konzentriert fährt und sich an die Regeln hält, hat Chancen, nicht selbst eines Tages Opfer eines Verkehrsunfalles zu werden und somit eine Zahl in der Statistik.

Eine genaue Erfassung aller Unfälle ist nahezu unmöglich, da viele Schäden überhaupt nicht gemeldet oder erfaßt werden.

Alle paar Sekunden kracht's

Über 38 Millionen Unfälle seit 1953 bedeuten: Alle 26 Sekunden gab es einen Unfall. Das sind jedoch nur die von der Polizei registrierten Unfälle. Die Polizei sieht aber bekanntlich nicht alles. Schon deshalb nicht, weil sie nicht überall sein kann. Im Jahre 1984 nahm die Polizei nur 1,78 Millionen Unfälle auf. Die Versicherungswirtschaft hingegen gab im selben Jahr in der Kfz-Vollkasko und Haftpflicht 15,8 Milliarden aus, um 4,808 Millionen Unfälle zu regulieren. Sie registrierte also

Es kracht häufig auf unseren Straßen. Genauer gesagt alle fünf Sekunden, so sagt zumindest die Statistik. Leider ist Straßenverkehr ohne Unfälle nicht möglich. Das war schon so, als Pferde-Fuhrwerke die Wege mit einem PS entlangpreschten.

über zweieinhalbmal so viele Unfälle wie die Polizei. Hinzu kommen noch die Unfälle der Fußgänger, Radfahrer und Tierhalter, die privathaftpflicht- und krankenversichert sind. Sowie die Unfälle, für die keine Versicherung einzutreten hat. Realistischerweise muß man also schätzen, daß wenigstens dreimal soviel Unfälle im Straßenverkehr passieren, wie die Polizei amtlich feststellt. Mit anderen Worten: Alle fünf Sekunden kracht's.

Wer muß das bezahlen?

Mit den Milliarden, die die Versicherungswirtschaft jährlich aufwenden muß, um die Schadenfälle abzudecken, sind die tatsächlichen Kosten der Verkehrsunfälle noch nicht bezahlt. Es bleiben erhebliche Kosten, die wir alle als Steuerzahler und Sozialversicherte aus unserer Tasche bezahlen müssen: Krankenhauskosten, Unterhalt der Hinterbliebenen, Invalidenrenten, Produktions- und Steuerausfälle, und noch manches andere mehr. Die Bundesanstalt für Straßenwesen schätzt den volkswirtschaftlichen Schaden der Verkehrsunfälle auf knapp 40 Milliarden DM jährlich. Das ist aber eher vorsichtig geschätzt. Was uns unsere Verkehrsopfer wirklich kosten, vermag niemand so genau zu sagen und ist letztlich auch eine Frage politischer Bewertung.

»Die Versicherung zahlt ja«, diese Meinung hört man oft, wenn ein Unfall geschehen ist. Aber erstens ist dies längst nicht immer der Fall, und zweitens entsteht durch die Zahlung der Versicherungen der gesamten Wirtschaft ein enormer Schaden. Denn irgendwo muß das Geld ja herkommen. Die Bundesanstalt für Straßenwesen schätzt den volkswirtschaftlichen Schaden der Verkehrsunfälle auf knapp 40 Milliarden Mark jährlich.

Trotzdem, die grausame Unfallstatistik könnte wesentlich günstiger aussehen, wenn alle mehr Rücksichtnahme üben würden. Fehler werden immer gemacht, wenn Menschen agieren. Aber man sollte versuchen, sie nicht nur beim anderen zu sehen, sondern auch bei sich selbst.

Das erste Gebot

Verkehrssicherheit wäre erreicht, wenn wir alle das fünfte Gebot beachten würden: *Du sollst nicht töten.* Das heißt nicht nur: Du sollst nicht morden. Das heißt vielmehr, daß wir alles unterlassen sollen, was Leib und Leben anderer in Gefahr bringt. Nichts anderes besagt der uns allen bekannte § 1 der Straßenverkehrsordnung (= StVO): *Die Teilnahme am Straßenverkehr erfordert ständige Vorsicht und gegenseitige Rücksicht. Jeder Verkehrsteilnehmer hat sich so zu verhalten, daß kein anderer geschädigt, gefährdet oder mehr, als nach den Umständen unvermeidbar, behindert oder belästigt wird.*

Der erste Absatz dieses Paragraphen ist ein Appell. Das sieht man daran, daß ein Verstoß gegen ihn nicht mit einem Bußgeld geahndet werden kann. Der zweite Absatz ist bei den Verkehrsteilnehmern, nicht ganz zu Unrecht, als Gummi-Paragraph gefürchtet. Auch wenn sonst kein Paragraph paßt: § 1 paßt immer. Trotzdem hat der Gesetzgeber der StVO ihm noch weitere 48 Paragraphen hinzugefügt.

Nur wenn keiner mehr am Straßenverkehr teilnähme, gäbe es keine Unfälle mehr. Dann herrschte aber totaler Stillstand. Das Unfallrisiko kann also nur durch gegenseitige Rücksicht und ständige Vorsicht ausgeglichen werden.

Wer vieles bringt, wird manchem etwas bringen

Eine wichtige Voraussetzung für die Befolgung wie den Erfolg eines Gesetzes ist die, daß es jedem Betroffenen, den es angeht, klare und konkrete Anweisungen an die Hand gibt, was er zu tun und was er zu lassen hat. So wendet sich die StVO an uns alle, ob wir nun Fußgänger sind, Radfahrer, Reiter oder Kraftfahrer. Oder ob wir jung sind oder alt, krank oder gesund. Sie gilt in guten wie in schlechten Zeiten. Viele Vorschriften wenden sich an alle, manche nur an einige. Der Gesetzgeber hätte natürlich auch für jede besondere Verkehrsteilnehmergruppe eine besondere StVO schreiben können. Eine für Fußgänger, eine für Radfahrer und eine für Kraftfahrer. Das hat er mit gutem Grund nicht getan. Der Autofahrer, der auch zu Fuß gehen muß und ab und zu Fahrrad fährt, hätte dann nämlich drei Gesetzestexte zu studieren. Deshalb müssen wir uns alle aus der StVO das heraussuchen, was für *uns* wichtig ist. Wie wär's, wenn Sie es einmal mit einer Leseprobe versuchen? Die paar Paragraphen schaffen Sie doch mühelos in einer ruhigen Stunde. Und ganz bestimmt geht Ihnen bei der Lektüre das eine oder andere Licht auf. Denn vieles kann man auf Anhieb verstehen.

Partnerschaftliches Verhalten im Straßenverkehr hilft jedem einzelnen und auch der Allgemeinheit, da durch faires Verhalten Unfälle verhindert werden können. Der junge Mann (großes Bild) sorgt dafür, daß die gehbehinderte Dame sicher und schnell über die Fahrbahn gelangt. Der Fahrer des Wagens (kleines Bild) gibt dem von der Seite kommenden Auto mittels Handzeichen deutlich zu verstehen, daß er ihn vorlassen will.

Rücksichtsvolles und partnerschaftliches Verhalten im Straßenverkehr hilft am ehesten, Unfälle zu vermeiden. Würden sich alle Verkehrsteilnehmer aufmerksam und fair verhalten, hätten wir es in unserer technisierten Welt bedeutend einfacher und könnten beruhigter sein.

Obwohl die Fußgängerampel Rot anzeigt, versucht der junge Mann noch, die Straße zu überqueren, ohne zu überlegen, daß die Autos gleich losfahren können.

Der Kraftfahrer auf dem linken Fahrstreifen fährt bei Grün bereits los, obwohl die Fahrzeuge neben ihm noch stehenbleiben. So sind häufig beide Beteiligte schuld, wenn es zu einem Unfall kommt.

Die StVO – ein Handbuch der Verkehrssicherheit . . .

Als die StVO im Jahre 1970 grundlegend neu gefaßt wurde, hat der Gesetzgeber erstmals in großem Umfang auch die Ergebnisse der Unfallforschung mitverwertet. Deshalb entschloß er sich, nicht nur das, was gefährlich *ist,* sondern auch alles, was gefährlich *sein könnte,* zu untersagen und unter eine Bußgeldandrohung zu stellen. Damit es gar nicht erst zu einem Unfall kommt. Sicherheit ist also das erste Ziel der StVO. Wenn wir alle immer alle Vorschriften beachten würden, gäbe es keine Unfälle. Und keine Verkehrsrichter. Der Verkehrsstrafrichter ist, genauso wie der Verkehrspolizist, bei der Verhütung von Verkehrsunfällen mit zuständig. Man kann aber ruhigen Gewissens sagen, daß der Verkehrsrichter das schwächste

Deutlich erkennbar fährt das vordere Fahrzeug trotz Rot in die Kreuzung ein. Für die meisten Kraftfahrer ist die rote Ampel tabu. Sie würden sie selbst dann beachten, wenn es für einen Rotlichtverstoß kein Bußgeld und keine Punkte gäbe.

Nicht immer ist der alleine schuld, der einen Fehler begangen hat. Hat der Unfallgegner durch sein Verhalten auch zu dem Unfall beigetragen, haftet er für den entstandenen Schaden mit. Hierbei liegt die Verantwortung für die Schadensverteilung in den Händen der Verkehrsrichter, die sich mit Hilfe von Zeugenaussagen, Polizeiermittlungen und den Regeln der StVO ein Urteil bilden müssen.

Kinder sind unberechenbar. In der Nähe von Schulen, Bushaltestellen und Spielplätzen lautet daher die Devise: Runter vom Gas und erhöhte Vorsicht.

Glied in der Kette der Verkehrssicherheit ist. Weil er immer erst hinterher tätig wird, wenn das Kind bereits in den Brunnen gefallen ist. Aber auch deshalb, weil wir nicht alle immer erwischt werden. Einer meiner Angeklagten empfand es als ungerecht, daß er ausgerechnet am 17. Mai auf seiner Tagesstrecke im Überholverbot erwischt worden war. Ich habe ihm gesagt, es gebe kein Recht, nicht erwischt zu werden, und er solle die 40 Mark auf all die Fälle umlegen, in denen er nicht ertappt worden sei. Dann sei er gut weggekommen. Daraufhin zog er dann seinen Einspruch zurück. Jede Rechtsordnung lebt zum größten Teil davon, daß sie freiwillig eingehalten wird.

Radfahrer sind eine höchst gefährdete Gruppe von Verkehrsteilnehmern. Nicht immer stehen ihnen gesonderte Wege zur Verfügung. Oft müssen sie sich unter Lebensgefahr ihren Weg durch dichte Blechlawinen suchen.

. . . und der Schadensverteilung

Sind beide Unfallgegner schuld, werden auch die entstandenen Schäden gemeinsam bezahlt. Meist legt ein Richter dann fest, wer wieviel zu zahlen hat, oder die Versicherungen der beiden Parteien setzen sich dann miteinander in Verbindung.

Die StVO ist nicht nur ein Katalog von Verstößen, in dem der Strafrichter nachschaut, wen er für was bestrafen muß. Sie ist auch eine Handanweisung für den Verkehrszivilrichter, wenn es darum geht, wer für den Unfall haftet und den Schaden bezahlen muß. Das Verkehrsrecht gibt dem Richter auch Auskunft, wie er den Schaden verteilen muß, wenn beide Unfallbeteiligte gegen Verkehrsregeln verstoßen haben, oder wenn ein Unfall nicht mehr restlos aufgeklärt werden kann, weil Zeugen und andere Beweismittel fehlen. Wer die Vorfahrt verletzt hat, haftet grundsätzlich alleine. Wenn aber der andere Beteiligte erheblich zu schnell gefahren ist, dann haftet er mit, weil seine überhöhte Geschwindigkeit für den Unfall wie die Schadenshöhe mitursächlich war. Das muß man aber beweisen. Etwa durch eine Bremsspur. Zeugen sind da weniger gut, weil sie sich bei Geschwindigkeitsschätzungen meist vertun. Bei der Haftungsverteilung wiegt dann der gröbere Verstoß in der Regel schwerer. In unserem Fall gibt es dann zum Beispiel eine Quote von 70 zu 30 zugunsten des Vorfahrtberechtigten. Er bekommt 70 Prozent seines Schadens ersetzt und muß 30 Prozent an den anderen zahlen, weil er zu schnell war. Wenn beide Parteien behaupten, bei Grün in die Kreuzung eingefahren zu sein und keine neutralen Zeugen zur Verfügung stehen, dann gibt es halbe-halbe. Das heißt nicht: Jeder trägt seinen Schaden selbst, sondern: Jeder ersetzt dem anderen die Hälfte seines Schadens.

Stehen für Radfahrer gesonderte Wege bereit, müssen sie auch benutzt werden.

Autofahrer müssen darauf achten, diese besonders gekennzeichneten Wege frei zu halten.

Auf Feldwegen gilt nicht die Vorfahrt nach der Regel rechts vor links. Ob ein Weg ein Feldweg ist, ist für Ortsfremde nicht immer zweifelsfrei auszumachen. Gibt es dort keine Verkehrszeichen, sollten Sie zu Ihrer Sicherheit die rechtlich ungünstigste Möglichkeit aussuchen.

Das zweite Gebot

. . . oder: Der Klügere gibt nach. Wenn die Situation es erfordert, sollten Verkehrsteilnehmer auch mal auf ihre Rechte verzichten. Durch Rücksichtnahme hilft man dem Schwächeren. Aber das ist keine Pflicht, sondern ein freundlicher Samariterdienst. Wer winkt und den anderen in einen Unfall lockt, ist kein Samariter, sondern handelt rücksichtslos.

Der Fahrer des gelben Wagens hat sich falsch eingeordnet und zwängt sich rücksichtslos über die durchgezogene Linie vor den grünen Pkw, der stark bremsen muß.

Auf das erste Gebot folgt das zweite Gebot. In der StVO steht es allerdings erst an elfter Stelle: *Auch wer sonst nach den Verkehrsregeln weiterfahren darf oder anderweitig Vorrang hat, muß darauf verzichten, wenn die Verkehrslage es erfordert.* Dieses Muß ist kein richtiges Muß, sondern nur Reklame und Propaganda für partnerschaftliches Verhalten. Wer das Muß nicht befolgt, wird also nicht bestraft. Sonst könnte ja der Vorfahrtverletzer den Vorfahrtberechtigten vor Gericht bringen, weil er nicht auf die Vorfahrt verzichtet hat. Deshalb heißt es im Gesetz auch weiter: *Auf einen Verzicht darf der andere nur vertrauen, wenn er sich mit dem Verzichtenden verständigt hat.* Also bitte nicht zu vertrauensselig sein. Erst Mißtrauen, dann verständigen und erst dann vertrauen. Blickkontakt alleine genügt noch nicht für eine Verständigung. Der andere muß auch deutlich zustimmen. Partnerschaft ist kein Muß, sondern ein freiwilliger Verzicht zugunsten des Schwächeren. *Der Klügere gibt nach.* Das soll aber nicht dazu führen, daß die Dummen die Welt regieren.

Soll man winken?

Viele Verkehrsteilnehmer, die den unterlegenen, weil nicht bevorrechtigten Partner aus einer Ausfahrt oder Nebenstraße herauslassen wollen, haben sich angewöhnt, ihn mit der Lichthupe oder durch ein Handzeichen einzuwinken. Doch ist dabei Vorsicht und Rück-Sicht geboten. Der andere kann dann nämlich zu sehr darauf vertrauen, daß er freie Fahrt hat. Wenn er dann zum Beispiel aus einer Straße von rechts nach links abbiegen will, kann es auf der Überholspur zu einem Zusammenstoß kommen. Es gibt bereits Gerichte, die den Winker zivilrechtlich für einen solchen Unfall mit haftbar machen. Also bitte erst in den Rückspiegel schauen, ob keiner kommt. Sonst lieber warnen statt winken.

Partnerschaftliches Verhalten zeigt unser Fahrer (großes Bild). Durch ein deutliches Handzeichen gewährt er dem vor ihm fahrenden roten Pkw sich einzuordnen. Wer sich vorbildlich verhält, fördert den Verkehrsfluß und verhindert gefährliche Situationen.

Jeder will der erste sein und keiner nimmt Rücksicht auf die anderen, auch wenn dadurch der Verkehr völlig zum Erliegen kommt. Durch solches Verhalten ruft man bei anderen Verkehrsteilnehmern Aggressionen hervor.

Partnerschaft ist nicht dazu da, die Herrschaft der Rücksichtslosen zu errichten. Der Fahrer des gelben Fahrzeugs hat sich verfahren. Anstatt einen kleinen Umweg in Kauf zu nehmen, setzt er grob verkehrswidrig und rücksichtslos zurück, um in der gewünschten Richtung weiterzufahren. Damit bringt er andere in höchste Gefahr. Wer auf Autobahnen wendet oder rückwärts fährt, ist schlimmer als ein Geisterfahrer. Denn er handelt vorsätzlich. Deshalb verliert er auch als Verkehrsrowdy seinen Führerschein.

2. Schuld sind immer

Recht haben und Recht bekommen sind zweierlei. Das kann daran liegen, daß man keine Beweise hat. Manchmal sind wir aber etwas zu sehr davon überzeugt, im Recht zu sein. Bis der Verkehrsrichter uns im Urteil schwarz auf weiß das Gegenteil bescheinigt. Das Lösen von Verkehrsrätseln ist ein beliebtes Gesellschaftsspiel beim Zusammensein zu Hause, an der Theke oder bei Freunden und Bekannten.

Recht haben und Recht bekommen

Geht es um die Rechtsprechung, meint jeder von uns, ein gewichtiges Wort mitsprechen zu können. An Theken und im Freundeskreis ist ein Urteil schnell gefällt. Die Beteiligten und der Richter sehen das aber oft anders und greifen auf schon gefällte Urteile, Fachbücher, Zeugenaussagen und polizeiliche Feststellungen zurück.

Vom Straßenverkehr verstehen wir ja schließlich alle etwas. Oft sogar mehr als der Experte. Für jedes schwierige Problem gibt es eine ganz einfache Lösung. Und die ist falsch. Alleine die Texte der einschlägigen Gesetze, Verordnungen und Richtlinien für den Straßenverkehr füllen einige Tausend Seiten. Das ist der Wortlaut des Gesetzes. Dann kommt der Wille des Gesetzgebers. Der steht in der amtlichen Begründung. Dann kommen Sinn und Zweck der Vorschriften. Dann kommen die Kommentare und Monographien der Rechtsgelehrten. Dann kommen die Fachzeitschriften mit der laufenden Rechtsprechung und Meinungen von Fachleuten. Und dann ... Und dann ...

Auf den ersten Blick scheint die Situation eindeutig: Der rote Wagen fährt über das STOP-Schild und stößt dabei mit einem anderen Verkehrsteilnehmer zusammen. Vor Gericht jedoch werden alle Umstände, die zu diesem Unfall geführt haben, zusammengetragen und gegeneinander abgewogen. Wenn der Vorfahrtberechtigte erheblich zu schnell gefahren ist, kann er an dem Unfall mitschuldig sein.

die anderen

Unachtsam begibt sich der junge Mann vor dem Bus auf die Fahrbahn. Den herankommenden Wagen nimmt er nicht wahr. Der Autofahrer kann den Mann hinter dem Bus nicht sehen, bekommt aber trotz dessen Unachtsamkeit später eine erhebliche Mitschuld. Denn an einer Bushaltestelle muß der Autofahrer immer mit Personen, die hinter einem Bus hervorkommen, rechnen und somit seine Geschwindigkeit anpassen. Er darf nur vorsichtig vorbeifahren.

Obwohl ich seit über 20 Jahren als Verkehrsrichter in Straf- wie Zivilsachen tätig bin und in dieser Zeit einige Regale voll Fachliteratur angesammelt habe, vergeht keine Woche, in der ich nicht mit meinen Kollegen über ein Problem brüten muß. Insbesondere nach Einführung einer neuen Vorschrift läßt es sich nicht immer vermeiden, daß die Gerichte verschiedener Meinung sind, bis die Rechtsfrage durch die höchstrichterliche Rechtsprechung der Oberlandesgerichte und des Bundesgerichtshofes gelöst ist und sich eine herrschende Meinung gebildet hat. Es gibt auch heiße Eisen, die verschieden angefaßt werden. So sind einige Schadenspositionen im Schadenersatzrecht streitig. Sie werden von den Gerichten teils zuerkannt und teils nicht. Richter sind nämlich keine Beamte. Sie sind nicht an Weisungen gebunden. Vielmehr sind sie nur *an Recht und Gesetz gebunden.* Das steht so in der Verfassung. Die Richter sind also auch dazu berufen, das Recht fortzubilden. Bei gleichbleibendem Gesetz kann sich das Recht ändern, wenn sich das allgemeine Rechtsbewußtsein ändert. Früher

... wie die Gerichte entscheiden

Selbst Experten werden von Gerichtsurteilen oft überrascht. Es staunt der Fachmann, und der Laie wundert sich. Seien Sie daher nicht zu sicher, daß Sie recht haben.

Früher galt der Vertrauensgrundsatz, und man konnte sich auf verkehrsgerechtes Verhalten verlassen. Heute gilt meist, daß der Stärkere auf den Schwächeren Rücksicht nehmen muß. Bei Kindern, Hilfsbedürftigen und älteren Personen muß man mit Fehlverhalten rechnen. Mitschuldig ist, wer diesen Personenkreis verletzt.

waren zum Beispiel Radfahrer und Fußgänger immer schuld, wenn sie schuld waren. Es galt der Vertrauensgrundsatz. Nach der Rechtsprechung durfte man auf ihr verkehrsgerechtes Verhalten grundsätzlich vertrauen. Heute setzt sich mehr und mehr die Meinung durch, daß der Kraftfahrer als der Stärkere es lernen muß, auf die schwächeren, häufig nicht ganz verkehrsgerecht handelnden Partner Rücksicht zu nehmen und ihr Fehlverhalten mit einzukalkulieren.

Ohne auf den fließenden Verkehr zu achten, radelt unser junger Freund auf die Straße. Nur eine gute Reaktion des Pkw-Fahrers kann dann noch einen Unfall vermeiden.

In der Zeitung hat aber gestanden . . .

Jeder liest die Zeitung, die ihm gefällt. Und sucht sich das raus, was ihm gefällt. Das ist aber leider nicht immer richtig, vor allem wenn es um die Auslegung juristisch heikler Sachverhalte geht.

Genügend Seitenabstand ist notwendig, damit der Radfahrer nicht in Bedrängnis kommt.

Wer dichter als 1,5 Meter an einem Radfahrer vorbeifährt, ist am Unfall alleine schuld.

Genießen Sie es bitte mit Vorsicht, wenn etwas in der Zeitung gestanden hat. Manche Urteile sind zwar sensationell, aber falsch. Wie das Urteil, die Gurtanlegepflicht sei verfassungswidrig. Das hätte man besser totgeschwiegen. Leider haben auch nicht alle Zeitungen genug Platz, um Gerichtsurteile ganz abzudrucken oder gründlich zu erläutern. Journalisten sind auch keine Juristen. Wenn die Schlagzeile lautet: Radfahrer, die vor einer Rot zeigenden Ampel rechts an der stehenden Fahrzeugkolonne vorbeifahren, überholen verbotswidrig, wird oft vergessen hinzuzufügen, daß der Kraftfahrer gleichwohl zwei Drittel des Schadens des Radfahrers zu tragen hatte. Insgesamt weiß man daher von vorneherein nie so ganz genau, wie die Gerichte entscheiden. Ein bißchen Unrechtsbewußtsein kann also nicht schaden. Wenn Sie es ganz genau wissen wollen, fragen Sie am besten Ihren Anwalt. Besonders dann, wenn Sie in einen Unfall verwickelt sind.

Fehler macht jeder ab und zu einmal. Das Leben liefe viel problemloser und entspannter ab, wenn man nicht nur die eigenen Fehler akzeptiert, sondern auch beim Fehlverhalten anderer Verständnis zeigt. Vieles ging dann leichter und ohne Streit ab.

Der Splitter im Auge des Nachbarn

Wenn wir morgens in den Spiegel schauen, sind wir alle super. Wenn man Kraftfahrer, die mehr als 10.000 Kilometer im Jahr fahren, bittet, sich selbst Zensuren zu geben, dann halten sich nach einer Untersuchung der Bundesanstalt für Straßenwesen 16 Prozent für sehr gut, 56 Prozent für gut und 27 Prozent für befriedigend. Zusammen also 99 Prozent. Der Rest ist Schweigen. Wer baut dann die vielen Unfälle? Anscheinend sind dies immer nur die anderen. Wenn dieselben Autofahrer die Fahrkünste anderer einschätzen sollen, dann ist keiner mehr sehr gut, nur noch 32 Prozent sind gut, und 62 Prozent sind durchschnittlich. An dieser Selbstüberschätzung hat sich in 15 Jahren nichts geändert. Offenbar sehen wir den Balken im eigenen Auge nicht.

Grobes Geschimpfe und der mahnende Zeigefinger helfen niemandem. Die Aggressionen des Unfall-Gegners werden durch Oberlehrer-Manieren höchstens noch größer.

Natürlich verhält sich diese Radfahrergruppe völlig falsch. Statt wild zu hupen, kann man aber auch bremsen, und die Sache bereinigt sich ohne großen Wirbel, und jeder kommt zu seinem Recht.

Typischer Fußgängerfehler: Der Überweg ist nur wenige Meter weiter, trotzdem wird die Straße vorher überquert. Mit typischen Fehlern anderer muß man aber rechnen. Das ist keine freiwillige Rücksicht, sondern Pflicht.

Auf dem Bild ganz links überholt der rote Pkw einen anderen Verkehrsteilnehmer auf der rechten Seite. Danach erspäht er auf der linken Fahrbahnseite eine Lücke und zwängt sich dort hinein. Als es auch hier nicht schnell genug weitergeht, drängt er sich rücksichtslos wieder nach links. Glücklich wieder dort angekommen (großes Bild), wird deutlich, daß der Kolonnenspringer sich wieder hinter dem Fahrzeug befindet, das er am Anfang seiner Kapriolen überholt hat.

Zu selbstbewußt

Besonders der Kolonnenspringer, der gerne Wettfahrten unternimmt und langsames Fahren für gefährlicher hält als schnelles, stuft sich überdurchschnittlich als sehr gut ein. Er ist der große Meister aller Klassen. Wenn es kracht, hat der andere ihn zum Überholen provoziert, weil er zu langsam war. Wenn er bei einer Radarkontrolle erwischt wird, dann hat er sich dem Verkehrsfluß angepaßt oder mußte ganz dringend zu einem lebenswichtigen Termin. Und wenn er bei Rot in die Kreuzung eingefahren ist, dann hat der Schutzmann ihm was angehängt. Er ist immer unschuldig. Deshalb schießt er bei seiner Verteidigung im Gerichtssaal ein Eigentor nach dem anderen. Wenn es seinem Anwalt nicht gelingt, die Notbremse zu ziehen.

Erhöhtes Verständnis für andere Verkehrsteilnehmer hilft der Sicherheit auf deutschen Straßen. Durch rücksichtsloses Verhalten gefährden wir nicht nur andere, sondern auch uns selbst. Der Kolonnenspringer, der ständig den Fahrstreifen wechselt und sich in zu enge Lücken hineinzwängt, wird als Verkehrsrowdy bestraft.

Kolonnenspringen kostet nur Nerven und bringt keine oder aber nur wenig Zeitersparnis. Durch solches Verhalten werden andere Verkehrsteilnehmer nur verunsichert und reagieren manchmal falsch. Dies führt nicht selten zu Unfällen.

Der Mann mit Hut . . .

Er hat es besonders schwer: Der ältere Herr mit dem Hut auf dem Kopf und der Klo-Papier-Rolle mit Häkelmützchen hinten im Schaufenster seines Autos. Je jünger Kraftfahrer sind, desto schlechter schätzen sie ältere Fahrer ein: Der Mann mit Hut fährt entweder blind durch die Gegend oder ist rechthaberisch und hemmt den Verkehrsfluß, weil er stur links fährt, um andere zu belehren. Kurz: Er provoziert Unfälle, an denen er dann merkwürdigerweise nicht beteiligt ist. Nach einer Verkehrs-Untersuchung, die Dieter Ellinghaus für die Uniroyal erstellt hat, fährt der ältere Kraftfahrer aber weniger, langsamer und auch vorsichtiger als früher. Er gleicht eben seine langsamer

Wer auf der Autobahn zu dicht auffährt und die Lichthupe betätigt, kann von seinem Vordermann wegen Nötigung angezeigt werden. Bevor man sich als Hintermann bemerkbar macht, sollte der Vorausfahrende eine Chance bekommen, die Fahrbahn zu räumen.

Obwohl Frauen in unserer Bevölkerung die Mehrheit darstellen, werden sie im Straßenverkehr nicht als vollwertige Partner akzeptiert. Statistiken beweisen, daß Frauen die vorsichtigeren Autofahrer sind und das größere Verantwortungsbewußtsein haben.

Junge Verkehrsteilnehmer sollten besonders auf ältere Menschen mehr Rücksicht nehmen. Da ältere Menschen nicht mehr so schnell reagieren, dauert es bei ihnen manchmal etwas länger, bis sie eine Situation erkannt haben.

gewordene Reaktion aus. Als Verkehrsrichter habe ich daher an ihm nichts auszusetzen. Auch wenn er an Einmündungen und Kreuzungen größere Schwierigkeiten hat als jüngere Kraftfahrer. Sie verunglücken dafür häufiger an Steigungen oder in Kurven. Im Polizeibericht steht dann: *Erst geriet ich in den Graben. Dann überschlug ich mich, und dann verlor ich die Gewalt über das Steuer.* Kein Grund also, sich erhaben zu fühlen. Vielmehr hat jedes Alter seine eigenen Schwierigkeiten. Wir sollten auch nicht vergessen, daß wir selber einmal älter werden. Heute sind von 61 Millionen bereits 12 Millionen Bundesbürger über 60 Jahre alt, also jeder fünfte. Von den 30 Millionen Führerschein-Inhabern sind ebenfalls 20 Prozent älter als 60. Im Jahre 2000 werden es 30 Prozent sein. Wer heute noch jung ist, ist dann auch nicht mehr der jüngste. Warum also nicht ein bißchen Geduld und Nachsicht haben mit denen, die wir einmal selber sein werden? Ich persönlich kann defensives Fahren nicht schlecht finden.

Frau am Steuer . . .

Die Frauen haben in unserer Bevölkerung die absolute Mehrheit. Es gibt knapp drei Millionen mehr als Männer. Vor zehn Jahren hatte nur ein Drittel aller Frauen einen Führerschein. Heute aber wird Jahr für Jahr die Hälfte aller Führerscheine der Klasse drei von einer Frau gemacht. Dennoch wird die Frau am Steuer von vielen Herren der Schöpfung wie eine Minderheit mit Vorurteilen bedacht. Für manche Männer sind die Frauen die Ostfriesen unter den Autofahrern. Wenn der Göttergatte allerdings auf einer Fete kräftig einen heben will, dann ist seine bessere Hälfte als kostenlose Taxifahrerin gerade gut genug. Sind diese Vorurteile wirklich berechtigt? Höchste Zeit, die Frau auch am Steuer als gleichberechtigte Partnerin anzuerkennen.

In nahezu allen Fahrzeugen trifft man heutzutage schon Frauen an. Zugegeben: Eine Lkw-Fahrerin gehört noch zu den Raritäten, während viele Frauen schon ihren eigenen Pkw haben und Bus- oder Bahnschaffnerinnen eine alltägliche Erscheinung sind.

Gleichberechtigt und verantwortungsbewußt

Frauen möchten im Straßenverkehr anerkannt werden. Kommt es zur Panne, sollten die Männer selbstverständlich helfen.

Wer einen anderen Verkehrsteilnehmer mit einer Panne am Straßenrand sieht, sollte es als Selbstverständlichkeit ansehen, seine Hilfe anzubieten. Besonders Frauen hoffen in solchen Fällen auf die Hilfe der männlichen Kollegen. Zum einen fehlt es ihnen meist an der nötigen Kraft, einen Defekt zu beheben, zum anderen haben sie auch meist nicht das nötige technische Verständnis. Für Frauen ist das Auto in der Regel lediglich ein Fortbewegungsmittel.

Inzwischen haben nach einer Befragung der Zeitschrift Brigitte aus dem Jahre 1984 die Frauen mehr und mehr ein Auto für sich und legen damit auch im Laufe des Jahres größere Strecken zurück. Sie sind also unabhängiger geworden. Das Autofahren macht ihnen auch Spaß. Der Wagen ist für die Frau kein Renommierobjekt, sondern ein Gebrauchsgegenstand, der wirtschaftlich, praktisch, sicher und möglichst auch umweltfreundlich sein sollte.

Im Straßenverkehr verhält die Frau sich verantwortungsbewußt. Sie fährt vorsichtig aber nicht ängstlich, obwohl sie ihren Geschlechtsgenossinnen etwas Angst zutraut. Männer sind nach Ansicht der Frauen im Straßenverkehr weniger rücksichtsvoll. Das Autofahren bedeutet für sie eher Nervenkitzel und die Chance, sich zu beweisen.

Frauenhände am Steuer eines Kraftfahrzeugs sind inzwischen eine Selbstverständlichkeit. Meist verhalten sie sich verkehrsgerechter als ihre männlichen Kollegen.

Regeltreu und unfallfrei

Laut Verkehrsuntersuchungen und Statistiken verhalten sich Frauen im Straßenverkehr regelgerechter als ihre männlichen Kollegen. Aus diesem Grund ist es auch leicht verständlich, daß durch sie weniger Unfälle verursacht werden.

Nach einer Uniroyal-Verkehrsuntersuchung über den Umgang mit Verkehrsregeln hat die Frau am Steuer viele Vorzüge: Sie hält den Sicherheitsabstand auch bei niedrigeren Geschwindigkeiten besser ein. Sie beachtet das Überholverbot besser. Sie fährt nicht so oft über die weiße Linie. Sie fährt auf der Autobahn deutlich langsamer. Möglicherweise auch, weil sie ein kleineres Fahrzeug führt. Insgesamt fährt sie regeltreuer und sicherheitsbewußter als der Mann. Deshalb landet sie auch seltener vor dem Verkehrsrichter.

An den meisten Tankstellen gibt es heutzutage zwar keine Bedienung mehr, aber so leichte Sachen wie Ölkontrolle und Scheinwerfer reinigen verrichten Frauen auch gerne selber. Solche Tätigkeiten gehören für sie zu den selbstverständlichen Arbeiten, um auch im Straßenverkehr als gleichberechtigt angesehen zu werden.

Mit der Technik ein wenig auf Kriegsfuß

Technisch ist die Frau am Steuer nicht so versiert wie der Mann. Bei einer Panne kann sie also einen Kavalier am Steuer durchaus gebrauchen. Die Frau kann sich auch für technische Einzelheiten nicht so begeistern. Für sie ist das Auto mehr ein nützlicher Gebrauchsgegenstand zur Fortbewegung als ein Prestigeobjekt. Gleichwohl schätzt die Frau ihr Fahrzeug, weil es Unabhängigkeit verleiht. Sie hat auch Freude am Fahren.

Frauen verändern das Straßenbild in jeder Beziehung positiv. Sie zeigen sich verantwortungsbewußt, und wer sieht nicht gerne eine schöne Frau am Volant eines Sportwagens. Aber Vorsicht: Lassen Sie sich durch soviel Schönheit nicht ablenken.

Eine erfreuliche Erscheinung

Die Frau am Steuer verdient volle Anerkennung als gleichberechtigter Partner. Sie hat sich als Verkehrsteilnehmerin voll emanzipiert. Ihr Fahrzeug weiß sie als Mittel zur Unabhängigkeit zu schätzen. Gleichwohl betrachtet die Frau ihr Fahrzeug nüchterner und rationaler als der Mann. Das Fahrzeug ist ihr in erster Linie ein Fortbewegungsmittel. Also ein Gebrauchsgegenstand, der wirtschaftlich, praktisch, sicher und möglichst auch umweltfreundlich sein sollte. Deshalb ist die Frau auch eher für ein Tempolimit zu haben. Das Autofahren bedeutet für sie keinen Nervenkitzel. Sie hat es eben nicht nötig, sich zu beweisen. Für mich als Verkehrsrichter ist die Frau am Steuer schon deshalb eine erfreuliche Erscheinung, weil sie bei mir so selten erscheint. Auch in der amtlichen Unfallstatistik wie der Verkehrssünderkartei spielt sie bei weitem nicht die Rolle, die der Herr am Lenker spielt. Für technische Belange interessiert die Frau sich weniger. Andererseits ist sie gerade deshalb gewissenhaft. 67 Prozent geben ihr Fahrzeug regelmäßig in die Inspektion und auch einige hundert Kilometer früher als der Mann. Für technische Einzelheiten kann sie sich nur wenig begeistern. Insgesamt sieht die Frau das Auto nüchterner und rationaler. Eine vernünftige Einstellung, die sich auch bei Männern mehr durchsetzen sollte.

Besonders im Sommer fallen Frauen in Pkws besonders auf. Durch ihre oft langen Haare, die im Fahrtwind wehen, verschönern sie das triste Alltagsbild unserer Autolandschaft.

Einem Flirt von Auto zu Auto ist wohl niemand abgeneigt.

Regelmäßige Pflege und Verantwortungsbewußtsein zeichnet die Frau am Steuer aus. Männer können hier noch viel lernen.

Machen andere Verkehrsteilnehmer auch öfter Fehler als Sie selber, regen Sie sich nicht unnötig auf. Durch Unverständnis verunsichern Sie den anderen nur noch mehr. Auch wenn der andere Ihnen als Verkehrshindernis erscheint, bleiben Sie ruhig und gelassen. Durch Überreaktionen kann es passieren, daß auch Sie Fehler machen und dann auch angepöbelt werden.

Immer diese Ausländer

In Hamburg sind es die Pinneberger, in Köln die Gladbacher, in Frankfurt die Offenbacher und in München die Starnberger. So hat jede Großstadt ihre *Bauern vom Lande,* die in die Stadt kommen, um den Verkehr zu behindern und Unfälle zu bauen. Dann gibt es natürlich auch die bekannte Marke mit der eingebauten Vorfahrt. Adel verpflichtet eben. Noch furchtbarer sind die richtigen Ausländer, für die man selbstverständlich einen Türkentarif erfinden muß. Sind unsere Vorurteile und Vor-Verurteilungen wirklich berechtigt? Viele Einwohner der Vororte oder umliegenden Gemeinden haben früher selber im Zentrum des Ballungsgebietes gewohnt und pendeln noch heute. Hand aufs Herz. Finden Sie sich wirklich in jeder fremden Stadt sofort zurecht? Können Ihnen da nicht Fehler unterlaufen, über die andere sich ärgern? Die meisten Vorurteile werden jedenfalls durch die Unfallstatistik nicht bestätigt. Andere sind also meistens nicht schlimmer, sondern nur etwas anders. Vielleicht sind wir auch gar nicht so super, sondern

Ortsfremde haben es auf unseren Straßen besonders schwer. Oft fahren sie sehr langsam und vorsichtig, und zudem befinden sie sich meist auf den falschen Richtungsfahrbahnen. Bei Ausländern kommt noch hinzu, daß sie oft die Verkehrszeichen nicht deuten können. Regen Sie sich über solche Ortsunkundigen darum nicht auf, und denken Sie immer daran, wie es Ihnen selbst in solchen Fällen in Rom oder Paris ergehen würde.

Eine Fahrt in einer fremden Großstadt verläuft nie ohne Probleme. Jede Stadt hat ihre eigenen Regeln. Ein Stadtplan ist zwar sehr nützlich, aber meist trifft man nur ungefähr in die gewollte Richtung. Die Wegweisung läßt leider auch oft zu wünschen übrig. Selbst Einheimische finden sich manchmal nur mit Mühe zurecht, wenn sie in einen anderen Vorort wollen.

manchmal nur *knapp ausreichend,* so daß wir uns an die eigene Nase fassen sollten. Wie steht es geschrieben? *Wer es wagt, der werfe den ersten Stein.* Wenn Sie sich gut leiden können, können Sie natürlich auch singen: *Wir sind alle kleine Sünderlein. 'S war immer so. 'S war immer so.* Als Richter kann ich es jedenfalls nicht als gerecht ansehen, erst Mitbürger aus dem Ausland in unser Land zu lotsen, um sie dann als Minderheit abzustempeln und am liebsten wieder rauszuwerfen. In der Fremde ist jeder elend, das heißt außer Landes, und tut sich schwer. Uns ginge es bestimmt nicht anders.

An Verkehrsknotenpunkten in Großstädten kommt es zur Rush-hour immer zu Staus. Einen so leeren Platz wie hier findet man meist nur in den frühen Morgenstunden.

Im Ausland ist alles anders als bei uns. Die Taxen haben andere Farben, und auch die Verkehrsschilder stellen uns öfter vor unlösbare Rätsel. Um nicht an jeder Ecke als Hindernis aufzutauchen, sollte man vor der Fahrt ins Ausland die wichtigsten Verkehrszeichen und Regeln lernen. Ihr Automobil-Club informiert Sie.

Problematisch wird es für Ausländer, wenn sie in einer Stadt an einen großen Kreisverkehr kommen. Ist dieser während der normalen Verkehrszeiten noch überschaubar, trifft man während der Rush-hour auf Blechlawinen, die sich scheinbar ohne Regeln fortbewegen.

3. Wir alle gehen ab und zu zu

Als Fußgänger müssen wir die Gehwege benutzen. Nur wenn kein Bürgersteig da ist und auch kein Seitenstreifen, dürfen wir auf der Fahrbahn gehen. Innerorts haben wir zwischen rechts und links die freie Wahl. Außerhalb geschlossener Ortschaften müssen wir am *linken* Straßen*rand* gehen. Damit wir besser sehen, was auf uns zukommt. Bei Dunkelheit, Nebel oder sonst schlechter Sicht und bei starkem

Wer Fahrbahnen als Gehweg benutzen muß, sollte darauf achten, helle, gut sichtbare Kleidung zu tragen. Spezielle Schutzkleidung hilft am besten, um von Kraftfahrern rechtzeitig erkannt zu werden. Damit auch der Fußgänger die Fahrzeuge frühzeitig sieht, muß er immer auf der linken Seite dem Verkehr entgegengehen.

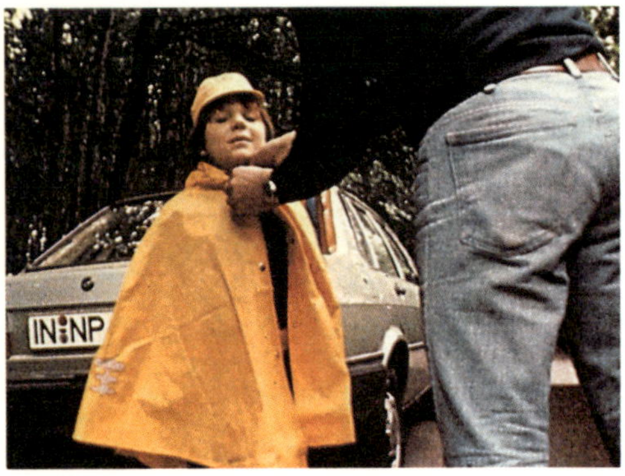

Auf Bürgersteig und Fahrbahn

Verkehr heißt es: Hintereinander und nicht Nebeneinander. Bitte auf helle Kleidung achten. Damit man uns besser sieht. Auf der Autobahn oder einer Kraftfahrstraße haben wir als Fußgänger natürlich überhaupt nichts zu suchen. Wer sein Fahrrad schieben muß, weil er einen Platten hat oder eine Leiter transportiert, muß rechts auf die Fahrbahn, wenn er die anderen Fußgänger erheblich behindert. Mit dem Kinderwagen oder mit dem Roller darf man in Einbahnstraßen ohne Gehweg auch gegen den Strich fahren. Das sind nämlich keine Fahrzeuge im Sinne der StVO. Das gilt nicht für Krankenfahrstühle. Die müssen in der richtigen Richtung fahren. Sonst darf man mit dem Krankenfahrstuhl auf dem Bürgersteig bleiben. Dann aber Schritt-Tempo fahren. Schrittgeschwindigkeit heißt: Keine Fußgänger überholen.

Schutzkleidung bedeutet Sicherheit für den Träger selbst und für die anderen. Im Dunkeln reflektiert diese Kleidung das Licht der Kraftfahrzeuge, und die Fahrer können somit früh erkennen, daß ein Fußgänger auf der Fahrbahn ist, und entsprechend vorsichtig fahren.

Rotes Licht bedeutet immer STOP. Wichtig ist, daß Kinder diese Bedeutung frühzeitig lernen und den Sinn einer Ampel erkennen. Auch müssen Kinder lernen, die Funktionen von verschiedenen Ampelanlagen zu lernen. Es gibt normale Ampeln, die den fließenden Verkehr regeln, und Fußgängerampeln.

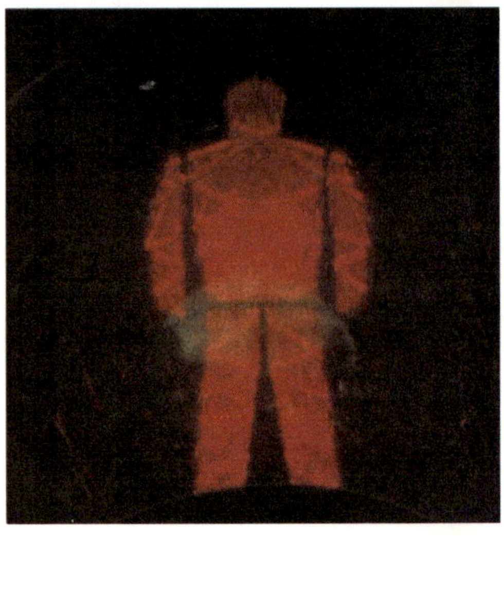

Wer zu Fuß über eine Straße möchte, sollte nicht einfach den kürzesten Weg nehmen. Oft ist der längere Weg der kürzere.

Wie komme ich sicher rüber?

Ganz einfach: Zügig, auf dem kürzesten Weg quer zur Fahrtrichtung. Also nicht schräg laufen. Das kann uns Gesundheit kosten und ein Bußgeld. Vor dem Betreten der Fahrbahn erst nach links sehen. Dann bis zur Mitte gehen. Und erst dann ganz hinübergehen.

Wer so unvorsichtig über die Straße läuft, gefährdet sich selbst. Der Junge kann die Geschwindigkeit des nahenden Autos nicht richtig einschätzen und braucht zudem nur zu stolpern, und schon ist es passiert. Ehe ein Autofahrer nämlich auf die Bremse tritt, vergeht meist eine Sekunde.

Die langen Anhaltewege

Glauben Sie bitte nicht, daß ein Auto auf zehn Meter zum Stehen kommen kann. Ein Pkw, der 50 km/h fährt, braucht bei einer normalen Bremsung ca. 40 Meter bis er steht. Selbst bei einer Notbremsung braucht er noch 26 Meter. Das ist länger als die große Bahn im Schwimmbad. Und eine Notbremsung wollen Sie doch nicht heraufbeschwören. Sie könnten für den anschließenden Auffahrunfall mithaften. Allein eine ganze Sekunde braucht der Fahrer, bis der Fuß auf der Bremse steht. In dieser Sekunde legt sein Fahrzeug knapp 14 Meter zurück und zwar ungebremst. Dann kommt die Bremsspur. Bei einer Notbremsung ist sie zwölf Meter lang. Manche Autofahrer geben auch mehr Gas als sie dürfen. Bei 60 km/h und einer Notbremsung ist der Anhalteweg schon 34 Meter lang.

Fußgängerampeln werden an Gefahrenstellen gebaut, damit sie auch benutzt werden.

Die Mutter bringt ihren Kindern bei, wie eine solche Ampel funktioniert.

Der junge Mann im Hintergrund (linkes Bild) gefährdet durch sein falsches Verhalten allerdings sich und die Erziehungsmaßnahme der Mutter.

Lieber einen kleinen Umweg

Am besten machen wir einen kleinen Umweg. Bis zum nächsten Zebrastreifen. Oder bis zur nächsten Kreuzung. Bei dichtem Verkehr müssen wir dies sogar. Weil es sicherer ist. Und auch billiger. Wenn wir nämlich dafür zu bequem sind, dürfen wir dem Schutzmann eine gebührenpflichtige Verwarnung zahlen.

Trotz roter Ampel überquert die Mutter mit ihren beiden Kindern die Fahrbahn. Damit gibt sie ein schlechtes Vorbild. Kinder lernen nicht nur über den Verstand, sondern auch am Vorbild der Erwachsenen. Achten Sie also nicht nur darauf, daß Ihr Kind die wichtigsten Regeln frühzeitig kennt, sondern halten Sie sich auch selber daran. Kinder sind im Straßenverkehr besonders gefährdet.

An meiner Ampel fehlt das Gelb

Obwohl das Gelb an den meisten Fußgängerampeln fehlt, reicht die Zeit zum Überqueren aus, wenn man bei Grün die Fahrbahn betritt.

Am sichersten überqueren wir die Straße an einer Ampel. Bitte bei Grün nicht blindlings auf die Fahrbahn treten. Auf abbiegende Fahrzeuge achten. Und innerhalb der markierten Furt bleiben. Also nicht danebentreten. Lassen Sie sich nicht verwirren, wenn nach Grün plötzlich Rot aufleuchtet. An Fußgängerampeln gibt es nur in Düsseldorf Gelb. Sonst nirgends. Es ist nämlich an sich verboten. Fußgänger-Gelb beruhigt. Weil man weiß, wieviel Zeit man noch hat. Aber zur Sicherheit ist es nicht unbedingt nötig. Wenn Sie Rot bekommen, haben die Autos nämlich noch kein Grün. Also zügig weitergehen. Rennen ist nicht nötig. Leider gibt es Autofahrer, die dem Aberglauben huldigen, bei Aufleuchten von Rot hätten Sie auf der Straße nichts mehr zu suchen. Die hupen dann. Sie haben nämlich vergessen, daß es für Fußgänger kein Gelb gibt. Nur wenn sie selber als Rotläufer erwischt werden, dann behaupten sie wie aus der Pistole geschossen: *Stimmt nicht. Ich hatte Gelb.*

Wer bei Rot die Fahrbahn betritt, hat keine Garantie dafür, ungefährdet über die Fahrbahn zu kommen. Es kann passieren, daß ein Autofahrer losfährt, wenn er Grün bekommt.

An Zebrastreifen haben Fußgänger Vorrang gegenüber dem Kraftfahrer, oft jedoch kommt es aus Verständigungsschwierigkeiten zu Unfällen. Nur wenn der Kraftfahrer deutlich anzeigt, daß er anhält, sollten Fußgänger die Fahrbahn betreten.

Vorrang am Zebrastreifen?

Der Zebrastreifen ist zwar bei Bürgerinitiativen sehr beliebt. Ich mag ihn aber trotzdem nicht. Er ist nämlich nicht so sicher. Weil die Autos nicht durch Gelb und Rot gestoppt werden. Und weil wir als Fußgänger Geschwindigkeiten und Anhaltewege von Kraftfahrzeugen erheblich unterschätzen. Es besteht also die Gefahr, daß der Zebrastreifen uns in trügerische Sicherheit wiegt. Deshalb erst klar zu erkennen geben, daß wir rüberwollen. In Richtung der Kraftfahrer blicken. Aber Vorsicht: Blickkontakt alleine genügt nicht. Es gibt Autofahrer, die denken: *Wenn die mich angucken, kann ich voll durchziehen. Dann passen die nämlich auf.* Also abwarten, bis die Autos deutlich langsamer werden. Oder halten und ein freundliches Handzeichen geben. Vorsicht vor der Überholspur. Überholen ist zwar vor dem Zebrastreifen verboten. Aber . . .

Auf dem Zebrastreifen haben wir als Fußgänger sozusagen die Vorfahrt. Das gilt aber nicht gegenüber der Straßenbahn. Für sie ist der Zebrastreifen nicht vorhanden, weil sie ein Massenverkehrsmittel ist. Wenn ein Pkw vor dem Zebrastreifen anhält, kann das zur Fußgängerfalle werden, wenn sich eine Straßenbahn nähert. Sie darf nämlich überholen.

Selbst wenn ein Autofahrer am Zebrastreifen hält, sollte niemand blindlings die Fahrbahn betreten. Gefahr droht nämlich auch noch von der Überholspur, auch wenn das Überholen an Zebrastreifen verboten ist.

Einfacher Blickkontakt am Zebrastreifen genügt nicht. Nicht alle Autofahrer halten nämlich an. Wer die Fahrbahn überqueren will, sollte dies mit deutlichen Handzeichen zu verstehen geben.

Achtung Straßenbahn!

Straßenbahnen sind für Fußgänger besonders gefährlich. Sie haben sehr lange Anhaltewege. Am Zebrastreifen haben Fußgänger nur Vorrang vor Kraftfahrzeugen. Straßenbahnen sind aber keine Kraftfahrzeuge im Sinne des Gesetzes. Deshalb hat der Fußgänger trotz des Zebrastreifens ihnen gegenüber keinen Vorrang.

Was viele Fußgänger nicht wissen: Die Straßenbahn hat auf dem Zebrastreifen Vorfahrt. Die Straßenbahn hat auch viel längere Haltewege als ein Pkw. Stahl auf Stahl bremst nicht gut. Und 30 Tonnen sind recht träge. Eine Straßenbahn, die 50 km/h fährt, benötigt von der ersten Reaktion des Fahrers bis zum Stillstand *mindestens* 53 bis 61 Meter. Und bei 70 km/h braucht sie *wenigstens* 95 bis 112 Meter. Das gilt aber nur bei besten Wetterbedingungen. Bei Schnee und Eis, oder wenn Laub auf der Schiene liegt, sind die Haltewege noch viel länger. Also größten Respekt. Deshalb ist es selbstverständlich verboten, über die Schienen zu klettern, wenn die Straßenbahn auf einem eigenen Gleisbett fährt. Bei einem Unfall wären wir dann alleine schuld. Übrigens: Drängelgitter sind zum Drumherumgehen da und nicht zum Drüberklettern.

Wer sich zu dicht an Straßenbahngleise stellt oder trotz Rot noch schnell rüberspringen will, riskiert sein Leben. Auf gleiseigenem Körper fahren Straßenbahnen auch in der Stadt 70 km/h. Oft sind die Gleise durch weiße Streifen eingerahmt. Damit man besser aufpaßt.

Hier endet eine verkehrsberuhigte Zone. Wer hier hinausfährt, fährt wie aus einem Grundstück hinaus. Er hat also gegenüber dem Verkehr von links keine Vorfahrt.

In verkehrsberuhigten Zonen gilt noch mehr als sonst das Miteinanderauskommen. Kraftfahrer wie Radfahrer müssen sich an die Fußgänger anpassen. Sie dürfen deshalb nur Schritt fahren. In verkehrsberuhigten Zonen hat der Kraftfahrer nicht mehr Rechte als ein Fußgänger. Als Fußgänger aber dürfen wir die Schritt-Fahrer auch nicht unnötig behindern. In besonders gekennzeichneten Spielstraßen dürfen wir überhaupt nicht fahren.

Verkehrsberuhigte Bereiche

In verkehrsberuhigten Bereichen gilt: Miteinander. Als Fußgänger dürfen wir die Straße in ihrer ganzen Breite benutzen. Kinderspiele sind überall erlaubt. Natürlich dürfen wir den Fahrverkehr nicht unnötig behindern. Eine Spielstraße ist etwas anderes: Sie ist für Kraftfahrzeuge *und* Radfahrer gesperrt. Diese Straße ist nur Fußgängern und spielenden Kindern vorbehalten.

Kinder und Fußgänger sind in verkehrsberuhigten Zonen besonders geschützt. Sie benutzen die Fahrbahn als Fußweg und Spielplatz. Kraftfahrer wie Radfahrer dürfen in solchen Gebieten nur im Schrittempo fahren. Wenn nötig, müssen sie sogar warten.

4. Die schweigende

Mehr oder weniger offizielle Fahrradparkplätze gehören heute zum alltäglichen Bild in unseren Straßen. Feste Stellplätze sind erst allmählich im Bau.

Während des Auto-Booms dachte niemand an die besonderen Belange der Radfahrer. Sie wurden von den Städteplanern wie auch vom Gesetzgeber ziemlich links liegengelassen.

Eine eigene StVO?

In den letzten 30 Jahren starben Tag für Tag vier Radfahrer im Straßenverkehr und 42 wurden schwer verletzt. Die Radfahrer sind also schlimm unter die Räder gekommen. Darüber hinaus sind sie neuerdings auch noch bei einigen Juristen ins Gerede geraten. Der Bundesgerichtshof bescheinigt ihnen in einem Urteil *vermehrte Disziplinlosigkeit.* Andere meinen, die Radfahrer hätten sich ihre eigene StVO zurechtgezimmert. Und dann hagelt es nur so Vorwürfe: Sie fahren bei Rot in die Kreuzung ein oder pfuschen sich an der Ampel vorbei. An einer stehenden Autoschlange vor einer Kreuzung ziehen sie rechts vorbei. In Einbahnstraßen und auf Radwegen fahren sie grundsätzlich gegen den Strich. Und das alles auch noch freihändig und ohne Licht und Bremsen.

Die Freiheit, mit dem Fahrrad durch die Landschaft zu streifen, wird nur von wenigen Verboten eingeschränkt. Viel hängt vom eigenen Gefühl für Sicherheit ab.

Mehrheit der Radfahrer

Als Verkehrsrichter kann ich es nicht leugnen, daß Radfahrer vieles falsch machen. Sie beschäftigen mich von Jahr zu Jahr mehr. Sie haben aber bekanntlich keinen Führerschein. Aus meiner Sicht sind Autofahrer auch keine Engel. Sie übersehen Radfahrer gerne. Wenn überhaupt ein Radweg da ist, dann parken sie drauf. Haben sie endlich einen Parkplatz gefunden, bremsen sie abrupt, und der Radfahrer hängt auf dem Kofferraum. Erst knallen sie einem die Tür vor die Nase, und dann beschimpfen sie einen noch. Mein Urteil: Die Kraftfahrer müssen sich mehr als bisher daran gewöhnen, die Radfahrer als die schwächeren Partner zu akzeptieren, auch wenn sie sich nicht immer verkehrsgerecht verhalten.

Fahrradfahrer müssen immer am äußersten rechten Rand der Straße fahren. Dann gefährden sie weder sich noch die Autofahrer. Der Pkw-Fahrer muß für ausreichenden Seitenabstand beim Überholen sorgen.

Fahrradfreundliche Stadt?

Die fahrradfreundliche Stadt gibt es erst im Modellversuch. Ansonsten haben Stadtplaner wie Gesetzgeber die Radfahrer ziemlich links liegengelassen. Radwege setzen sich erst allmählich durch. Aber jetzt fehlt das Geld, sie zu bauen. Die StVO ist von Anfang an mehr oder weniger auf das Auto zugeschnitten und berücksichtigt die Radfahrer nur am Rande. Sie müssen sich alles aus den Vorschriften für Autofahrer heraussuchen. Alle Regeln für Autofahrer gelten auch für Radfahrer. Wo sie die Regeln dann lernen, ist ihr Problem. Leider haben nicht alle den Radfahrerpaß. Manche konkrete Verkehrsregelung können die Radfahrer auch nicht verstehen, weil sie unnötig ist oder unklar. Inzwischen haben wir über 43 Millionen Radfahrer. Damit haben die Fahrräder von allen Fahrzeugen insgesamt die absolute Mehrheit. Diese Mehrheit hat ein Anrecht darauf, mehr berücksichtigt zu werden als bisher.

Verkehrsschilder gelten auch für Radfahrer. Gegen die Einbahnstraße zu fahren, kann fatale Folgen haben.

Nie nebeneinander fahren. Entgegenkommende Fahrzeuge müssen dann abrupt ausweichen, was zu Unfällen führen kann.

Ein Fahrrad nach Vorschrift

Unten: So sieht ein Fahrrad mit kompletter und ordnungsgemäßer Beleuchtung aus. So werden Sie auch im Dunkeln gesehen.

Ein drei Watt starker Dynamo versorgt das Licht. Seitliche Strahler sind Vorschrift und reflektieren das Autolicht.

Reifen mit roter Flanke und reflektierenden weißen Streifen helfen, das Fahrrad auch bei Dunkelheit besser sichtbar zu machen.

Ein Fahrrad im Rechtssinne besteht aus wenigstens zwei Rädern mit Reifen und einem Rahmen. Ein Fahrrad muß weiter haben: Zwei voneinander unabhängige Bremsen, einen Dynamo (drei Watt), einen weißen Scheinwerfer nach vorne sowie ein rotes Schlußlicht und ein rotes Katzenauge nach hinten. Des weiteren sind vorgeschrieben: Rückstrahler an den Pedalen und an den Speichen (oder reflektierende weiße Streifen an den Reifen) sowie eine helltönende Glocke. Radlaufglocken sind schön laut, aber verboten. Klar, daß die Beleuchtung auch tagsüber funktionieren muß. Wie soll sie das sonst nachts tun. Außerdem braucht man das Licht auch am Tage bei schlechtem Wetter oder bei sonst schlechter Sicht. Nützlich, aber nicht vorgeschrieben: Ein Kettenschutz, ein Abstandswarner mit Rückstrahlern sowie ein zusätzliches batteriebetriebenes Schlußlicht, damit man auch gesehen wird, wenn man nachts anhalten muß. Ausnahmen gibt es nur für Rennräder, aber auch nur *während* des Rennens. BMX-Räder sind, so wie sie sind, für den öffentlichen Straßenverkehr nicht zugelassen. Man darf also nur auf nichtöffentlichem Gelände mit ihnen herumturnen. Aber wie kommt man dahin?

Ein weißer Scheinwerfer nach vorne und ein rotes Rücklicht sind ebenso Vorschrift wie die Bremse. Das batteriebetriebene Rücklicht ist nicht vorgeschrieben, aber nützlich.

Ebenso der Abstandswarner am Gepäckträger.

***Unten:** Auf diesem Foto sieht man sehr deutlich den Unterschied zwischen beleuchteten und unbeleuchteten Fahrrädern bei Dunkelheit. Nur der Fahrer mit dem beleuchteten Rad ist sicher.*

***Mitte:** Fußwege sind keine Radfahrwege, das macht der Name schon deutlich. Nur Kinder unter acht Jahre dürfen und müssen auf dem Fußweg fahren.*

***Oben:** Ist das Kind noch keine acht Jahre alt, darf es auf dem Fußweg fahren.*

Keine Beifahrer

Wer über 16 Jahre alt ist, darf Kinder unter sieben auf einem ordnungsgemäß angebrachten Kindersitz mitnehmen. Es müssen aber dann Fußstützen und Radverkleidungen vorhanden sein.

Auf dem Gepäckträger oder der Rahmenstange darf man niemand mitnehmen. Wenn man selbst 16 Jahre alt ist, darf man Kinder bis zu sieben Jahren mitnehmen. Dann muß man aber einen Kindersitz und Radverkleidungen haben, damit die Füßchen nicht in die Speichen geraten können. Daß wir nicht freihändig fahren, ist selbstverständlich. Kein nützliches Zubehör ist der Walkman. Der macht einen taub. Und das ist nicht gut und auch nicht erlaubt.

Auf dem Bürgersteig

Früher durften Kinder mit Kinderfahrrädern immer auf dem Bürgersteig fahren. Das waren Fahrräder, die der Körpergröße von Kindern angepaßt waren. Jetzt haben Kinder nur noch bis zu acht Jahren auf dem Bürgersteig etwas zu suchen, wenn kein Radweg vorhanden ist. Wer über acht Jahre alt ist, muß auf die Fahrbahn, mitten *unter* die Autos. Ich bin darüber nicht sehr glücklich. Achtjährige sind noch nicht immer alle verkehrstüchtig. Auch ist jetzt der Familienausflug gesprengt. Das Kind muß alleine unter die Fußgänger. Auf jeden Fall sollten Sie Ihrem Kind beibringen, daß es absteigen muß, wenn es die Fahrbahn überqueren will. Das gilt auch, wenn das Kind über eine Nebenstraße hinweg geradeaus weiter will. Daß auf einem gemeinsamen Geh- und Radweg die Radfahrer auf die Fußgänger Rücksicht nehmen müssen, sollte eigentlich selbstverständlich sein. Es steht aber auch im Gesetz. Also nicht klingeln, sondern absteigen. Dasselbe gilt in den verkehrsberuhigten Bereichen. Hier dürfen Radfahrer nur Schritt fahren. Praktisch heißt das: Sie dürfen normal gehende Fußgänger nicht überholen.

Auf dem rechten Radweg

Grundsätzlich haben Radfahrer den rechten Radweg zu benutzen. Früher durfte man auch links fahren. Dies ist aber heute nicht mehr erlaubt. Wer es trotzdem tut, riskiert ein Bußgeld. Immer noch besser als ein Krankenhausaufenthalt.

Fahrradfahrer müssen den rechten Radweg benutzen, auch wenn er nicht beschildert ist. In einigen Städten gibt es sogar extra Ampelanlagen für die Radfahrer, aber leider nicht überall. Dann ist vielen Radfahrern nicht klar, daß sie die Ampeln für den übrigen Verkehr beachten müssen.

Radfahrer haben rechte Radwege zu benutzen. Das heißt: Den rechten Radweg muß man auch dann benutzen, wenn kein blaues Schild da steht. Früher durfte man auch links fahren, wenn es nicht verboten war: Durch ein rotes Schild. Jetzt ist es links verboten, wenn es nicht erlaubt ist: Durch ein blaues Schild. Viele Radwege sind so breit, daß Radfahrer sie in beiden Richtungen benutzen könnten. Die Kommunen haben aber kein Geld, um links zusätzliche Schilder aufzustellen. Trotzdem fahren viele Radfahrer links. Wenn sie sowieso links irgendwohin müssen, ist es näher. Oft ist es auch sicherer, als eine Hauptverkehrsstraße zu überqueren.

Sind keine Radwege vorhanden, darf man sich trotzdem nicht durch die Fahrzeugkolonnen schlängeln. Man muß immer am rechten Straßenrand bleiben.

Linksfahrverbot

Das Linksfahrverbot für Radfahrer verunsichert viele. Einige benutzen den linken Radweg trotzdem, andere wiederum fahren auf der Straße, wo es gefährlicher ist.

Weil die Benutzung linker Radwege jetzt grundsätzlich verboten ist, ist es nicht mehr so sicher links zu fahren wie früher. Autofahrer, die links aus einer Straße ohne Vorfahrt herauskommen, schauen nur nach links, weil von da die anderen Autos kommen. Nach rechts schauen sie nicht, weil nicht sein kann, was nicht sein darf. Daraus folgt: Wer auf verbotenen Pfaden radelt, muß doppelt aufpassen. Er sollte geistig ein Stopp-Schild vor sich herschieben. Denn, wer da die Vorfahrt hat, ist streitig. Und auf jeden Fall haftet der Radfahrer für den Unfall mit. Ein weiteres Problem, das für mich noch nicht gelöst ist: Rechts ist kein Radweg, links ist einer. Er ist auch durch ein blaues Schild freigegeben. *Müssen* Sie ihn benutzen? Sie sollten es auf jeden Fall. Denn dürfen dürfen Sie ja. Wie ist es aber, wenn links das blaue Schild fehlt und der Radweg trotzdem breit genug ist? Wo fahren Sie dann? Und wo lassen Sie ihr siebenjähriges Kind fahren? Ich fürchte, das müssen Sie ganz allein mit Gott und Ihrem Gewissen ausmachen. Der Gesetzgeber hat es verboten.

Ein Radweg darf in der Fahrtrichtung links nur benutzt werden, wenn er dafür durch Schilder freigegeben ist. Das gilt selbst dann, wenn er an sich breit genug wäre, um in beiden Richtungen benutzt zu werden.

Wer mit einem Fahrrad eine Straße überqueren will, tut dies am besten zu Fuß. Wer vom Radweg einfach auf die Fahrbahn auffährt, hat seinen Unfall selbst verschuldet. Er hätte sich nämlich so verhalten müssen, daß niemand gefährdet werden konnte. Also besser absteigen und als Fußgänger hinübergehen.

Auf der Fahrbahn

Juristen werfen den Radfahrern vor, sie hätten sich eine eigene StVO zurechtgelegt. Der Bundesgerichtshof spricht sogar von vermehrter Disziplinlosigkeit. Andererseits müssen aber auch die Kraftfahrer die Radfahrer mehr noch als bisher als die schwächeren Partner akzeptieren. Gerade weil sie die Regeln nicht immer beachten.

Besonders vorsichtig muß man sein, wenn der Radweg zu Ende ist. Am besten anhalten und schauen, ob die Fahrbahn frei ist. Auf der Fahrbahn selbst gilt: Hintereinander, nicht nebeneinander. Ausnahme: Mehr als 15 Radfahrer bilden einen geschlossenen Verband. Dann dürfen sie zu zweit nebeneinander fahren. Wenn kein Radweg da ist, aber ein Seitenstreifen, dann muß man den benutzen, wenn man die Fußgänger nicht behindert. Über den Zebrastreifen muß man zu Fuß gehen. In der StVO heißt er *Fußgänger*überweg. Sonst ist man selbst schuld, wenn man verunglückt.

Überaus leichtsinnig handeln diese jungen Radfahrer, indem sie auf der stark befahrenen Straße kreuz und quer durch die Gegend radeln. Außerdem darf auf dem Gepäckträger niemand mitgenommen werden. Und die Füße gehören auf die Pedale und nicht auf den Lenker. Schließlich gilt auch: Hintereinander, nicht nebeneinander.

So soll man es nicht machen: Der linke Fahrradfahrer fährt auf der engen Straße, obwohl rechts ein deutlich markierter Radweg vorhanden ist.

Endet ein Radweg, so hält man am besten an und schaut, ob die Straße zum Einbiegen frei ist, erst dann sollte man auf die Fahrbahn auffahren.

Rechts an einem Lkw vorbeizufahren ist gefährlich und kann böse Folgen haben. Der Lkw-Fahrer kann den Radfahrer unter Umständen im toten Winkel gar nicht sehen. Also immer hinter dem Lkw bleiben und auf den Blinker achten.

Radfahrer sind im Straßenverkehr in hohem Maße gefährdet. Sie tragen keinen Sturzhelm und keine Schutzkleidung. Sie finden auch nicht überall einen Radweg. Seit Einführung des Fahrrad-Passes durch die Verkehrswacht hat sich vieles gebessert. Aber noch gefährden sich manche Radfahrer selbst, weil sie die Regeln nicht beachten.

Rechts an der Schlange vorbei?

Viele Radfahrer ziehen vor einer Kreuzung rechts an einer stehenden Autoschlange vorbei, wenn weiter vorne Rot ist. Nach geltendem Recht ist das verbotswidriges Rechtsüberholen. Der Bundesminister für Verkehr wünscht das künftig zu erlauben, *wenn ausreichender Raum vorhanden ist,* aber auch dann *nur mit mäßiger Geschwindigkeit und besonderer Vorsicht.* Wir müssen abwarten, ob dieser Wunsch Wirklichkeit wird. Ich bin dafür. Andere sind dagegen. Sie haben Angst, daß es Unfälle geben wird zwischen den Rechtsüberholern und den Rechtsabbiegern. Das könnte aber vermieden werden, wenn alle Kraftfahrzeuge einen rechten Außenspiegel hätten. Weder jetzt noch künftig würde ich mich an einem Lkw rechts vorbeiquetschen. Der Fahrer sieht mich nämlich nicht, weil ich in seinem toten Winkel bin. Ich selbst kann auch den Blinker am Lkw nicht sehen. Wenn er nach links zieht, weiß ich also nicht, ob er wirklich nach links will oder bloß ausholt, um nach rechts abzubiegen.

Auf der Kreuzung

An manchen Kreuzungen sind Radfahrer nicht mit eingeplant. Daß wir uns rechts neben den Linksabbiegern einordnen müssen, wenn wir links abbiegen wollen, ist eine Notlösung. Wenn nur wenige Autos da sind, läßt man sie besser zuerst vorbei. Bei star-

Mit viel Schwung von rechts nach links abbiegen. Das ist grundsätzlich falsch und außerdem lebensgefährlich. Demnächst soll das indirekte Abbiegen wahlweise erlaubt werden. Auf jeden Fall gilt aber: Erst Blicken, dann Arm raus, und erst dann abbiegen.

Die größten Probleme haben wir als Radfahrer beim Linksabbiegen auf einer Kreuzung. Dort passieren auch die meisten Radfahrerunfälle. Im Gesetz steht, daß wir uns rechts neben den Linksabbieger einordnen müssen. Das ist aber gefährlich. Deshalb soll das Gesetz geändert werden. Die Einordnungspflicht soll besonders dann wegfallen, wenn nicht genug Platz da ist. Statt dessen wird das indirekte Abbiegen *über Eck* zur Wahl gestellt: Also geradeaus über die Kreuzung und dann linksherum. Bei starkem Verkehr absteigen. Und zu Fuß rübergehen. Wer will, kann das schon jetzt tun. Zeit kostet Geld. Aber ein kleiner Zeitverlust kann das Leben erheblich verlängern. Sonst gilt beim Linksabbiegen für Radfahrer wie für Autofahrer viermal B: Blicken (nach hinten). Blinken (linken Arm raus). Blicken (nach hinten und nach vorne). Und erst dann Biegen.

Das Nachtfoto zeigt, wie wenig der Autofahrer von dem Radfahrer sieht. Der Fahrer ist selber Schuld, wenn er angefahren wird. Er trägt keine helle Kleidung, und seinem Rad fehlt die Sicherheitsausrüstung.

kem Verkehr hilft nur eins: Rechts bleiben und geradeaus über die Kreuzung weiterfahren. Dann als Fußgänger die Fahrbahn überqueren. Und erst dann nach links weiterfahren. Ein unbequemer Weg kann unter Umständen das Leben verlängern.

Welche Ampel gilt? Hat der Radweg keine eigene Ampelanlage, dann müssen sich auch Radfahrer nach der normalen Ampelanlage richten. Diese gilt für den gesamten Verkehr, auch wenn man auf einem Radweg fährt.

Stoppschilder gelten auch für Radfahrer. Zu ihrer eigenen Sicherheit. Wer ein Stoppschild mißachtet, gefährdet sich selbst.

Welche Ampel gilt für mich?

Die Fußgängerampel gilt eigentlich nur für Fußgänger. Oft werden aber Radfahrer mit Fußgängern zusammen über eine Furt geführt. Theoretisch müßten Sie dann absteigen. Aber tun Sie es auch wirklich, wenn es den Umständen nach nicht nötig ist? Wenn keine besondere Radfahrerampel da ist, gilt die Ampel für den allgemeinen Kraftfahrzeugverkehr, auch wenn Sie auf dem Radweg fahren. Für mich ist klar, daß ein normaler Radweg mit zur Kreuzung gehört. Nach polizeilichen Feststellungen fährt jeder sechste bis siebte Radfahrer bei Rot in die Kreuzung ein oder pfuscht sich rechts über den Bürgersteig an der Ampel vorbei. Das macht mir als Verkehrsrichter großen Kummer. Erst erkämpft sich die Elternpflegschaft eine Ampel, weil ein Kind schwer verunglückt ist. Und dann fahren sie alle bei Rot rüber. Warum bloß?

Was heißt Gelb?

Gelb heißt heute: Vor der Kreuzung auf das nächste Zeichen warten. Früher hieß Gelb nach Grün plastischer: Anhalten, wenn man kann. Ampeln müssen an Kreuzungen so geschaltet sein, daß jeder, der erlaubterweise in die Kreuzung einfährt, heil über den Konfliktpunkt kommt. Dafür gibt es Richtlinien. Diese nehmen an, daß Radfahrer mindestens 7,5 km/h fahren und höchstens 18 km/h, Kraftfahrzeuge hingegen mindestens 25 km/h und höchstens 50 km/h. Rechnen Sie als Radfahrer bitte nicht damit, daß an jeder Kreuzung jeder einzelne Radfahrer mit einberechnet worden ist. Das bedeutet: Wenn Sie langsam fahren, kommen Sie nicht heil rüber, wenn Sie beim letzten Gelb oder sogar schon bei Rot in die Kreuzung einfahren. Andererseits ist Ihr Halteweg bei 18 km/h etwa 13 Meter und bei 7,2 km/h nur noch etwas über drei Meter lang. Sie sehen also: Wenn Sie wollen, dann können Sie. Dann tun Sie's bitte auch: *Bei Gelb anhalten.*

Gelb nach Grün ist für viele Radfahrer nur eine Veranlassung, kräftiger in die Pedale zu treten, um keine Zeit zu verlieren und noch über die Kreuzung zu gelangen. Das ist aber sehr gefährlich. Es gibt nämlich Kreuzungen, an denen mit langsam fahrenden Radfahrern nicht gerechnet wird. Deshalb bitte bei Gelb anhalten.

Radfahrer leben im Stadtverkehr nicht nur besonders gefährlich. Oft gefährden sie sich auch unnütz selbst. Sie wühlen sich durch den dichtesten Kraftfahrzeugverkehr. Und achten unbekümmert nicht auf die Gefahren von rechts und links. Sicherer wäre es, im dichten Verkehr rechts zu fahren und Fußgängerüberwege zu benutzen.

Autofahrer verhalten sich gegenüber Radfahrern oft rücksichtslos. An Kreuzungen werden Fahrradfahrer von abbiegenden Kraftfahrern nicht selten abgedrängt und geschnitten, und Radwege werden gerne als willkommene Parkmöglichkeit benutzt.

Wie schnell?

Wie schnell dürfen Sie mit Ihrem Fahrrad fahren? An sich so schnell wie Sie können. Das Tempolimit von 50 km/h gilt streng-genommen nur für Kraftfahrzeuge. Fahrräder sind aber keine Kraftfahrzeuge, weil sie keinen Motor haben. Schneller als 50 km/h zu fahren ist aber *nicht empfehlenswert*. Die anderen Verkehrsteilnehmer rechnen nicht damit, daß Sie *fliegen*. Außerdem dürfen Sie immer nur so schnell fahren, daß Sie ständig Herr der Lage sind. Ich hoffe übrigens sehr, daß Sie privathaftpflichtversichert sind. Ein Unfall, den Sie (mit)verschuldet haben, kann Sie teuer zu stehen kommen.

Zugegeben: Der Anblick einer solchen Radfahrerin im Sommer ist für jeden Mann eine erfreuliche Erscheinung. Wenn sie aber auf ihr gutes Aussehen und eine gepflegte Erscheinung Wert legt, sollte sie nicht in Top und Boxer-Shorts Radrennsport betreiben. Wer nach einem Sturz in einer Sekunde 20 Meter über Asphalt oder gar Split rutscht, sieht hinterher nicht mehr so gut aus.

5. Rechtlich ein Zwitter

Mofas tauchen oft in größeren Gruppen auf, und die jugendlichen Fahrer kümmern sich nicht immer um die Verkehrsregeln. Sie fahren meist nebeneinander, ohne Helm und haben die Füße nicht auf den Pedalen. Da in solchen Cliquen meist eine ausgelassene Stimmung herrscht, agieren sie auch sorglos.

Warum erst mit 15?

Strafmündig ist man mit 14. Mofafahren darf man erst mit 15. Das beruht auf einem politischen Kompromiß. Das Mofa ist eben mehr als ein Fahrrad und weniger als ein kleines Motorrad. Das sieht man auch daran, daß man für das Mofa keinen richtigen Führerschein braucht. Auch das ist ein politischer Kompromiß. Der Gesetzgeber wollte nämlich diejenigen, die schon jahrelang Mofa fahren, nicht zu einer Fahrprüfung zwingen. Die Neulinge aber wollte er dazu bringen, daß sie zu ihrer eigenen Sicherheit die Regeln lernen und praktisch üben. Am besten in einem Mofakurs an der Schule. Deshalb hat er die Prüfung für Mofafahrer eingeführt. Nach bestandener Prüfung bekommt man eine *Prüfbescheinigung* ausgehändigt. Wenn man die nicht bei sich führt, zahlt man DM 20,–. Das gilt übrigens auch für die Betriebserlaubnis und den Versicherungsnachweis. Die *Fahrerlaubnis,* das heißt die Erlaubnis zum Fahren, bekommt man aber kraft Gesetzes zum 15. Geburtstag geschenkt. Bei den anderen Fahrerlaubnissen ist das anders. Sie werden nach bestandener Prüfung durch Aushändigen des Führerscheins von der Verwaltungsbehörde *erteilt.* Wer also mit 14 Jahren Mofa fährt, fährt ohne Fahrerlaubnis. Das ist ein Vergehen und kostet sechs Punkte in Flensburg. Wer seine Prüfbescheinigung nicht vorzeigen kann, zahlt ein Verwarnungsgeld. Das ist genauso teuer wie die Prüfungsgebühr. Die Prüfung zu machen ist also billiger.

– Das Mofa

Das Mofa ist nicht Fisch noch Fleisch. Es ist technisch etwas mehr als ein Fahrrad, aber viel weniger als ein kleines Motorrad. Daraus ergeben sich rechtliche Besonderheiten. Man braucht wie für das Fahrrad keinen Führerschein, wohl aber muß man eine Prüfung machen. Und man muß natürlich die Verkehrsregeln für die Radfahrer wie die Kraftfahrer beachten.

Nicht selten kommt es vor, daß Mofas schneller fahren als das Gesetz erlaubt.

Frisiert

Wer sein Mofa frisiert, so daß es schneller fährt, hat rechtlich kein Mofa mehr, sondern ein Moped oder sonst ein Motorrad. Das hängt davon ab, wie schnell das Ding jetzt fährt. Dann fehlt ihm aber natürlich die Fahrerlaubnis für die entsprechende Klasse. Der Frisierer fährt also ohne Fahrerlaubnis. Er hat auch keine Betriebserlaubnis mehr. Er landet also erst einmal beim Jugendrichter. Und wenn er einen Unfall gebaut hat, dann kommt der Ärger mit dem Kleingedruckten der Versicherung. Nach einem Unfall kann sich die Haftpflichtversicherung nämlich das Geld von jedem Fahrer zurückholen, der ohne Fahrerlaubnis gefahren ist. Daß der Mofafahrer noch nicht volljährig ist, spielt keine Rolle. Eltern haften *nicht* für ihre Kinder. Zivilrechtlich müssen wir vielmehr bereits ab sieben Jahren für den Schaden geradestehen, den wir angerichtet haben. Wenn wir kein Geld haben: Die Versicherung kann warten.

Manche Mofas sind bereits ab Werk zu schnell. Den Jugendlichen wird es auch von den Herstellern zu leicht gemacht, mit wenigen Handgriffen die Endgeschwindigkeit zu erhöhen. Aber Achtung: Wer ein so frisiertes Mofa fährt, fährt ohne Fahrerlaubnis.

Wer mit einem frisierten Mofa fährt und einen Unfall mitverschuldet, muß für den entstandenen Schaden selber aufkommen. Der Versicherer holt sich von dem Mofafahrer das Geld nämlich wieder zurück. Denn wer ohne Fahrerlaubnis fährt, ist nicht versichert.

Unfrisiert

Auch wer ein unfrisiertes Mofa besitzt, das schneller als 25 km/h läuft, macht sich nach der Meinung einiger Gerichte strafbar und fährt ohne Versicherungsschutz. Wer ein frisiertes Mofa ausleiht oder ganz übernimmt, haftet erst recht. Ich würde es daher vorher vom TÜV oder der Polizei kontrollieren lassen.

Die beiden Bilder zeigen, wie wichtig es ist, einen Helm zu tragen. Bei einem Unfall kann man mit dem Kopf über den harten Asphalt rutschen. Ohne Helm kommt es oft zu schweren Kopfverletzungen, die ein junges Leben sehr negativ beeinträchtigen können.

Schnelle Mofas verkaufen sich besser. Im Gesetz steht, daß Mofas führerscheinfrei sind, wenn ihre *Bauart* die *Gewähr* dafür bietet, daß die Höchstgeschwindigkeit auf ebener Bahn nicht mehr als 25 km/h beträgt. Ob die Bauart diese Gewähr bietet, entscheidet das Kraftfahrtbundesamt, das die allgemeine Betriebserlaubnis erteilt. Trotzdem hat das Oberlandesgericht Hamm einen Angeklagten verurteilt, dessen Mofa unfrisiert 40 km/h fuhr und der das auch zugab, weil er nicht glaubte, etwas Böses getan zu haben. Damit hat das Gericht die Verantwortung des Herstellers und der Zulassungsbehörde auf den Normalverbraucher abgewälzt. Woher sollte der Angeklagte wissen, daß er das Mofa zwar kaufen, aber nicht benutzen durfte? Das Landgericht Augsburg ist noch einen Schritt weitergegangen. Es hat in einem gleichen Fall der Versicherung Recht gegeben und den Mofafahrer den Unfall bezahlen lassen, weil er gegen die Führerscheinklausel verstoßen habe. Ich persönlich würde als Richter anders entscheiden. Wer aber in Hamm oder in Augsburg wohnt, sollte wenigstens wissen, daß ein Mofa keinen funktionierenden Tacho haben muß.

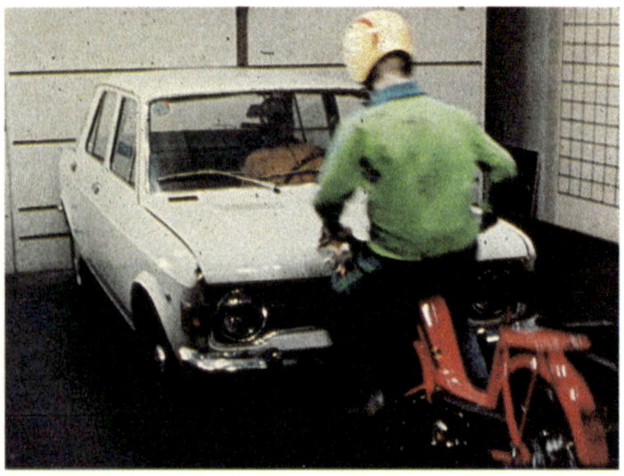

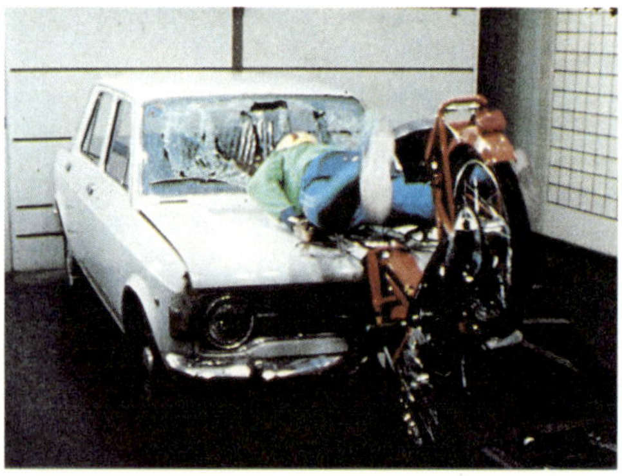

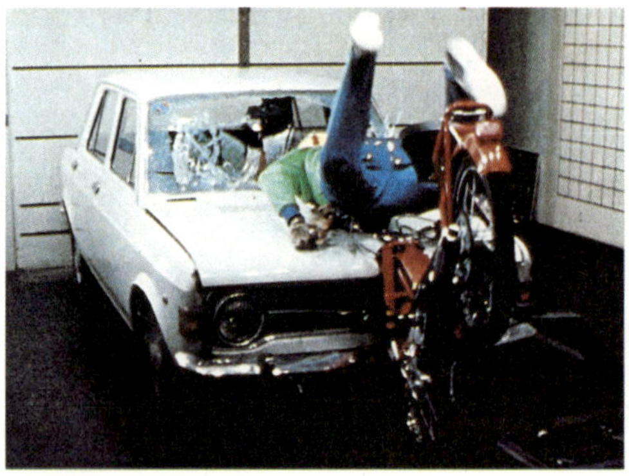

Bei einem Frontalzusammenstoß mit einem Auto bohrt sich das Vorderrad des Mofas in das Auto. Der Fahrer wird aus dem Sitz gehoben. Das Hinterrad hebt sich, und der Fahrer wird mit voller Wucht gegen das Auto geschleudert. Meist trifft der Zweiradler das Auto zuerst mit dem Kopf. Aus diesem Grund: Nie oben ohne. Der Helm ist unser Lebensretter.

Frisur oder Kopf?

Es ist unverständlich, wie viele Leute durch Gesetze vor sich selbst geschützt werden müssen. Gäbe es keine Helmpflicht, wäre die Zahl der durch Kopfverletzungen getöteten Mofafahrer noch höher. Die meisten getöteten Jugendlichen könnten heute noch leben, wäre ihnen der Helm nicht zu lästig gewesen.

Wer »oben ohne« fährt, lebt gefährlich. Der Helm gehört auf den Kopf und nicht auf den Gepäckträger des Mofas.

Was ist wichtiger? Wenn ich als Verkehrsrichter sehe, wie viele Mofafahrer den Helm in den Arm hängen, um ihre Frisur zu schonen oder im Sommer nicht zu schwitzen, bekomme ich graue Haare. Der Kopf ist der schwächste Teil des Fahrers. Deswegen ist er gesetzlich geschützt. Durch den Helm. Zwei Drittel der getöteten Mofafahrer würden noch leben, wenn sie einen Helm aufgehabt hätten. Ich würde mir einen Helm kaufen, der der europäischen ECE-Norm 22/02 entspricht. Man kann ihn schon für gut DM 100,– kaufen. Die Zahl im Helm muß mit 02 beginnen. Jet-Helme sind vielleicht schicker, aber Ihr Kinn ist aus Glas, wenn Sie *absteigen* und in einer Sekunde sieben Meter über den Asphalt rutschen. Ziehen Sie bitte auch Schutzkleidung an. Und fahren Sie auch am Tag mit Abblendlicht. Man sieht Sie dann besser.

Auf dem Radweg und der Fahrbahn

Mofafahrer müssen auf der Fahrbahn die Regeln für Kraftfahrer beachten. Sich rechts vorbeizuquetschen ist verbotswidriges Rechtsüberholen. Wenn ein Fahrradweg zur Verfügung steht, müssen Mofas ihn benutzen und die Regeln für Radfahrer beachten.

Wenn Radwege da sind, müssen auch Mofas sie benutzen, weil sie halbe Fahrräder sind. Dann gelten die Regeln für Radfahrer. Auf der Fahrbahn gelten die Regeln für Kraftfahrzeuge, weil Mofas auch halbe Motorräder sind. Lesen Sie also bitte auch die Kapitel über Radfahrer, Motorräder und Autofahrer. Nebenbei: Die Füße gehören immer auf die Pedale. Sie wissen sicher warum? Nun, wegen der besseren Balance. Und damit Sie die Rücktrittbremse schneller betätigen können. Oder haben Sie schon einmal einen Reiter gesehen, der seine Füße nicht im Steigbügel hat? Außer natürlich im Zirkus.

6. In der Ersten Klasse auf dem

Motorräder sind ein Kapitel für sich. Zu Beginn des Wirtschaftswunders waren nur 30 Prozent der Kraftfahrzeuge Pkws, aber 48 Prozent waren Motorräder. Die kleine DKW oder Puch war der VW des kleinen Mannes. 1972 machten die Krafträder nur noch 1 Prozent des Kfz-Bestandes aus. Seitdem hat sich aber der Bestand der ersten Klasse wieder verfünffacht auf knapp eine Million. Heute kaufen wir uns ein Motorrad, weil wir keins brauchen: Ein *Kraftwerk auf zwei Rädern* oder sogar *eine Sportskanone für Scharfschützen.* Für Männer, die ihre eigenen Wege gehen und *die Normen hinter sich lassen.* Das sind einige Stilblüten der Motorradwerbung. Die Devise lautet: Ich weiß zwar nicht wohin, aber ich bin schneller da.

Nur Fliegen ist schöner

Motorräder sind eine Klasse für sich. Nach der neuesten Uniroyal-Untersuchung über Rücksichtslosigkeit und Partnerschaft sind Motorradfahrer eine zusammengehörige Gruppe. Auch deshalb kommt ein Motorradfahrer auf der Landstraße selten allein. Zwischen Motorrad- und Autofahrern bestehen starke Spannungen. Autofahrer fühlen sich von Motorradfahrern provoziert, weil sie schneller und wendiger sind als Pkws. Nur ein Viertel der Autofahrer fühlt sich von Motorrädern fast nie behelligt. Von den Motorradfahrern sind es aber 60 Prozent mehr, die mit Autofahrern keine Schwierigkeiten haben. Daraus folgt, daß insbesondere Autofahrer mehr als bisher lernen müssen, die Motorradfahrer als die zwar schnelleren, im Grunde aber schwächeren Partner zu akzeptieren.

Für Krafträder aller Klassen gelten dieselben Regeln wie für die Autofahrer. Motorräder spurten schneller und sind wendiger. Es ist aber höchst riskant, diese technischen Vorteile immer auszuspielen. Der Versuch, vor dem vorfahrtberechtigten Pkw noch schnell abzubiegen,

Motorrad unterwegs

Schwer zu bändigen

Motorräder sind leicht zu beschleunigen. Von null auf hundert in satten drei Sekunden. Aber der Tiger im Tank ist schwer zu bändigen. Besonders in der Kurve, weil nicht alle die optimale Neigung ausnutzen können. Oder beim Ausweichen, weil der Weg länger ist. Oder beim Bremsen, weil nicht alle die Kunst beherrschen, mit Händen und Füßen optimal zu verzögern. Deshalb kann der reine Bremsweg eines Motorrades doppelt so lang sein wie der eines Autos. Wenn Sand oder Splitt auf der Fahrbahn liegen, ist er noch länger.

Motorradfahrer achten in letzter Zeit stärker auf ihre Sicherheit. Helle Helme und grelle Lederkleidung sind bei vielen schon selbstverständlich. Die meisten fahren auch heute schon am Tage mit Abblendlicht, um besser gesehen zu werden.

muß scheitern. Denn die Fußgängerin hat, nicht nur wegen des Zebrastreifens, Vorrang vor dem abbiegenden Zweirad.

Allein oder mit anderen?

Dem Auf und Ab der Motorradzulassungen folgt die Kurve der Unfälle. Anfangs zehn Jahre lang 7,5 Tote pro Tag. Dann zehn Jahre lang nur noch 2,3. Und dann wieder 3,5. Das sind knapp 50 Prozent mehr. Unter den Motorradunfällen mit Personenschaden sind auffällig viele Allein-Unfälle. Besonders außerhalb geschlossener Ortschaften auf freier Strecke verunglücken über die Hälfte der Motorradfahrer von alleine. Wenn ein Pkw beteiligt ist, dann ist nach polizeilichen Feststellungen in zwei Dritteln der Fälle der Autofahrer schuld. Ungenügendes Handling des Motorrades wird aber in der Statistik nicht miterfaßt. Viele Unfälle wären also sicher vermeidbar gewesen, wenn der Motorradfahrer seine Grenzen besser gekannt, weniger auf Risiko gesetzt oder ein Sicherheitstraining gemacht hätte.

Motorradfahrer unterliegen einer extremen Unfallgefährdung im Straßenverkehr. Je größer und stärker die Maschinen, desto höher auch die Gefahr, in einen Unfall verwickelt zu werden. Mit den ansteigenden Zulassungszahlen für Motorräder stiegen auch die Unfallzahlen mit Personenschäden deutlich an. Außerhalb geschlossener Ortschaften ist jeder zweite Unfall ein Alleinunfall. Bei den Unfällen, in die auch andere Verkehrsteilnehmer verwickelt sind, trifft zwar nur in einem Drittel der Fälle den Motorradfahrer die Schuld. Wie viele dieser Unfälle aber durch bessere Fahrzeugbeherrschung und Vorausschau vermeidbar gewesen wären, weiß niemand.

Um die Unfallzahlen mit großen Motorrädern zu senken, gibt's jetzt den Stufen-Führerschein. Zukünftig darf nur der ein Motorrad mit mehr als 27 PS fahren, der 20 Jahre alt und mindestens zwei Jahre im Besitz der neuen Klasse 1a ist.

Mopeds und Mokicks dürfen künftig ab Werk eine Höchstgeschwindigkeit von 50 km/h erreichen. Für Leichtkrafträder bis 80 ccm und einer Höchstgeschwindigkeit von 80 km/h benötigen wir den Führerschein Klasse 1b.

Stufe um Stufe empor

Zweiradfahrer sind von Klasse zu Klasse mehr gefährdet. Deshalb exportieren die Japaner ihre schweren Maschinen, um ihre Landsleute zu schonen. Ein Japaner muß sich seine schwere Maschine aus dem Ausland zurückholen. Dann ist sie natürlich teurer. Die japanische Prüfung für die Klasse 1 ist erheblich verschärft worden. Die Durchfall-Quote ist hoch. Bei uns gibt es jetzt den Stufen-Führerschein. Hier das Wichtigste in Kürze: Mit 16 erwerben wir die Klasse 4 für Kleinkrafträder, wie bisher. Neu ist, daß Mopeds und Mokicks künftig ab Werk für 50 km/h zugelassen werden können. Für die alten Fahrzeuge bleibt es bei Tempo 40. Mit 16 können wir auch die Klasse 1b machen für Leichtkrafträder mit 50 bis 80 ccm und 80 km/h Höchstgeschwindigkeit. Mit 18 gibt's dann die Klasse 1a für Motorräder mit nicht

Motorradfahren bedeutet einen Hauch von Romantik und Freiheit. Diese Freiheit ist aber hier auf Erden nicht grenzenlos. Sie ist vielmehr eingeschränkt durch die technischen Gegebenheiten des Motorrades, die Straßen- und Wetterverhältnisse und nicht zuletzt auch durch die Verkehrsregeln. So ist zum Beispiel der technische Vorteil, noch durch die engste Gasse fahren und vorankommen zu können, durch das Verbot des Rechtsüberholens eingeengt. Ein Autofahrer könnte ja auch in der Hitze des Staus plötzlich die Türe öffnen, um sich etwas Luft zu verschaffen.

mehr als 20 kW (= 27 PS) und einem Leergewicht von mindestens sieben Kilogramm pro kW. Die Klasse 1 für Motorräder mit unbeschränkter Leistung können wir erst mit 20 machen. Außerdem müssen wir mindestens zwei Jahre im Besitz der Klasse 1a sein. Eine Ausnahme gilt nur für diejenigen, die am 1. April 1986 bereits 20 Jahre alt sind. Sie haben zwei Jahre Zeit, direkt in die Klasse 1 einzusteigen. Die Prüfungsanforderungen sind von Klasse zu Klasse verschieden. Nähere Einzelheiten weiß Ihr Fahrlehrer. Er sollte übrigens meiner Ansicht nach selbst Motorrad fahren. Egal welchen Führerschein Sie bereits haben oder erwerben werden, machen Sie auf jeden Fall ein Sicherheitstraining. Dort lernen Sie das, was Ihnen fehlt. Die DM 60,– sind für Ihre Gesundheit oder Ihr Leben nicht zuviel.

Wer aus einem Feldweg hinausfährt, hat keine Vorfahrt nach der Regel rechts vor links. Die Geschwindigkeit von Motorrädern wird aber oft von den anderen Kraftfahrern unterschätzt. Deshalb kann man sich als Motorradfahrer hier nicht auf seine Vorfahrt verlassen.

Der erste Motorradfahrer, der einen Termin bei mir hatte, gab bei Gelb Vollgas, um bei Rot noch rüberzukommen. Dann bekam er die Kurve nicht, hob ab und flog in hohem Bogen kopfüber in einen großen Blumenkübel. Als er schließlich bei mir landete, war er in jeder Hinsicht gründlich kuriert. Der Artist, der nur auf einem Rad fuhr und trotzdem einen Freispruch bekam, hat zwar Schlagzeilen gemacht. In dem Freispruch stand aber auch noch drin, daß man nur so schnell fahren darf, daß man sein Fahrzeug ständig beherrscht. Bremsen Sie mal ohne Vorderrad. Was mich als Verkehrsrichter beschäftigt, ist das Prinzip: Augen zu und mittendurch. Das ist verbotenes Rechtsüberholen.

Nicht durchquetschen

Wenn Sie sich durchquetschen, müssen Sie sich auch nicht wundern, wenn Sie dann tatsächlich etwas gequetscht werden. Gehen Sie davon aus, daß Sie aus Sicherheitsgründen Ihren Fahrstreifen ganz benötigen. Deshalb will der Gesetzgeber Ihnen künftig auch, wie jedem anderen Kraftfahrzeug, bei dichtem Verkehr die freie Fahrstreifenwahl erlauben. Beim Überholverbots-Zeichen wird jedoch nichts geändert. Bei einem Motorradfahrer-Treff hat sich kürzlich ein Fahrer bei mir beschwert, daß Autos ihn im Überholverbot überholen dürften. Er selbst dürfe aber nicht. Er fühlte sich dadurch diskriminiert. Ich habe ihn gefragt: Wie hat das Auto es denn überhaupt geschafft, Sie zu überholen? Eine weitere Frage: Dürfen Sie sich mit Ihrem Kraftrad abschleppen lassen? Nach meiner Meinung nicht. Es ist zu gefährlich für Sie und andere. Also gilt der § 1. Künftig wird es auch ausdrücklich verboten.

Machen Sie sich sichtbar

Motorräder sind wegen ihres schmalen Umrisses von weitem schlecht sichtbar. Um so mehr müssen Motorradfahrer darauf achten, sich weithin sichtbar zu machen. Noch keine Vorschrift – ich würde schon heute tagsüber mit Abblendlicht fahren.

Für Autofahrer sind Sie als Motorradfahrer von weitem nur ein Strich in der Landschaft. Machen Sie sich also sichtbar. Durch grelle Farben Ihres Bikes, der Schutzkleidung und des Helms. Ein heller Helm ist im Sommer nicht so heiß. Demnächst muß der Helm der ECE-Norm 22/02 entsprechen. Nützliche Tips für den Helmkauf erhalten Sie bei Ihrem Automobilclub und der Stiftung Warentest. Fahren Sie auch am Tage mit Abblendlicht. In Kürze wird das sowieso Vorschrift. Bleiben Sie sich trotzdem der Tatsache bewußt, daß Autofahrer Sie schlecht sehen. Denken Sie vor allem an den toten Winkel.

Gelb heißt höchste Gefahr

Wer bei Gelb einen Blitzstart macht, fährt gegen Rot in die Kreuzung ein. Selbst bei Grün dürfen Sie das volle Spurtvermögen Ihres Motorrades nicht ausnutzen, wenn Sie nicht mit den Nachzüglern zusammenstoßen wollen.

Eine schmierige Fahrbahn bringt Motorräder in höchste Rutschgefahr. Lehm auf der Fahrbahn deutet auf starken landwirtschaftlichen Verkehr. Es ist also mit abbiegenden Traktoren zu rechnen.

Rechnen Sie immer damit, daß Autofahrer zu wenig von Ihnen wissen. Sie unterschätzen Ihr Beschleunigungsvermögen und überschätzen Ihr Bremsvermögen. Autofahrer wissen auch nicht, wieviel Platz Sie in der Kurve brauchen. Fahren Sie also nicht mit dem Kopf überm Strich. Unbekannt ist den Autofahrern auch, wieviel Platz Sie zumAusweichen brauchen. Rechnen Sie also im Stadtverkehr immer mit dem Öffnen einer Tür oder dem Ausscheren des ganzen Fahrzeuges. Starten Sie vor allem nie bei Gelb. Wer bei Gelb anfährt, fährt gegen Rot. Die Richtlinien gehen auch nur davon aus, daß Sie bei Grün mit höchstens 40 km/h einfahren. Wer schneller ist, stößt mit den Nachzüglern zusammen.

7. Mit vier Rädern vol

Lebenslängliche Fahrererlaubnis?

Junge Fahranfänger sind im Straßenverkehr besonders gefährdet. Das liegt nicht nur an mangelnder Fahrpraxis, sondern auch daran, daß sie die Risiken noch nicht hinreichend erkennen oder zu gering einschätzen. Gute Laune darf nicht zum Leichtsinn führen. Zählen Sie einmal zusammen, wieviele Fehler Sie hier finden können: Niemand ist angegurtet. Das Surfbrett ist nicht sicher verstaut. Der Fahrer steuert nur mit einer Hand. Und der Disco-Sound in seinem Ohr macht für ihn den übrigen Verkehr unhörbar.

Mit 18 machen wir die Klasse drei. Und dann fahren wir bis zum Sankt-Nimmerleins-Tag. Manche bilden sich deshalb ein, die Fahrerlaubnis sei ein durch die Verfassung garantiertes Grundrecht. Deshalb fordern andere: Alle Jahre wieder – eine Wiederholung der Fahrerlaubnisprüfung. Ich selbst halte nichts davon. Der Mann mit Hut ist nicht so schlimm wie Jung-Senioren meinen. Und wer ihm jetzt den Hut abschlagen will, möchte selber nicht mit 60 zum Idiotentest. Darauf läuft's aber schließlich hinaus. Eine Wiederholung der theoretischen Prüfung bringt nämlich nichts. Es gibt Berufskraftfahrer, die morgen früh bei einer theoretischen Prüfung durchfallen würden, obwohl sie keine Unfälle bauen. Umgekehrt kennen viele die Regeln und bauen trotzdem Unfälle.

Wir alle müssen uns ein Leben lang im Straßenverkehr bewähren. Dabei hat jede Altersgruppe ihre eigenen Schwierigkeiten. Das ist aber für mich kein Anlaß, eine Gruppe besonders zu diskriminieren.

motorisiert

Früher stieg die Unfallkurve bis zum siebten Führerscheinjahr. Weil wir anfangs nur wenig Gelegenheit zum Fahren hatten. Heute machen wir mit 18 den Führerschein und fahren auch direkt los, ohne genügend auf die Gefahren des Straßenverkehrs vorbereitet zu sein. Deshalb erreicht heute die Unfallkurve in den beiden ersten Führerscheinjahren ihren Höhepunkt.

Vor Kuppen und unübersichtlichen Stellen zu überholen, ist lebensgefährlich ...

... aus dem Nichts taucht plötzlich ein anderes Fahrzeug auf ...

... nur durch eine blitzschnelle Reaktion des entgegenkommenden Fahrers kann ein Unfall vermieden werden ...

... auch wenn er dabei in den Acker fahren muß.

Führerschein auf Probe

Die jungen Fahranfänger zwischen 18 und 25 Jahren sind höchst unfallgefährdet. Nicht weil sie zuwenig können, sondern weil sie meinen, sie könnten zuviel. 1984 haben sie mehr als ein Drittel aller Unfälle mit Personenschaden verursacht. Besonders die Frischlinge in den ersten beiden Jahren fallen auf. Jeder siebte Tote und Verletzte geht auf ihr Konto. Mehr als doppelt sooft wie die übrigen fahren die Fahranfänger zu schnell. Fort-Kommen macht eben in unserer Zivilisation zuviel Spaß.

Einführung der Nachschulung

Um das Risiko der jungen Fahranfänger zu vermindern, plant der Bundesminister für Verkehr die Einführung des Führerscheins auf Probe. Die Probezeit soll zwei Jahre dauern. Hat der Proband in den zwei Jahren einen Unfall gebaut oder bestimmte unfallträchtige Verkehrsverstöße begangen, so wird er zu einem Nachschulungskurs eingeladen. Geht er nicht hin, wird die Fahrerlaubnis entzogen. Die Idee finde ich gut. Ich war schon immer dafür, daß Kurieren besser ist als Abschneiden. Deshalb habe ich auch im Verkehrsministerium begeistert ein Jahr meines Lebens geopfert, um einer sinnvollen Nachschulung zum Durchbruch zu verhelfen. Was mir weniger gefällt:
Der Gesetzgeber sieht ein neues, schärferes Punkte-System vor, das selbst der Profi kaum durchschauen kann. Die Nachschulungskurse sollen auch nur von Fahrlehrern durchgeführt werden, die dafür eine besondere Erlaubnis besitzen. Es soll also eine Fahr-Oberschule eingeführt werden. Und wenn Sie nach Erlangung der mittleren Reife erneut versagen, müssen Sie wieder unten anfangen und die theoretische Prüfung wiederholen. Das wäre für mich nicht die erhoffte Wende. Wenn junge Fahranfänger zu sehr auf Risiko fahren, dann tun sie das, obwohl sie die Regeln kennen. Dann muß es aber darum gehen, daß sie ihre Risikobereitschaft abbauen und ihr Verhalten freiwillig ändern. Mein Wunsch wäre also, daß Fahrlehrer mehr als bisher zum richtigen Lehrer ausgebildet werden. Ich sehe auch keinen Grund, warum nicht auch Psychologen, die besonders ausgebildet sind, solche Kurse abhalten dürfen.

In Deutschland, wie auch in den meisten Ländern der Welt, wird auf der rechten Fahrbahnseite gefahren. Bei uns gilt das Rechtsfahrgebot. Wenn also rechts frei ist, müssen wir auch rechts fahren. Das gilt selbstverständlich auch auf Autobahnen.

Unser Grundgesetz: Wir fahren rechts

Deshalb gilt auch bei uns rechts vor links. Das ist uns in Fleisch und Blut übergegangen. Die Engländer fahren links. Droschkenkutscher hatten nämlich die üble Angewohnheit, ihre Pferdepeitschen nach rechts raushängen zu lassen. Die streichelten dann über die Hüte der Ladys und Gentlemen. Und das hat denen nicht gefallen. Deshalb wurde das Rechtsfahren abgeschafft. Das Linksfahren hat einen Vorteil. Wer keine Vorfahrt hat, kann den anderen, der von links kommt, besser sehen.

Steht genügend Platz zur Verfügung, darf links überholt werden. Das Fahrzeug am Mittelstreifen verstößt zweifach gegen das Überholverbot. Auf der rechten Seite befindet sich ein Überholverbot-Schild. Außerdem könnte der Gegenverkehr behindert oder gefährdet werden.

Stehen mehrere markierte Fahrstreifen für eine Fahrtrichtung zur Verfügung, dürfen wir innerorts den Fahrstreifen frei wählen, also auch rechts überholen. Sind die Fahrstreifen nicht durch weiße Linien markiert, dürfen wir rechts nur schneller fahren als links, wenn sich auf beiden Fahrstreifen Schlangen gebildet haben.

Nur ausnahmsweise links

Bei dichtem Verkehr dürfen wir ausnahmsweise links fahren, wenn mehrere Fahrstreifen für eine Richtung vorhanden sind. Wenn die Fahrstreifen auch noch markiert sind, dürfen wir innerorts den Fahrstreifen frei wählen. Das soll künftig auch für Motorräder gelten. Auch vor Ampeln dürfen wir nebeneinander fahren, also auch links. Wenn da allerdings ein Überholverbot steht, geht das vor.

Falschparken – eine läßliche Sünde?

Allein im Freistaat Bayern entfallen mit über einer halben Million Verfahren knapp 50 Prozent der Bußgeldverfahren auf Halten und Parken. Hinzu kommen noch die angenommenen gebührenpflichtigen Verwarnungen. Falschparken ist offenbar nicht auszurotten. Auch mit der Parkkralle nicht. Wir haben nämlich zuwenig Parkplätze in den Innenstädten. Das liegt auch an unserer Siedlungspolitik. Erst haben wir Vororte aufs freie Feld gesetzt, damit die Bewohner sich ein Auto kaufen mußten, um zur Arbeit zu kommen, jetzt wollen wir sie wieder aus der Stadt vertreiben. Lautstarke Minderheiten engagieren sich für Verkehrsberuhigung: *Heiliger Sankt Florian, leer meine Straß', füll andere an.* Falschparken wird kaufmännisch kalkuliert. Es gibt auch Kraftfahrer, die meinen, wenn sie ihre Steuern bezahlt hätten, hätten sie auch das Recht, da zu parken, wo sie wollen. Wir sind auch alle fußkrank geworden. Die Völkerwanderung könnte heute nicht mehr stattfinden. Am liebsten würden wir mit dem Auto bis vor die Theke oder mitten ins Kaufhaus fahren. Parkhäuser gefallen uns nicht. Es ist zu schwer rein- und rauszukommen. Die Familie meines Bekannten war kürzlich grippekrank. Zur Apotheke konnte er nicht. Sein Auto war kaputt. Die Apotheke war genau fünfhundert Meter von seiner Wohnung entfernt.

Falschparken gilt heutzutage für manche als Kavaliersdelikt. Nur weil wir zu bequem sind, einige Meter zu gehen, nehmen wir ein Verwarnungs- oder Bußgeld in Kauf.

Für Behinderte besonders gekennzeichnete Parkplätze sollten wir auch unbedingt freihalten. Das gebietet schon das moralische Gebot sozialer Rücksichtnahme.

Wer einen Parkplatz gefunden hat, sollte aus Freude darüber nicht vergessen, sein Auto regelgerecht abzustellen. Dies bedeutet, daß weder andere Verkehrsteilnehmer noch Fußgänger behindert werden.

Mit schuld am Unfall

Was viele Autofahrer nicht wissen: Wer falsch parkt oder verbotswidrig hält, kann für einen Unfall mithaften. Insbesondere, wenn er den Verkehrsfluß oder die Sicht behindert. Park- und Halteverbote dienen nicht nur der *Ordnung,* sondern auch der *Sicherheit* des Verkehrs. Ein Kraftfahrzeug ist nicht nur in Betrieb, wenn es fährt, sondern auch, wenn es ruht und dadurch den Verkehr beeinflußt. Der Halter haftet also schon aus dem Gesichtspunkt der Betriebsgefahr. Aber auch aus Verschulden, wenn der Unfall bei vernünftiger Überlegung vorhersehbar war. Nach meiner Erfahrung als Verkehrsrichter sind folgende Verstöße besonders unfallträchtig: Halten in engen Straßen, im Bereich enger Kurven und vor oder auf dem Zebrastreifen. Außerdem das Parken auf Gehwegen, Radwegen, im Haltestellenbereich und im Fünf-Meter-Raum. Stellen Sie sich vor: Sie halten im absoluten Halteverbot. Ein Kind läuft hinter Ihrem Auto auf die Fahrbahn und gerät unter ein anderes Auto. Der Bundesgerichtshof hat entschieden, daß Sie mithaften. Hätte Ihr Auto nämlich nicht da gestanden, hätte der andere Autofahrer das Kind eher sehen können. Natürlich müssen Sie auch dem Arzt die Taxe bezahlen, wenn er Ihretwegen nicht aus seinem Grundstück herauskommt.

Wer durch falsches Parken einen Unfall mitverursacht, haftet auch mit. Das ist vielen Kraftfahrern unbekannt. Durch den halb in der Kreuzung parkenden braunen Wagen wird dem Fahrer des blauen Fahrzeugs die Sicht auf die Kreuzung genommen, und er kann das von rechts kommende weiße Fahrzeug nicht sehen.

Ein falsch geparktes Fahrzeug kann durchaus einen Unfall mitverursachen. Wer so parkt, daß den anderen die Sicht genommen wird, den trifft fast immer eine Mitschuld, wenn es zum Unfall kommt. Besonders wer vor Kurven, in engen Straßen oder direkt an Kreuzungen parkt, beeinflußt das Verkehrsgeschehen und kann für einen Unfall mitverantwortlich sein. Wer so auf dem Bürgersteig parkt, daß er Fußgänger oder Mütter mit ihren Kinderwagen auf die Fahrbahn zwingt, handelt nicht nur rechtlich verbotswidrig, sondern auch rücksichtslos. Deshalb wird er auch in Flensburg eingetragen.

Freie Bahn für Blaulicht und Martinshorn

Einsatzwagen der Feuerwehr, der Polizei und Krankenfahrzeuge sind im Notfall von den Verkehrsregeln befreit. Sie dürfen, wenn es nötig ist, sogar gegen die Einbahnstraße fahren.

Wer Feuer zu löschen, Menschenleben zu retten und nach Unglücksfällen und Katastrophen zu helfen oder Bankräuber zu verfolgen hat, wer also *Gefahren für die öffentliche Sicherheit und Ordnung* abzuwenden hat, ist von den Vorschriften der Straßenverkehrsordnung weitgehend befreit. Die Rechte der übrigen Verkehrsteilnehmer müssen dann zurücktreten. Trotz Grün hat man dann an einer Kreuzung keine Vorfahrt. Das heißt natürlich nicht, daß der Fahrer eines Krankenwagens bei Rot blindlings in die Kreuzung einfahren darf. Auch er muß sich so verhalten, daß niemand geschädigt wird. Sonderrechtsfahrzeugen muß man freie Bahn schaffen. Ist man gerade in einem Engpaß oder auf einer Kreuzung: Bitte vorziehen oder räumen. Notfalls auch gegen Rot vorsichtig um die nächste Ecke fahren. Aber bitte vor lauter Schreck keine Notbremsung! Der Unfall, den Sie damit verursachen, hilft keinem.

Rettungsfahrzeuge können auch bei Rot in die Kreuzung einfahren. Für sie gilt praktisch nur der § 1 der StVO. Das heißt, sie dürfen keine Unfälle verursachen.

Höchste Eile und größte Gefahr

Begegnen Sie einem Sonderrechtsfahrzeug mit Blaulicht und Martinshorn, müssen Sie davon ausgehen, daß es sich um einen lebenswichtigen Einsatz handelt. Blaulicht alleine dient nur zur Warnung der Verkehrsteilnehmer vor Gefahren.

Blaulicht mit Martinshorn zusammen darf nur eingeschaltet werden, wenn höchste Eile geboten ist, um Menschenleben zu retten, Gefahren für die Öffentlichkeit abzuwenden, flüchtige Personen zu verfolgen oder bedeutende Sachwerte zu erhalten. Blaulicht mit Martinshorn ordnet an: *Alle übrigen Verkehrsteilnehmer haben sofort freie Bahn zu schaffen.* Daß die Polizei keinen Einsatz hat, wenn sie kein Blaulicht anhat, ist ein weit verbreiteter Irrtum. Die Polizei darf, wenn sie darf. Denn Notstand bleibt Notstand, auch ohne Blaulicht und Sirene. Beide werden in erster Linie eingeschaltet, um die anderen Verkehrsteilnehmer zu warnen, daß die Regeln nicht eingehalten werden können. Blaulicht und Martinshorn zusammen bedeutet also für alle: *Höchste Eile und größte Gefahr!* Blaulicht alleine schafft keinen Vorrang. Es warnt nur vor Unfallstellen oder kündigt eine Militärkolonne an. In solche Kolonnen darf man sich übrigens nicht hineinzwängen.

Nähert sich Polizei mit Blaulicht und Sirene, müssen Sie unverzüglich die Fahrbahn so freimachen, daß das Einsatzfahrzeug unbehindert passieren kann. Fahren Sie also rechts und links ran, um in der Mitte eine Gasse zu lassen.

Auseinander

Fahrzeuge mit Blaulicht und Martinshorn haben Vorrang. Wenn sie auftauchen, muß man also rechts oder links ranfahren und möglichst halten. Beim Stau muß man auf Autobahnen von vorneherein für Polizei und Krankenwagen in der Mitte eine freie Gasse lassen, auch wenn sie noch gar nicht da sind. Wenn drei Fahrstreifen da sind, dann ist der mittlere für die Gasse.

Steht auf dem Pannenstreifen der Autobahn ein Polizeifahrzeug mit Blaulicht, sollen Sie auf eine Gefahr hingewiesen werden. Weiter vorne kann ein Unfall passiert sein oder ein Stau beginnen. Es kann auch sein, daß eine Militärkolonne auf die Autobahn auffährt. Also Fuß weg vom Gaspedal.

Bitte hinhören

Für mich könnten Martinshörner viel lauter sein. Damit sie besser durchkommen, um mich zu retten. Denken Sie bitte immer daran: Martinshörner sind keine Sirenen. Lärmschutz! Also das Autoradio bitte auf Autolautstärke stellen. Wer nichts hört, kann an einem Unfall mitschuldig sein. Künftig dürfen die Rettungsfahrzeuge auch ohne Einsatzhorn fahren. Daß die einen gerettet wurden, hat die anderen nicht schlafen lassen.

Rettungsfahrzeuge haben es schwer durchzukommen. Das Martinshorn dringt im geballten Großstadtverkehr nur schwer durch. Es darf nämlich nicht zu laut sein, weil wir zu lärmempfindlich sind. Offenbar geht Lärmschutz vor Menschenschutz. Stellen Sie deshalb Ihr Autoradio immer nur so laut ein, daß Sie notfalls noch genug von draußen hören können. Das gilt übrigens auch im Normalfall. Das Gehör darf während der Fahrt nie beeinträchtigt sein.

Gelb heißt Gefahr

Gelbes Rundum-Blinklicht auf Fahrzeugen warnt wie eine gelb blinkende Ampel an einer Kreuzung vor Gefahren. Zum Beispiel an einer Arbeits- oder Unfallstelle. Es wird auch von Spezialtransportern verwendet, die überlang oder mehr als 2,50 m breit sind oder eine ungewöhnlich lange oder breite Ladung befördern.

Blaulicht mit Martinshorn verpflichtet uns, sofort freie Bahn zu schaffen. Es ist nämlich höchste Eile geboten, damit Menschenleben gerettet werden können. Wenn jede Sekunde kostbar ist, müssen wir uns beeilen, unverzüglich Platz zu machen. Oder wollen Sie moralisch oder rechtlich dafür mitverantwortlich sein, daß Ihretwegen ein Mensch sein Leben lassen mußte? Die Fahrer von Rettungsfahrzeugen haben es schwer genug. Einerseits sollen sie Menschenleben retten und müssen so schnell fahren, daß sie noch rechtzeitig am Unfallort und im Krankenhaus ankommen. Deshalb müssen sie die Verkehrsregeln praktisch übertreten. Andererseits sollen sie weder andere noch den Patienten oder sich selbst gefährden oder gar schädigen. Deshalb dürfen sie rechtlich die Verkehrsregeln nur übertreten, wenn nichts passiert. Sie sind also in einem ständigen Dilemma. Zwei ältere, erfahrene Rettungsfahrer berichteten mir als Zeugen in einer Unfallsache, sie hätten bei Not-Einsätzen durchschnittlich zwei bis drei Unfälle im Jahr. Tun wir also von uns aus alles, damit die Rettungsfahrer freie und gute Fahrt haben. Vielleicht brauchen wir sie eines unguten Tages selber.

8. . . . ist immer schuld

Kein Verkehrsteilnehmer, weder Kraftfahrer, Radfahrer noch Fußgänger darf einen anderen gefährden oder gar schädigen. Das steht im ersten Gebot der StVO. Hier zwingt der Autofahrer den Radfahrer zu einer Notbremsung, um dann selbst im letzten Moment zu bremsen, bevor es zu eng wird.

Jede Gefährdung ausgeschlossen

Kraftfahrzeuge sind gefährlicher als Fußgänger und Radfahrer. Deshalb müssen sie in besonders unfallträchtigen Situationen über § 1 hinaus höchste Sorgfalt anwenden, damit eine Gefährdung vollkommen ausgeschlossen ist.

Im Strafprozeß gilt der Grundsatz: *Im Zweifel zu Gunsten des Angeklagten.* Wenn der Richter vernünftige Zweifel an der Schuld des Angeklagten hat, muß er ihn freisprechen. Im Schadensersatzprozeß hingegen gilt bei typischen Verhaltensweisen der Grundsatz: Wer sich gefährlich verhält, muß für den Schaden eintreten. Es sei denn, er kann beweisen, daß der andere auch schuld ist. In der StVO steht dann immer, daß ein Fahrer sich so verhalten muß, daß eine *Gefährdung anderer Verkehrsteilnehmer ausgeschlossen ist.* Ein Unfall ist mehr als eine bloße Gefährdung. Deshalb *beweist* der Unfall in diesen Fällen, daß der Kraftfahrer sich nicht so verhalten hat, daß niemand gefährdet wurde. Der Kraftfahrer hat dann den *Beweis des ersten Anscheins* gegen sich, daß er den Unfall alleine verursacht und verschuldet hat. Daß man sich so verhalten muß, daß jede Gefährdung anderer ausgeschlossen ist, steht an zehn Stellen in der StVO. Verstöße gegen diese zehn Paragraphen sind sozusagen die zehn Todsünden im Straßenverkehr. Als Hauptunfallursachen werde ich sie im folgenden ausführlich behandeln.

Wer auffährt . . .

. . . ist meist der Dumme. Egal, ob der Vordermann leicht oder stark gebremst hat. Laut Gesetz müssen wir einen Abstand zum Vordermann halten, der in jeder Situation ausreichend ist, um rechtzeitig zum Stillstand zu kommen. Andererseits darf der Vordermann nur stark bremsen, wenn er einen zwingenden Grund hat. Sonst trifft ihn eine Mitschuld.

Wer auffährt, ist immer schuld. Rechtlich etwas genauer heißt das: Der Vordermann braucht nicht zu beweisen, daß der Hintermann schuld ist. Das steht nämlich schon im Gesetz. Der Hintermann muß also Schadensersatz leisten. Wenn er beweisen kann, daß auch der Vordermann schuld ist, gibt es eine Quote: Wer auffährt, hat den Sicherheitsabstand nicht eingehalten *und* ist den Umständen nach zu schnell oder unaufmerksam gefahren. Welchen Sicherheitsabstand wir unter welchen Umständen genau haben müssen, vermag niemand ganz genau zu sagen, weil wir keinen Computer im Gehirn haben, der den je nach Wetter, Fahrbahn und Geschwindigkeit richtigen Abstand blitzschnell errechnet. Das Gesetz ist auch ziemlich schwammig. Der Abstand von einem vorausfahrenden Fahrzeug muß *in der Regel* so groß sein, daß auch dann hinter ihm gehalten werden kann, wenn es *plötzlich* gebremst wird. Daß es drei Faustregeln gibt, trägt auch nicht gerade zur Klarheit bei. Die Rechtsprechung verlangt als Sicherheitsabstand die Strecke, die in 1,5 Sekunden durchfahren wird. Das sind bei 50 km/h 20,8 Meter. Der Volksmund kennt die Regel: Halber Tachostand in Metern. Das ist die Strecke, die in 1,8 Sekunden durchfahren wird. Also bei 50 km/h 25 Meter. ADAC und Verkehrswacht propagieren die Regel: 21 bis 22, also den 2-Sekunden-Abstand, das sind 27,78 Meter.

Bei einem Auffahrunfall prallt der Kühler mit großer Wucht auf das Heck des Vordermannes. Die beiden Autos schieben sich zusammen. Dadurch wird ein Teil der Aufprallenergie verbraucht. Auch sind unsere Autos in den letzten Jahrzehnten sehr viel sicherer geworden. Die Knautschzonen wurden verbessert. Es bleibt aber immer noch sehr viel Energie übrig, die Sie mit Ihrem Körper abfangen müssen. Deshalb immer angurten. An den Vordersitzen Nackenstützen einbauen und richtig einstellen. Und wenn Sie hinten sitzen: Nach vorne beugen und die Hände fest in den Nacken. So wird die Wucht des Aufpralls gemildert und die Gefahr schwerer Verletzungen der Halswirbelsäule verringert.

Der sichere Abstand

Kaum einer kennt den genauen Sicherheitsabstand in einer konkreten Verkehrssituation. Er hängt von zu vielen Faktoren ab. Deshalb wird der notwendige Abstand auch oft nicht eingehalten. Das gilt besonders im geballten Großstadtverkehr. Aber auch hier gilt: Wer auffährt, ist immer schuld.

Die meisten Kraftfahrer richten sich beim Sicherheitsabstand nach ihrem Gefühl. Gefühle sind aber oft trügerisch. Sehr viele Kraftfahrer wissen auch nicht, daß der Sicherheitsabstand auch bei niedrigen Geschwindigkeiten beachtet werden muß. Jedermann hingegen kennt den Grundsatz: Im geballten Großstadtverkehr braucht der Sicherheitsabstand nicht eingehalten zu werden. Glauben Sie nicht daran. Das ist ein Märchen. Selbst wenn Sie im Strafprozeß freigesprochen werden sollten, werden Sie im Zivilprozeß trotzdem verurteilt. Wer auffährt, ist nämlich immer schuld. Antiblockiersysteme (ABS) sind gut. Sie verhindern automatisch das Blockieren der Räder, so daß die Reifen besser haften. Deshalb kann man besser bremsen. Allerdings hinterläßt man dann kaum noch eine Blockierspur. Notorische Juristen befürchten deshalb, daß der Dieb keine *Fingerabdrücke* mehr am Tatort hinterläßt. Sie fordern deshalb die gesetzliche Einführung eines Kurzweg-Fahrtenschreibers, um die jeweilige Fahrgeschwindigkeit überprüfen zu können. Das soll dazu helfen, den Sicherheitsabstand einzuhalten. Mir wäre ein automatisch piepsendes Abstandswarngerät lieber. Damit es Ihnen nicht geht wie meiner Beklagten: Sie hatte bei Gelb eine Notbremsung gemacht und der Hintermann fuhr trotz ABS auf. Als ich sie fragte, warum sie so stark gebremst hätte, sagte sie: *Vor einer Woche hat mich da ein Schutzmann erwischt, weil ich bei Rot ... Da habe ich mir geschworen, das passiert dir nicht noch einmal.* Ich mußte ihr erwidern: *Jetzt haben Sie es leider wieder falsch gemacht und Sie müssen zwei Drittel des Schadens bezahlen.* Die arme Frau hat mir echt leid getan. Sie verstand die Welt nicht mehr.

Muß der Vordermann aus irgendeinem Grund plötzlich auf die Bremse treten, gibt es für unseren Drängler kaum noch eine Möglichkeit auszuweichen oder rechtzeitig anzuhalten.

Wer aus einer untergeordneten Einmündung keine freie Sicht auf die Vorfahrtsstraße hat, darf sich zwar vorsichtig bis zur Sichtlinie hineintasten. Wenn es aber zu einem Unfall kommt, haftet er trotzdem als erster, weil er die Vorfahrt verletzt hat. Andererseits sollte der Vorfahrtsberechtigte nicht zu weit rechts fahren, wenn vor einer Einmündung Fahrzeuge parken. Ihn könnte nämlich eine Mithaftung treffen. Selbstverständlich haftet auch der Falschparker mit, der die Sicht behindert hat.

Wer die Vorfahrt verletzt . . .

Auch wer die Vorfahrt verletzt, ist immer schuld. Rechts geht vor links. Stopp heißt: An der Haltelinie halten, und wenn die Sichtlinie weiter vorne ist, Vorfahrt gewähren. Wenn Sie aus einem verkehrsberuhigten Bereich herausfahren, gilt rechts vor links *nicht,* denn Sie fahren wie aus einem Grundstück heraus. Dasselbe gilt auch, wenn Sie aus einer Wohnstraße mit Anliegerverkehr über einen abgesenkten Bordstein auf die andere Straße auffahren.
Für den anderen kommen Sie nämlich ganz offensichtlich aus einem Grundstück. Deshalb müssen Sie sich auch so verhalten, daß nichts passiert. Das kommt auch demnächst ausdrücklich ins Gesetz. Wenn Sie keine Vorfahrt haben und aus einer untergeordneten Straße heraus wollen, müssen Sie immer damit rechnen, daß ein Radfahrer von rechts kommen kann. Auch wenn die Benutzung linker Radwege grundsätzlich verboten ist, kann sie durch Beschilderung erlaubt sein. Auch wenn der linke Radweg nicht durch Beschilderung freigegeben ist, wird er von etwa ein Fünftel der Radfahrer benutzt. Wenn Ihr Ziel links liegt, und wenn Sie nicht über die Schnellstraße wollen, schauen Sie beim Abbiegen bitte nicht nur nach links, sondern auch nach rechts. Sonst sind Sie an dem Unfall mehr oder weniger mit schuld.

Auf Landstraßen weisen Vorfahrtsschilder rechtzeitig auf Kreuzungen und sogar Feldwege, die über die Fahrbahn führen, hin . . .

. . . trotzdem sollten wir uns solchen Einmündungen mit Vorsicht nähern, da viele Verkehrsteilnehmer Geschwindigkeiten nicht richtig einschätzen können . . .

Die Vorfahrtsregeln gehören zu den Grundregeln unseres Straßenverkehrs. Trotzdem liegen Vorfahrtsverletzungen an der zweiten Stelle der Unfallursachen. Wer den 7. Sinn hat, rechnet an bestimmten Stellen mit einer möglichen Vorfahrtsverletzung. Die Vorfahrt soll man sich nicht erzwingen. Besser ist es, ab und zu auf seinen Vorrang zu verzichten.

. . . wie der grüne Pkw, der durch sein Einfahren in die Kreuzung fast einen Unfall verursacht hätte und den weißen Wagen zu einer Bremsung zwingt.

Die abgeknickte Vorfahrt

Wer innen ist und innen bleibt oder heraus will, hat Vorrang vor jedem von außen.

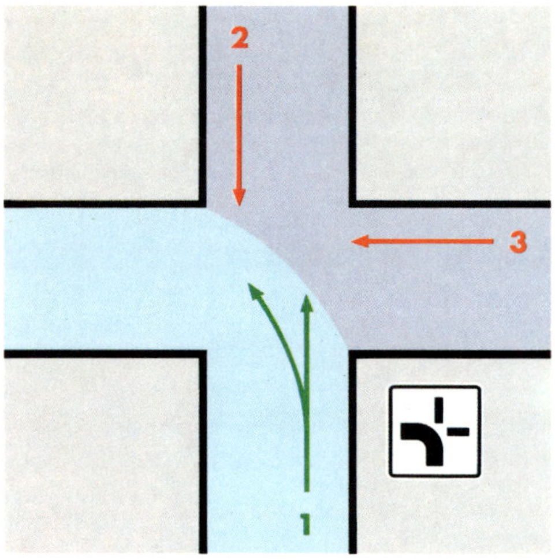

Wenn beide innen sind und beide raus wollen, gilt rechts vor links.

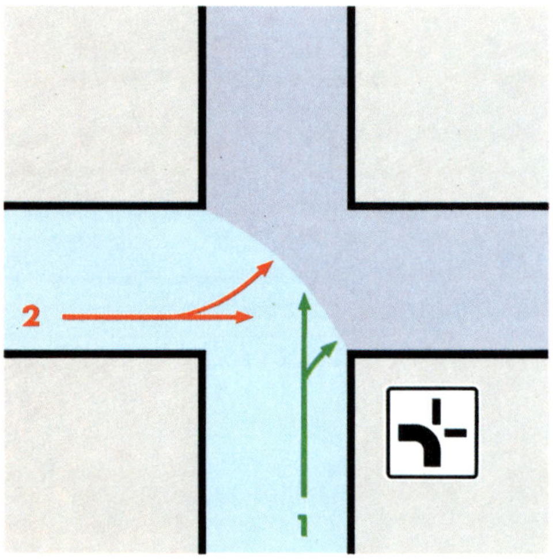

Auch wenn beide außen sind und rein wollen, gilt rechts vor links, egal welche Schilder da stehen.

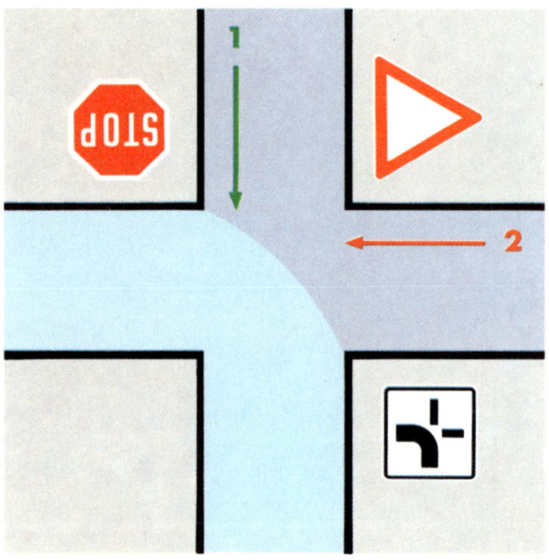

Die richtige Regelauslegung bei der abgeknickten Vorfahrt bereitet vielen Kraftfahrern Schwierigkeiten.

Vielen Kraftfahrern macht die abgeknickte Vorfahrt Schwierigkeiten. Deshalb hier ein praktischer Tip: Denken Sie sich, der Raum der Vorfahrtstraße wäre durch eine Haltelinie rundum abgeschirmt. Dann wird es klarer. Wer innen ist und innen bleibt oder heraus will, hat Vorrang vor jedem von außen.

Sie müssen blinken, wenn Sie abbiegen, also Ihre natürliche Fahrtrichtung ändern. Dabei ist es gleichgültig, ob Sie drinnen bleiben – rein- oder rausfahren. Wenn Sie geradeaus fahren, egal ob Sie raus wollen oder rein, lassen Sie es bitte, Sie verwirren sonst die anderen und haften für einen Unfall mit, auch wenn Sie die Vorfahrt haben. Ganz allgemein können Sie trotz Vorfahrt mithaften, wenn Sie Ihrerseits einen Verkehrsverstoß begehen und zum Beispiel erheblich zu schnell fahren. Das muß der andere allerdings beweisen.

Wenn jemand die Vorfahrt verletzt hat, sagt er meistens: *Der andere ist zu schnell gefahren.* Das beruht aber nach meinen Erfahrungen nur auf Gefühl. Wenn man den anderen nicht gesehen hat, kommt er überraschend. Also ist er zu schnell gewesen. Geschwindigkeiten exakt zu schätzen, ist den meisten Verkehrsteilnehmern unmöglich. Bremsspuren sind daher zuverlässiger.

Ampeln sind so geschaltet, daß bei normalem Verkehr jeder bei Grün über die Kreuzung kommt.

Wie funktioniert eine Ampel?

Vom Direktor bis zum Penner sind wir alle Ampelmänner (Heinz Erhardt).
Aber kaum einer weiß so genau, wie Ampeln wirklich funktionieren. Das steht auch nicht genau im Gesetz, sondern in besonderen Richtlinien.
Grün heißt grundsätzlich:
Freie Fahrt. Es gibt aber Ausnahmen. Bei stockendem Verkehr dürfen Sie trotz Grün nicht in die Kreuzung einfahren, wenn Sie sie verstopfen würden. Wenn noch Fahrzeuge in der Kreuzung sind, müssen Sie ihnen Gelegenheit zum Räumen geben. Insbesondere bei unübersichtlichen Kreuzungen müssen Sie auch mit Nachzüglern rechnen. Fliegender Start ist daher immer gefährlich. Die Richtlinien gehen davon aus, daß Sie höchstens mit 40 km/h einfahren, auch wenn mehr als 50 km/h erlaubt sind. Wenn Sie schneller als 40 km/h fahren, können Sie zum Beispiel mit einem Mofa, das nur 25 km/h fährt, zusammenstoßen. Klar, daß Sie dann wenigstens eine erhebliche Mitschuld tragen. Andererseits dürfen Sie natürlich besonders bei spätem Grün auch nicht zu langsam in die Kreuzung einfahren. Bei unübersichtlichen Kreuzungen ist die niedrigste Räumgeschwindigkeit 25,2 km/h. An anderen Kreuzungen wird die jeweils zulässige Geschwindigkeit für die Berechnung zugrunde gelegt.

Nicht immer bedeutet Grün auch freie Fahrt. Gerät der Verkehr trotz Grün auf einer Kreuzung ins Stocken, müssen wir trotz Grün vor der Ampel stehenbleiben.

Rot heißt Stopp

Dies gilt für alle Verkehrsteilnehmer – Fußgänger, Radfahrer und Kraftfahrer. Das Rot regelt die Vorfahrt. Wer ein Rotlicht mißachtet, gefährdet andere und sich selbst in höchstem Maße. Das gilt nicht zuletzt auch für Fußgänger.

Bei verkehrsabhängigen Ampeln weisen meist Zusatzschilder den Autofahrer darauf hin, bis an die Haltelinie vorzufahren. Macht er dies nicht, berührt er auch nicht die in den Boden eingelassenen Kontaktschleifen und bekommt kein Grün.

Rot ordnet an: Halt vor der Kreuzung. Also bitte nicht bei Gelb anfahren, denn dann fahren Sie gegen Rot los. Rot – Gelb heißt also: Achtung, fertig, *noch nicht los.* Das andere Rot nach Grün und Gelb heißt: Halt vor der Kreuzung. Die Rechtsprechung verlangt, daß Sie an der Haltelinie halten. Falls Sie das nicht schaffen, weil die Haltelinie zu weit vorgezogen ist, müssen Sie vor der Ampel selbst halten. Und wenn Sie auch das nicht schaffen, müssen Sie vor dem eigentlichen Kreuzungsbereich halten. Wenn es nach Grün kein Gelb gäbe, könnten Sie bei Rot nur selten zum Stehen kommen. Deshalb ist Gelb als Vorwarnung nötig. Weitere Vorwarnungen wie Grün-Blinken oder einen Sekunden-Countdown halte ich für überflüssig. Sie kosten auch viel Geld. Rotlichtverstöße gehen offenbar unter die Haut. Unter den über tausend Fällen, die ich als Verkehrsrichter zu verhandeln hatte, waren nur zwei oder drei Betroffene, die auch einräumten, Rot gehabt zu haben. Die anderen erklärten stereotyp: *Fünf Meter vor der Ampel bekam ich Gelb, so daß ich nicht mehr halten konnte.* Das Rot ist anscheinend ein Tabu. Als einer meiner Freunde kürzlich bei Rot in die Kreuzung einfuhr, und ich ihm dies sagte, antwortete er: *Das stimmt nicht, ich hatte Gelb.* Weil nicht sein kann, was nicht sein darf. Glauben Sie daher bitte nicht, daß der Schutzmann es nötig hätte, Ihnen etwas anzuhängen.

Gelb ist die schwierigste Farbe

Gelb heißt nicht: Gas geben, damit man noch hinüberkommt. Gelb heißt vielmehr: Anhalten, wenn man kann.

Gelb bedeutet nach wie vor: Anhalten, wenn man kann. Die Richtlinien schreiben vor, daß eine Ampel bei erlaubten 50 km/h drei Sekunden Gelb haben muß, bei 60 km/h vier und bei 70 km/h fünf. Bei 50 km/h und 60 km/h sollen wir mit einer Verzögerung von 3,5 Metern pro Sekunde im Quadrat (m/sec^2) bremsen und bei 70 km/h mit 3,0 Metern pro Sekunde im Quadrat. Das ist zwar etwas schwierig, weil wir keinen Bremsverzögerungsmesser· im Cockpit haben. Eine Bremsung mit 3,5 m/sec^2 entspricht aber in etwa einer normalen Bremsung, an die Sie sich gewöhnt haben. Bei 50 km/h legen Sie in drei Sekunden 41,67 Meter zurück, bei 60 km/h in vier Sekunden 66,67 Meter und bei 70 km/h in fünf Sekunden 97,22 Meter. Wenn Sie bei Aufleuchten von Gelb noch vor diesen kritischen Punkten sind, können Sie mit einer normalen Bremsung anhalten und müssen dies auch. Dabei dürfen Sie nach der Rechtsprechung eine Sekunde verbrauchen, bis der Fuß auf der Bremse steht und diese voll anspricht. Wenn Sie langsamer fahren, können Sie noch bequemer anhalten. Wenn Sie allerdings unerlaubterweise zu schnell fahren, wird es kritisch. Eine Notbremsung kann einen Auffahrunfall verursachen. Wenn Sie die exakten Anhaltewege wissen wollen: Sie sind bei 50 km/h 41,45 Meter, bei 60 km/h 56,35 Meter und bei 70 km/h 82,46 Meter. Die tatsächlichen Anhaltewege sind also etwas kürzer als die ungebremst zurückgelegte Strecke.

Gelb zusammen mit Rot heißt: Achtung, fertig, noch nicht los. Denn es ist ja noch Rot. Wer bei Gelb anfährt, begeht also einen Rotlichtverstoß.

Wer zu schnell fährt und bei Gelb eine Notbremsung riskiert, gefährdet dadurch den folgenden und den Querverkehr. In unserem Fall muß der Hintermann ebenfalls heftig bremsen und sogar zur Seite ausscheren, wobei auch noch ein drittes Fahrzeug gefährdet wird. Der Verursacher dieser Situation schafft es auch nicht mehr und kommt erst auf der Kreuzung zum Stillstand. Fahren Sie also nie schneller als erlaubt und vermeiden Sie Notbremsungen.

Überholen. Im Zweifel nie

Bei einer unklaren Verkehrslage muß man auf den Überholvorgang verzichten. Bedenken Sie auch, daß jeder Überholvorgang Ihre ganze Konzentration in Anspruch nimmt. Sie müssen sich zuerst überzeugen, ob der Gegenverkehr es zuläßt. Dann erst können Sie ausscheren, beschleunigen und sich direkt wieder einordnen.

Wer überholt, hat auch immer den Schwarzen Peter, wenn ein Unfall passiert. Man darf weder den Überholten noch den Gegenverkehr behindern oder gefährden. Insbesondere darf man den nachfolgenden Verkehr nicht in Gefahr bringen. Das galt auf der Autobahn schon immer und gilt künftig überall. Wenn es trotzdem kracht, ist der Überholer schuld. Überholen ist unzulässig im Überholverbot und bei unklaren Verkehrslagen: Wenn sich zum Beispiel rechts vor einer Einmündung eine Schlange mit Lücken gebildet hat oder wenn vor einer links einmündenden Straße rechts einer ohne Blinker herumschleicht, dann überholen Sie bitte nicht. Unschlüssiges Verhalten anderer Verkehrsteilnehmer ist meist zweideutig. Suchen Sie sich bitte nicht die Möglichkeit aus, die für Ihr Fortkommen nützlicher ist, sondern die andere. Im Zweifel zugunsten der Sicherheit. Überholen bedeutet für Sie: Ausscheren, am anderen vorbei und wieder einscheren. Rein rechtlich bedeutet es nur: Auf dem einen Fahrstreifen schneller zu sein als der andere auf der daneben liegenden Fahrspur. Sie verstoßen also zum Beispiel gegen das Überholverbotszeichen, wenn Sie links schneller sind als die Fahrzeuge rechts. Wenn rechts an einer Haltestelle ein Bus steht, damit die Fahrgäste ein- und aussteigen können, dann fahren Sie nur vorbei. Wenn sich links eine Schlange gebildet hat, weil vorne die Ampel Rot ist, dann überholen Sie verbotswidrig. Denn die anderen halten *verkehrsbedingt.* An sich dürfen Sie an der Ampel bis nach vorne fahren, aber das Überholverbotszeichen geht vor.

Situationen, die Sie auch zu Ihrer eigenen Sicherheit vermeiden sollten: Der Pkw in der Mitte überholt, obwohl ein Fahrzeug entgegenkommt. Dabei wird oft die Geschwindigkeit des entgegenkommenden Fahrzeugs unter- und die eigene Geschwindigkeit überschätzt. In oder vor Kurven darf nicht überholt werden, wenn man den Gegenverkehr nicht sehen kann. Auch ist es nicht erlaubt, eine ganze Kolonne auf einmal zu überholen. Fährt vorne ein sehr langsames Fahrzeug, muß der Reihe nach überholt werden.

Ausnahmsweise rechts

Grundsätzlich wird links überholt. Ausnahme: Straßenbahnen und Linksabbieger. Sie sind rechts zu überholen. Ausnahmsweise dürfen wir rechts schneller als links fahren, also überholen, wenn sich auf allen Fahrstreifen für eine Fahrtrichtung *Schlangen* gebildet haben. Für sich alleine sind Sie aber im Sinne des Gesetzes noch keine richtige Schlange. Es sei denn, Sie schlängeln sich innerorts auf einem markierten Fahrstreifen rechts vorbei. Auch auf der Autobahn dürfen Sie sich vorbeiwinden, wenn links der Verkehr stockt oder ganz langsam fährt. Aber höchstens 20 km/h schneller und mit äußerster Vorsicht. Das steht schon in der Bibel: Seid klug wie die Schlangen. Pkw, Lkw bis zu 2,8 t Gesamtgewicht und demnächst auch Motorräder dürfen innerhalb geschlossener Ortschaften auf Fahrbahnen mit mehreren *markierten* Fahrstreifen für eine Richtung auch dann rechts schneller fahren als links, wenn sich keine Schlangen gebildet haben. Sie haben also freie Wahl des Fahrstreifens. Das gilt aber nicht auf Stadt-Autobahnen.

Bei uns wird grundsätzlich rechts gefahren und links überholt. Von diesem Grundsatz gibt es aber Ausnahmen. So müssen Straßenbahnen und Linksabbieger rechts überholt werden. Überholen ist für den normalen Fahrer ein einheitlicher Vorgang: Ausscheren, Vorbeifahren und Wiedereinscheren. Rechtlich ist das Überholen in zahlreichen Vorschriften und Zeichen geregelt. Außer den Vorschriften über das Überholen sollte man auch die Texte über die Verhaltensweise auf der Fahrbahn, dem Fahrstreifen und am Fußgängerüberweg kennen. Ferner sollte man auch die Vorschriften zu den Überholverbotszeichen sowie den Richtungspfeilen auf der Fahrbahn und den Fahrstreifenmarkierungen studieren.

Lassen Sie sich auf der Autobahn durch einen Schleicher, der stur auf der linken Spur fährt, nicht provozieren. Vor allen Dingen überholen Sie nicht verbotswidrig rechts. Immerhin besteht ja doch die Möglichkeit, daß der Schleicher nach rechts fährt und Sie nicht sieht. Auch wenn er Sie anzeigt, weil Sie rechts überholt haben, sind Sie der Dumme und müssen zahlen.

Überholwege sind lang

Haben Sie eigentlich schon mal darüber nachgedacht, welche Strecke Sie benötigen, um ein anderes Fahrzeug zu überholen? Wenn nein, dann achten Sie doch das nächste Mal darauf. Sie werden erstaunt sein, wie groß die Distanz ist.

Überholwege sind viel länger als Sie glauben. Nehmen wir an, Sie fahren gleichbleibend 70. Das Auto vor Ihnen fährt 50. Wenn Sie die Sicherheitsabstände von 1,5 Sekunden ernst nehmen, dann brauchen Sie 210 Meter. Und wenn Ihnen dann noch einer mit 60 entgegenkommt, dann brauchen Sie nochmal 210 Meter. Die Sichtweite muß also wenigstens doppelt so groß sein wie Ihr Überholweg. Oder Sie fahren auf der Autobahn 200 und der andere 100. Dann brauchen Sie 270 Meter. Fahren Sie nur 180, der andere aber 120, dann brauchen Sie 50% mehr, nämlich 405 Meter. Hätten Sie's gewußt? Sie kennen sicher den Unterschied zwischen dem Zeugen, dem Sachverständigen und dem Richter. Der Zeuge hat was gesehen, aber keine Sachkunde. Der Sachverständige hat zwar Sachkunde, aber nichts gesehen. Und der Richter macht bloß das Urteil. Mich hat es immer geärgert, etwas beurteilen zu müssen, wovon ich nichts verstehe. Deshalb habe ich Nachhilfeunterricht genommen. Ein paar Semester auf der Technischen Hochschule täten uns allen gut. Vielleicht genügt es aber auch, wenn Sie beim Überholen etwas mehr Zweifel haben.

Versuchen Sie in solch einer Situation nicht zu überholen. Im Hintergrund nähert sich ein Fahrzeug, dessen Geschwindigkeit Sie nicht genau einschätzen können. Sie selbst benötigen aber zum Überholen die gesamte linke Fahrbahn. Der Gegenverkehr hat also keinen Platz. Oft werden durch falsches Einschätzen der unterschiedlichen Geschwindigkeiten der Gegenverkehr und der Überholte zu riskanten Bremsmanövern gezwungen.

Besonders auf Schnellstraßen und Stadtautobahnen kommt es immer wieder zu haarsträubenden Überholmanövern. Der gelbe Wagen will noch schnell den Vordermann überholen, obwohl der linke Fahrstreifen gesperrt ist. Dabei gefährdet er grob verkehrswidrig und rücksichtslos das entgegenkommende wie das überholte Fahrzeug. Außerdem verstößt er gegen das Überholverbot und das Tempolimit und überfährt die gesperrte Linie. Dabei hätte er wenig später ohne Risiko vorbeifahren können, weil dann drei Fahrspuren zur Verfügung gestanden hätten.

Fahrstreifenwechsel und Reißverschluß

Fahren Sie auch oder besonders auf Autobahnen immer vorausschauend. Der Lkw schickt sich zum Überholen an. Er hat Ihre hohe Geschwindigkeit unterschätzt und Sie im Rückspiegel zu spät gesehen. Kommt es dadurch zu einem Unfall, haben Sie zwar keine schuld, aber was nutzt Ihnen das.

Auch wer den Fahrstreifen wechselt, ist immer schuld, wenn was passiert. Gleichgültig ob er überholen will oder ob er an einer Baustelle oder einem rechts haltenden Fahrzeug links vorbei will. Der Blinker gibt keine Rechte. Auch der Reißverschluß nicht oder der Blickkontakt. Das sieht man schon daran, daß man kein Bußgeld bezahlen muß, wenn man den anderen nicht reinläßt. Der Reißverschluß ist bloße Werbung für partnerschaftliches Verhalten. Meiner Meinung nach hat solche Werbung im Gesetz nichts zu suchen. Sie führt nämlich zu viele in die Irre. Sie meinen: Der andere muß müssen. Diese Meinung ist aber nach der Auffassung des Bundesministers für Verkehr *abwegig.* Bei mir im Prozeß lautet die Verteidigung dann: *Ich habe ihn angeschaut. Aber er hat mich einfach nicht reingelassen.* Im Grunde ein überflüssiger Prozeß. Denken Sie beim Fahrstreifenwechsel bitte immer auch an Ihren toten Winkel.

Fahrstreifenwechsel ist ein höchst gefährlicher und unfallträchtiger Vorgang. Deshalb gilt auch hier: Im Zweifel besser nicht.

Wer abbiegt . . .

Auch beim Abbiegen ist äußerste Sorgfalt geboten, damit kein Unfall passiert. Der Abbieger hat keinen Vorrang. Vielmehr hat der Gegenverkehr Vorrang vor dem Linksabbieger, auch wenn er seinerseits nach rechts abbiegt. Der Geradeausverkehr hat Vorrang vor dem Rechtsabbieger. Das gilt auch für Fahrräder und Mofas, die nicht auf der Fahrbahn, sondern rechts auf dem Radweg fahren. Es gilt weiter auch für Busse, die rechts auf einem gesonderten Busstreifen fahren. Wenn Sie verbotswidrig vom Überholstreifen nach rechts oder vom rechten Fahrstreifen nach links abbiegen, wechseln Sie außerdem auch noch den Fahrstreifen. Dann sind Sie doppelt schuld, wenn was passiert. Rechtsabbieger wie Linksabbieger müssen auf Fußgänger besondere Rücksicht nehmen, und wenn nötig, warten, auch wenn weder eine Fußgängerampel oder ein Zebrastreifen vorhanden ist. Auch Fußgänger haben also *Vorfahrt.*

Der Geradeausverkehr hat Vorrang vor dem Abbiegerverkehr. Daß wir als Linksabbieger dem Gegenverkehr Vorrang zu gewähren haben, ist den meisten Verkehrsteilnehmern bekannt.

Der weiße Wagen wechselt zu spät auf die rechte Spur. Hierbei muß er zunächst auf eventuell nachfolgenden Verkehr achten. An der Kreuzung haben

dann Radfahrer auf dem Radweg und Fußgänger Vorrang beim Überqueren der Kreuzung.

Auch wenn weder eine Ampel noch ein Zebrastreifen vorhanden ist, müssen Kraftfahrer wie Radfahrer, die nach rechts abbiegen wollen, auf Fußgänger besondere Rücksicht nehmen. Notfalls müssen sie warten. Leider wissen das nicht alle Kraftfahrer. Deshalb werden bedauerlicherweise Fußgänger durch Abbieger oft gefährdet. Wenn Sie Fußgänger sind, rechnen Sie bitte damit. Behalten Sie die Abbieger im Auge.

Vorrang der Nachfolger

Blinken im Straßenverkehr alleine genügt nicht. Wer seine Spur wechseln will oder abbiegen möchte, muß sich so vergewissern, daß der nachfolgende Verkehr dadurch nicht gefährdet wird. Man muß sich rechtzeitig vor der Kreuzung nach links oder rechts in die gewünschte Fahrtrichtung einordnen und vorher wie nachher Rückschau halten.

Auch der nachfolgende Verkehr hat Vorrang vor dem Linksabbieger. Es gelten die bekannten vier B: nach hinten Blicken, Einordnen und *rechtzeitig* Blinken, nochmals nach hinten und nach vorne Blicken und erst dann Biegen. Eine Gefährdung des nachfolgenden Verkehrs muß *ausgeschlossen* sein. Sie sehen: Den Blinker zu setzen genügt alleine nicht, vor allem dann nicht, wenn Sie ihn zu spät betätigen.

An besonders gefährlichen Stellen wird der Abbieger oft durch ein gelbes Blinklicht vor dem Gegenverkehr gewarnt. Die Gegenrichtung ist erst gesperrt, wenn der gelbe Blinkpfeil erlischt.

Zwei äußerst kritische Situationen: Der Fahrer des braunen Fahrzeugs folgt nicht der vorgeschriebenen Fahrtrichtung und schneidet das Fahrzeug rechts, um noch abbiegen zu können. Der Fahrer des weißen Pkws biegt einfach ab, ohne Rücksicht auf den geradeaus fahrenden Mofafahrer zu nehmen.

Abzubiegen ist immer risikoreich. Der Abbieger muß seine Augen überall haben, da von jeder Seite Gefahren lauern. Während man Pkws und Lkws kaum übersehen kann, tauchen Fußgänger und Radfahrer oft unvermutet vor dem eigenen Auto auf. Die Gefahr, einen aus dieser Personengruppe zu verletzen, ist daher besonders groß. Autofahrer sollten sich daher die Gefahren, die das Abbiegen in sich birgt, immer vor Augen halten. Das gleiche gilt für den Spurwechsel, um die Nachfolger nicht zu gefährden.

Zwingen Sie die Straßenbahn nicht zur Notbremsung!

Der derzeitige Präsident des Bundesverfassungsgerichtes hat einmal gesagt: *Demonstranten haben mit dem A . . . auf der Straße nichts zu suchen.* Das gilt auch für Fahrzeuge, die nicht demonstrieren, sondern nur abbiegen wollen. Auf den Schienen darf man sich als Linksabbieger nur einordnen, wenn man die Straßenbahn nicht behindert. Das gilt sogar schon dann, wenn sie noch nicht da ist, aber gleich kommen kann. Einer meiner Kläger war Fahrlehrer. Er wollte seiner Fahrschülerin ein Anliegerschild erklären, bremste, und die Straßenbahn fuhr auf. Auf meine Frage meinte er, er bekäme jede Straßenbahn auf 15 Meter zum Stehen. Das ist ein weitverbreiteter Aberglaube. Stahl auf Stahl bremst überhaupt nicht gut. Und 30 Tonnen sind sehr träge. Deshalb bringt eine Straßenbahn selbst bei einer Notbremsung höchstens ein Viertel bis ein Drittel der Bremskraft auf die Schiene, die ein normaler Pkw auf dem Straßenbelag aufbringen kann. Daher legt eine Straßenbahn unter besten Wetter- und Straßenbedingungen vom Moment der ersten Reaktion des Fahrers bis zum Stillstand *wenigstens* 51 Meter zurück. Im Herbst, wenn Laub auf der Schiene liegt, oder im Winter bei Eis und Schnee, werden es leicht 77 Meter und mehr. Und bei 70 km/h ist der Anhalteweg je nachdem 93 bis 143 Meter. Wenn Sie sich trotzdem innerhalb dieser Anhaltewege mit dem *Gesäß* Ihres Autos auf die Schiene setzen, kann der Straßenbahnfahrer machen was er will, es kracht. Wer dann recht hat, können Sie sich selbst ausrechnen.

Verhalten Sie sich in der Nähe von Gleisfahrzeugen immer vorsichtig. Schienenfahrzeuge haben immens lange Bremswege. Beachten Sie bitte auch, daß Straßenbahnen an Kreuzungen oft früher Grün bekommen als andere Fahrzeuge. Quetschen Sie sich auch nicht kurz vor Straßenbahnen auf die Gleise. Wenn Sie dann bremsen müssen, kracht Ihnen die Straßenbahn mit Sicherheit hinten drauf. Bedenken Sie: Schienenfahrzeuge sind immer stärker, und wenn Sie Straßenbahnen nicht richtig beachten, riskieren Sie genauso Ihr Leben wie der Pkw-Fahrer, der trotz sich schließender Schranken noch durchfährt.

Viele gehen davon aus, daß Straßenbahnen genauso zum Stehen kommen wie Autos. Diese Meinung ist falsch. Stahl auf Stahl verzögert schlecht, und eine Straßenbahn hat ein hohes Gewicht, das die Verzögerung beeinträchtigt.

Schiene frei

Nach der Rechtsprechung dürfen sich Straßenbahnfahrer zunächst darauf verlassen, daß Sie die Schiene rechtzeitig frei machen, wegen des Vorranges des öffentlichen Personennahverkehrs. Wenn es ununterbrochen klingelt, dann hat der Straßenbahnfahrer die Notbremsen betätigt. Sie sind automatisch mit der Klingel gekoppelt. Ich hoffe, Sie wissen auch, daß eine Straßenbahn kein Kraftfahrzeug im Sinne des Gesetzes ist. Sie ist daher an sich nicht an das Tempo-Limit von 50 km/h innerorts gebunden. Nur intern durch Dienstanweisung wird das Tempo einer Straßenbahn geregelt. Wenn die Schienen von der übrigen Fahrbahn abgetrennt sind, fährt sie innerhalb geschlossener Ortschaften meist 70 km/h. Auch wenn Sie nicht abbiegen, sondern geradeaus fahren, haben Sie auf der Schiene nichts zu suchen. Daß die Straßenbahn wie eine Eisenbahn auf Bahnübergängen mit einem Andreaskreuz oder einer Schranke oder mit einem gelben und roten Blinklicht die Vorfahrt hat, wissen Sie bestimmt. Was Sie vielleicht nicht wissen: Die Bimmel, die ertönt, wenn die Schranke sich senkt, heißt soviel wie Gelb. Also anhalten.

Wer in gleicher Richtung fährt wie eine Straßenbahn, hat diese möglichst durchfahren zu lassen. Denn der öffentliche Verkehr hat gewissermaßen Vorrang vor dem Individualverkehr.

Mit dem Zweirad sollte jeder vermeiden, in die Nähe von Straßenbahnschienen zu kommen. Gerät eines der beiden Räder in die Schiene, ist ein Sturz kaum zu vermeiden.

Ob Sie geradeaus fahren oder abbiegen, die Straßenbahngleise müssen Sie freihalten, wenn sich eine Straßenbahn nähert oder bald nähern könnte. Der Straßenbahnfahrer darf sich auch zunächst darauf verlassen, daß Sie den Gleisbereich rechtzeitig räumen. Wenn Sie sich verkalkulieren und auch den langen Bremsweg der Straßenbahn unterschätzen, dann müssen Sie im Falle eines Unfalls Ihren Schaden zum größten Teil selbst tragen. Stehen Sie also wie die beiden Fahrzeuge auf unserem Bild auf den Schienen, und es kommt zu einem Unfall mit der Straßenbahn, dann müssen Sie für den entstandenen Schaden aufkommen.

Rein, raus und rückwärts

Viele Unfälle passieren in typischen Situationen und könnten durch mehr Aufmerksamkeit vermieden werden. Besonders beim Ein- und Ausfahren aus Grundstücken und Torausfahrten kommt es durch Sorglosigkeit zu gefährlichen Situationen.

Auch wer rückwärts fährt oder wendet, hat äußerste Sorgfalt anzuwenden. Ebenso wer in ein Grundstück abbiegt oder aus einem Grundstück herausfährt. Grundstück ist auch alles, was nicht zur Fahrbahn gehört: Der Bürgersteig, auf dem Sie geparkt haben, wie der Radweg und die verkehrsberuhigte Zone. Wenn Sie aus der verkehrsberuhigten Zone herausfahren, gilt also keineswegs rechts vor links. Höchste Vorsicht ist auch geboten, wenn Sie aus einer Torausfahrt heraus über den Bürgersteig fahren müssen. Rechnen Sie immer mit radfahrenden Kindern. Wenn Sie dann weiter über einen Radweg müssen, dann rechnen Sie bitte auch mit von rechts kommenden Radfahrern, auch wenn diese da eigentlich gar nicht fahren dürften. Daß Ihre Sicht beim Heraussetzen aus der Ausfahrt behindert war, ist keine Entschuldigung. Im Gesetz steht: Sie *müssen* sich einweisen lassen.

Rückwärts auf eine Straße zu fahren, stellt eine besondere Gefahr dar. Ehe der Fahrer etwas sehen kann, befindet sich bereits ein großer Teil seines Fahrzeugs auf der Fahrbahn. Andere Verkehrsteilnehmer können einen Unfall oft nur durch gewagte Ausweichmanöver vermeiden. Ist die Sicht versperrt, müssen Sie sich von anderen einweisen lassen.

Herrschen widrige Wetterbedingungen, müssen alle Verkehrsteilnehmer noch vorsichtiger agieren. Fährt plötzlich ein Pkw rückwärts auf die Fahrbahn, gibt es auf der glatten Fahrbahn für den Radfahrer kaum eine Möglichkeit auszuweichen. Er stürzt und befindet sich jetzt sogar in der Gefahr, überrollt zu werden.

Einsteigen – aussteigen

Auch wer ein- oder aussteigt, muß sich so verhalten, daß jede Gefährdung anderer Verkehrsteilnehmer ausgeschlossen ist. Das ist offenbar eine weitgehend unbekannte Vorschrift. Jedenfalls habe ich viel zuviele Prozesse dieser Sorte: Die Tür wird aufgerissen, der Radfahrer fährt dagegen, und dann soll er auch noch die eingebeulte Tür bezahlen. Auch meine eigene Frau konnte sich kürzlich nur durch einen Seitensprung retten, als die Tür plötzlich aufging. Dabei wäre sie beinahe unter ein anderes Auto geraten. Ehe sie sich von ihrem Schreck erholen konnte, brüllte die Frau am Steuer sie an: *Passen Sie doch auf, Sie dumme Kuh.* Allen Rad- und Mofafahrern kann ich daher in ihrem eigenen Interesse nur raten: Passen Sie höllisch auf, ob in einem stehenden Auto jemand drinsitzt. Ehe Sie sich nämlich versehen, wird die Tür aufgehen. Wenn's geht, halten Sie großen Seitenabstand. Wenn das bei dichtem Verkehr problematisch ist, steigen Sie bitte ab und gehen zu Fuß über den Bürgersteig. Der Klügere gibt nach, auch wenn dann die Dummen die Welt regieren.

Anhalten und sofort die Tür aufreißen ist eine schlechte Angewohnheit, die Sie besser unterlassen sollten. Bevor Sie Ihre Tür öffnen, müssen Sie sich erst vergewissern, daß niemand von hinten an Ihnen vorbei will. Besonders Motorradfahrer schlängeln sich zur Sommerszeit im Stau immer wieder an den stehenden Fahrzeugen vorbei. Auch wenn dies nicht erlaubt ist, trifft Sie eine Mitschuld, wenn ein solches Motorrad gegen Ihre unerwartet geöffnete Tür fährt. Überhaupt sollte jeder die Autotür nur mit äußerster Vorsicht öffnen, wenn man auf der Fahrbahn stehen bleibt. Der Fahrer des weißen Fahrzeugs rechts will bei einer Panne helfen. Das ist zwar lobenswert, durch seine Unachtsamkeit verursacht er aber fast einen Unfall. Noch mehr Vorsicht ist in der Dunkelheit geboten, da eine geöffnete Tür erst spät zu erkennen ist.

Endlich am Fahrziel angelangt, will jeder so schnell wie möglich aus dem Auto heraus. Oft kommt es dann zum Ende der Fahrt noch zu einem Unfall, weil die Fahrzeugtüren unvorsichtig aufgerissen werden und nachfolgende Verkehrsteilnehmer nicht mehr ausweichen können. Achten Sie dabei besonders auf Ihre kleinen Kinder. Wenn Sie keine automatische Türverriegelung haben, lassen Sie sich eine Kindersicherung einbauen.

Wer an Bussen und Straßenbahnen vorbeifährt . . .

Wer sich einer Bushaltestelle, an der ein Bus steht, nähert, muß immer damit rechnen, daß Fahrgäste, ohne sich umzuschauen, vor dem Bus auf die Fahrbahn laufen.

An Linienbussen und Straßenbahnen, die an einer Haltestelle halten, darf man rechts wie links nur vorsichtig vorbeifahren. Eine Gefährdung oder auch nur Behinderung der Fahrgäste, die auf der Fahrbahn ein- oder aussteigen wollen, muß *ausgeschlossen* sein. Die erhöhte Sorgfaltspflicht setzt schon ein, wenn sich die Straßenbahn der Haltestelle nähert und die ersten Fahrgäste auf die Fahrbahn treten. Nach der Lebenserfahrung achten sie dann nicht mehr auf den nahenden Verkehr. Wenn die Straßenbahn noch hält und die Türen noch auf sind, behalten Sie sie bitte im Auge. Es könnte noch jemand aussteigen. Wenn Sie an einem Bus links vorbeifahren, müssen Sie mit achtlosen Fahrgästen rechnen. Ein Tempo von 20 km/h kann den Umständen nach zu schnell sein. Am besten warten Sie die paar Sekunden. Höchste Vorsicht ist natürlich beim Vorbeifahren an Schulbussen geboten, die das Warnblinklicht eingeschaltet haben. Ich persönlich wäre für absolutes Vorbeifahrverbot. Kinder sind nämlich unberechenbar. Wenn ein Bus von der Haltestelle oder aus einer Haltebucht abfahren will und seinen Blinker betätigt, *müssen* Sie ihm dies ermöglichen. Wenn nötig, müssen Sie warten. Der Busfahrer darf auch darauf vertrauen, daß Sie ihn reinlassen. Der Vorrang des fließenden Verkehrs vor dem Anfahrenden ist also gegenüber Bussen eingeschränkt nach dem demokratischen Mehrheitsprinzip.

... muß auf die Unvorsichtigkeit der Fahrgäste gefaßt sein. Oft betreten unachtsame Fahrgäste die Fahrbahn hinter dem Bus, um auf die andere Straßenseite zu kommen.

Wer sich an Zebrastreifen falsch verhält ...

An Zebrastreifen darf nur die Straßenbahn durchfahren. Alle anderen Fahrzeuge müssen die Fußgänger, die die Straße ersichtlich überqueren wollen, auch wirklich hinüberlassen. Also bitte nicht denken: *Der Klügere gibt nach,* um dann voll durchzuziehen, wenn der Fußgänger Sie ansieht. An einen Zebrastreifen dürfen Sie nur mit *mäßiger* Geschwindigkeit heranfahren. Also bitte nicht mit quietschenden Reifen auf den Zentimeter genau zum Stehen kommen. Geben Sie vielmehr deutlich zu erkennen, daß Sie den Fußgänger hinüberlassen wollen. Wenn nötig, warten Sie. Auf keinen Fall darf man vor dem Zebrastreifen ein wartendes Fahrzeug überholen. Jede Gefährdung der Fußgänger muß ausgeschlossen sein. Deshalb darf man auch bis zu fünf Meter vor einem Zebrastreifen nicht parken, erst recht nicht auf ihm. Es gilt dort absolutes Halteverbot. Wenn dann ein Unfall passiert, sind Sie mit schuld, weil Sie die Sicht behindert haben. Lassen Sie bitte auch bei einem Stau den Zebrastreifen frei.

Der Zebrastreifen soll Fußgängern ein sicheres Überqueren der Fahrbahn gewährleisten. Nähern Sie sich als Autofahrer darum mit besonderer Vorsicht und mäßiger Geschwindigkeit. Fußgänger haben hier Vorrang.

Fußgänger fühlen sich nach Ellinghaus im Straßenverkehr wenig rücksichtsvoll behandelt. Für sie hat sich in den letzten Jahren nichts am Klima geändert. Vielleicht auch deshalb, weil sie am Zebrastreifen nicht nur Erfolgserlebnisse haben.

Obwohl der Busfahrer den Blinker gesetzt hat, nimmt kein anderer Verkehrsteilnehmer davon Notiz. Alle fahren weiter und geben dem Bus keine Möglichkeit, sich wieder einzufädeln. Nicht alle wissen, daß der Vorrang des fließenden Verkehrs gegenüber Omnibussen des Linienverkehrs eingeschränkt ist. Wir müssen ihnen das Abfahren ermöglichen.

An Fußgängerüberwegen überquert man die Straße sicherer als auf offener Strecke. Darum sollten Fußgänger sie auch zu ihrer eigenen Sicherheit benutzen und nicht zehn Meter vorher die Fahrbahn überqueren. Aber bitte immer in Richtung der Autos schauen.

Angesichts von Kindern, Hilfsbedürftigen und Älteren

Rücksicht auf die Schwächeren ist eine soziale Selbstverständlichkeit. Sie steht aber auch in der Straßenverkehrsordnung. Gegenüber allen Personen, die ersichtlich nicht so verkehrstüchtig sind, müssen wir uns als Rad- wie Autofahrer so verhalten, daß ihre *Gefährdung ausgeschlossen* ist. Mit dieser Vorschrift neueren Datums hat der Gesetzgeber den Schutz der Schwächeren verbessert, weil sie häufig den Gefahren des Straßenverkehrs nicht so gewachsen sind wie jüngere und gesunde Menschen. Weil das so ist, dürfen Kraftfahrer auch nicht mehr voll darauf vertrauen, daß die Hilfsbedürftigen die Verkehrsregeln immer einhalten. Der sogenannte Vertrauensgrundsatz ist also gegenüber diesem Personenkreis erheblich eingeschränkt.

Kinder, Ältere und Hilfsbedürftige genießen inzwischen in der StVO einen besonderen Schutz. Stellen, an denen Sie mit Kindern zu jeder Zeit rechnen müssen, wie zum Beispiel an Schulen, sind manchmal durch Schilder oder auf die Fahrbahn gemalte Zeichen besonders kenntlich gemacht. Innerorts müssen Sie, aber je nach den Umständen auch anderswo, mit Kindern rechnen. Ebenso wie ältere Leute und Hilfsbedürftige sind Kinder den Gefahren des Straßenverkehrs nicht hinreichend gewachsen.

Auch wenn Kinder auf dem Gehsteig spielen, heißt die Devise: Runter vom Gas und höchste Vorsicht. Zu jeder Zeit kann eines der Kinder auf die Fahrbahn laufen.

In Wohngebieten wird ein auf die Straße laufendes Kind durch parkende Autos oft verdeckt. Aber damit müssen Sie rechnen.

Nicht jedes Kind wartet so selbstverständlich, wie das Mädchen auf unserem Bild, bis der Autofahrer vorbei ist. Eine Freundin auf der anderen Seite kann zur Ablenkung schon ausreichen . . .

Gegenüber unseren schwächsten Partnern, den Kindern, Hilfsbedürftigen und älteren Mitmenschen, müssen wir das Äußerste an Sorgfalt und Rücksicht aufbringen.

Größtmögliche Rücksicht

Angesichts von Kindern, Älteren oder sonst hilfsbedürftigen Mitmenschen muß der Fahrer *insbesondere* seine Fahrgeschwindigkeit vermindern und auf Bremsbereitschaft gehen. Also: Fuß vom Gas und auf das Bremspedal. Selbst ein Tempo von nur 30 km/h kann unter Umständen zuviel sein. Das gilt sogar da, wo man nur *den Umständen nach* mit dem Auftauchen der geschützten Personen rechnen muß. Also zum Beispiel in der Nähe von Heimen, Kirchen oder in engeren Wohnstraßen. Das Gesetz verlangt *das Äußerste an Sorgfalt,* damit Verletzungen oder Gefährdungen der Schutzbedürftigen vermieden werden. Wer gleichwohl in einen Unfall mit ihnen verwickelt wird, hat im Schadensersatzprozeß den *Beweis des ersten Anscheins gegen* sich, daß er allein schuld ist. Nach einer Untersuchung der Bundesanstalt für Straßenwesen wird diese Vorschrift nicht genügend akzeptiert und befolgt. Es gibt sogar Kraftfahrer, denen dieser Paragraph überhaupt nicht gefällt. Sie fühlen sich überfordert. Urteilen Sie bitte selbst, was Vorrang hat: Unser Fortkommen oder das Fortleben und die Gesundheit unserer Kinder. Ich bin mit Leib und Seele Verkehrsrichter. Aber die Prozesse haben mir, offen gestanden, noch nie Freude bereitet, in denen ein Kind auf Schadensersatz für den Kotflügel verklagt wurde, nachdem es infolge zu hoher Geschwindigkeit angefahren worden war.

Das Verhalten, das der Fahrer des Pkw hier zeigt, ist sträflich. Obwohl eine Fußgängerin sich dem Zebrastreifen nähert und damit eindeutig zu erkennen gibt, daß sie die Fahrbahn überqueren möchte, fährt der Autofahrer einfach weiter. Hinzu kommt noch, daß die Frau sehbehindert ist. Sie tastet sich nämlich mit einem Blindenstock vorwärts.
Im Verkehrsrowdy-Paragraph steht: Wer sich an Fußgängerüberwegen grob verkehrswidrig und rücksichtslos falsch verhält und dadurch einen Fußgänger an Leib oder Leben gefährdet, wird mit Geldstrafe oder Freiheitsstrafe bis zu fünf Jahren bestraft und kann seinen Führerschein verlieren.

Der Verkehrsrowdy-Paragraph

Einige dieser Todsünden stehen sogar im Strafgesetzbuch. Im Verkehrsrowdy-Paragraph. Wer *grob verkehrswidrig und rücksichtslos* die Vorfahrt verletzt, falsch überholt, sich am Zebrastreifen falsch verhält, an unübersichtlichen Stellen zu schnell oder links fährt und auf der Autobahn oder auf Kraftfahrtstraßen wendet und rückwärts fährt, kann mit einer Freiheitsstrafe bis zu fünf Jahren bestraft werden, wenn er dadurch Leib und Leben oder bedeutende Sachwerte anderer gefährdet. Natürlich kann der Verkehrsrowdy auch den Führerschein verlieren. Demnächst gilt dieser Paragraph auch für Geisterfahrer.

Zur Bekämpfung besonders gefährlicher und typischer Unfälle hat der Gesetzgeber seinerzeit den Straftatbestand der Straßenverkehrsgefährdung eingeführt. In ihm sind grobe Verkehrsverstöße im einzelnen aufgeführt. Wer durch einen solchen Verstoß grob verkehrswidrig und rücksichtslos bedeutende Sachwerte oder Leib und Leben eines anderen gefährdet oder sogar schädigt, kann sich eine Freiheitsstrafe bis zu fünf Jahren und die Entziehung der Fahrerlaubnis einhandeln. Außerdem bekommt er sieben Punkte in Flensburg. Grob verkehrswidrig ist ein besonders gefährliches Abweichen von pflichtgemäßem Verhalten. Rücksichtslos ist, wer sich eigensüchtig und unbekümmert um die Folgen über Rücksichtspflichten hinweggesetzt. Rücksichtslosigkeit ist eine Mischung von Leichtsinn, Eigensucht und Gleichgültigkeit. Sie ist das Gegenteil von partnerschaftlichem Verhalten.

Wer auf der Autobahn rückwärts fährt, handelt grob verkehrswidrig und kann sogar mit Gefängnis bestraft werden. Demnächst werden auch die Geisterfahrer, die zwar vorwärts fahren, aber in der falschen Richtung, in den Verkehrsrowdy-Paragraph einbezogen.

Der Verkehrs-rowdy-Paragraph ist gegen die unbelehrbar aggressiven und rücksichtslosen Kraftfahrer gerichtet, die uns zur Weißglut bringen können. Mit ihnen würde ich jede Auseinandersetzung vermeiden. Ich würde vielmehr lauthals vor mich hinschimpfen und mich möglichst bald wieder beruhigen.

Jeder von uns hat Vorurteile. So haben Pkw-Fahrer Vorurteile gegen Lkw-Fahrer. Sie meinen, Lkw-Fahrer würden einfach den Blinker setzen und ohne Rücksicht auf Verluste auf die Überholspur ziehen, weil sie eben stärker sind. Vorurteile beruhen auf mangelndem Verstehen.

Drehen wir diese brenzlige Situation einmal um vier Sekunden zurück. Der Lkw-Fahrer fährt 90 km/h und will überholen. Er schaut in den Rückspiegel. Wenn überhaupt, dann sieht er in ihm nur einen winzigen Fleck. Der Pkw ist nämlich noch 124 Meter weit entfernt. Deshalb entschließt sich der Fahrer des Lkws zum Überholen, schaut noch einmal nach vorne, setzt den Blinker und beginnt abzubiegen. Es sind eineinhalb Sekunden vergangen, und der Pkw ist noch über 77 Meter weit weg. Deshalb macht der Lkw-Fahrer den objektiven Fehler, vollends auf die Überholspur zu ziehen. Die Geschwindigkeit des

Pkws betrug etwas über 200 km/h. Lkw-Fahrer können die hohen Geschwindigkeiten von Pkws nicht sehr gut einschätzen. Damit müssen Sie als Schnell-Fahrer in jedem Fall rechnen.

9. Wie schnell kann

Unfallursache Nummer 1

Wenn man Kraftfahrer befragt, worauf die meisten Unfälle zurückzuführen sind, so setzen sie nach einer Uniroyal-Verkehrsuntersuchung Alkohol als Unfallursache an die erste Stelle. Dann folgen Vorfahrtverletzungen, Fehler beim Überholen, zu hohe Geschwindigkeit und Nichteinhalten des Sicherheitsabstandes. Wenn man hingegen die polizeiliche Unfallstatistik befragt, dann ist zu hohe Geschwindigkeit die Unfallursache Nummer 1. Auf den weiteren Plätzen folgen dann Vorfahrtverletzungen, Fehler beim Abbiegen, Wenden und Rückwärtsfahren, Fehler der Fußgänger und dann erst der Alkohol. Seit Jahren beruht jeder vierte bis fünfte Unfall auf zu hoher Geschwindigkeit. Woran mag das liegen? An unserem jugendlichen Drang zum Fortkommen? 68 Prozent der Geschwindigkeitsunfälle bauen wir zwischen 18 und 35 Jahren. Erst dann geraten wir in ruhigeres Fahrwasser.

Wer durch zu schnelle Fahrweise aus einer Kurve getragen wird, ist meist zu schnell gefahren und hat sein Auto nicht beherrscht. Bei den meisten Unfällen dieser Art hat der Fahrer die Grenzen seines Könnens überschritten. Besonders junge Fahranfänger zwischen 18 und 24 Jahren neigen dazu, mehr und höhere Risiken einzugehen als sie tatsächlich bewältigen können. Psychologen führen das auf zu hohe Risikofreudigkeit zurück. Ich hingegen halte es für sehr gut denkbar, daß Neulinge auf die Risiken in konkreten Verkehrslagen einfach nicht genügend vorbereitet sind.

Die Ursache für das Abkommen von der Fahrbahn liegt meist in überhöhter Geschwindigkeit. Das gilt besonders in Kurven. Wer den Kurvenradius falsch einschätzt und sein technisches Fahrvermögen überschätzt, verliert die Gewalt über sein Fahrzeug und überschlägt sich.

darf, muß ich fahren?

An solchen Unfällen sind meist eine nichtangepaßte Geschwindigkeit und ein falscher Abstand schuld. Richten Sie Ihre Geschwindigkeit und den Abstand daher immer so ein, daß Sie auch bei einer Vollbremsung Ihres Vordermannes noch rechtzeitig zum Stand kommen. Vergessen Sie auch nicht Ihre Reaktionszeit.

Ich wollte den Verkehrsfluß nicht behindern

Das ist eine sehr beliebte Ausrede, wenn man bei einer Radarkontrolle erwischt worden ist. Auch wenn die anderen drängeln, ist das kein Grund schneller zu fahren als erlaubt. Fahren Sie aber auch bitte nicht extra langsam, weil Sie sich zum *Oberlehrer* der Nation berufen fühlen. Ihr Richter sieht das nicht so gern. Innerhalb geschlossener Ortschaften dürfen wir selbst bei *günstigsten Umständen* nur 50 km/h fahren. Wenn Sie im Winter Schneeketten angelegt haben, gilt das sogar auf der Autobahn.

Um einen vernünftigen Verkehrsfluß zu gewähren, weisen in manchen Großstädten Geschwindigkeitsanzeiger darauf hin, welche Geschwindigkeit Sie fahren müssen, um auch an der nächsten Ampel Grün zu haben. Erlischt der Geschwindigkeitsanzeiger, schaffen Sie die nächste Ampel bei Grün nicht mehr. Deshalb stellen Sie sich darauf ein, an der nächsten Ampel zum Stehen zu kommen und lassen Ihr Fahrzeug gemächlich auslaufen.

Auf Sicht

Wird Ihre Sicht durch schlechte Witterungsbedingungen eingeschränkt, müssen Sie Ihre Geschwindigkeit senken.

Dunkel gekleidete Passanten sehen Sie jetzt noch später, und nicht selten ist es zu spät, wenn Sie die Gefahr erkennen.

Bei starkem Regen wird die Fahrbahn glatt, und die Sicht ist eingeschränkt. Auch Fußgänger sollten dies berücksichtigen, wenn sie über die Straße gehen. In solchen Situationen kann nämlich der Autofahrer bei weitem nicht mehr so gut bremsen wie bei trockenem Wetter. Also bitte nicht den Schirm schräg vor den Kopf halten und nicht blind über die Fahrbahn laufen.

Wir dürfen immer und überall nur so schnell fahren, daß wir unser Fahrzeug *ständig beherrschen* und im Griff haben. Die Geschwindigkeit muß *angepaßt* sein an unsere persönlichen Fähigkeiten, an die Eigenschaften von Fahrzeug und Ladung und an die Straßen-, Verkehrs- und Wetterverhältnisse. Außerdem dürfen wir immer nur auf Sicht fahren. Wir müssen also innerhalb der übersehbaren Strecke halten können. Auf schnellen Straßen, wo man nur schlecht oder gar nicht aneinander vorbeikommt, müssen wir innerhalb der Hälfte der übersehbaren Strecke halten können.

Wenn rechts am Fahrbahnrand ein älterer Mensch steht, müssen wir damit rechnen, daß er unsere Geschwindigkeit falsch einschätzt und die Fahrbahn noch überqueren will, obwohl das eigentlich nicht mehr möglich ist. Deshalb: Fuß vom Gas und auf die Bremse.

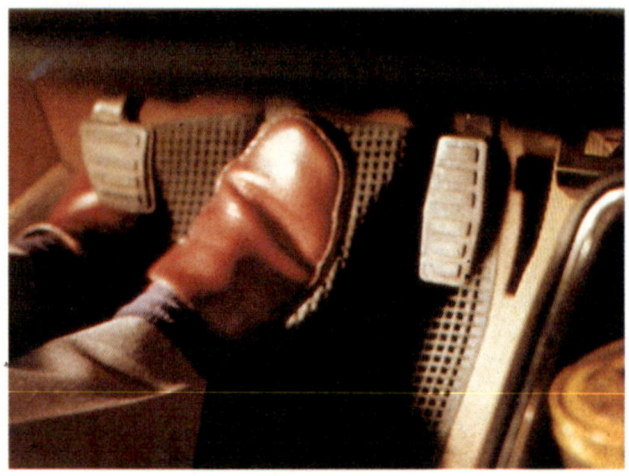

Im Quadrat der Geschwindigkeit

Bremswege sind länger, als Sie denken. 50 km/h in geschlossenen Ortschaften können zu viel sein, wenn ein Kind vor Ihnen hinfällt oder einem Ball nachläuft.

Die vom Volksmund so geschätzte Schrecksekunde gibt es kaum. Erschrecken darf sich nur, wer vollkommen schuldlos und unvermutet überrascht wird, wenn zum Beispiel ein dicker Stein vom Himmel fällt, oder wenn ein Reifen platzt, der vorher noch vollkommen in Ordnung war. Sonst müssen Sie *sofort* reagieren. Nach einer Sekunde muß die Bremse voll wirken. In dieser einen Sekunde legt Ihr Fahrzeug bei 50 km/h 13,89 Meter zurück und bei 60 km/h 16,67 Meter und bei 70 km/h sogar 19,44 Meter. Der dann folgende Bremsweg berechnet sich nach der Formel: Quadrat der Geschwindigkeit durch zweimal Bremsverzögerung ($v^2 : 2\,b$). Daraus folgt: Wenn Sie doppelt so stark verzögern, vermindert sich Ihr Bremsweg auf die Hälfte. Wenn Sie aber doppelt so schnell fahren, wird Ihr Bremsweg bei gleicher Verzögerung nicht zweimal, sondern viermal so lang. Nehmen wir an, Ihre Bremsen sind tip-top in Ordnung, so daß Sie auf einer trockenen Teerstraße bei einer Notbremsung mit 7,5 m/sec² bremsen können, dann ist Ihr Bremsweg bei 50 km/h 12,86 Meter lang und bei 60 km/h 18,52 Meter und bei 70 km/h 25,21 Meter. Der gesamte Anhalteweg ist also bei 50 km/h knapp 27 Meter lang und bei 60 km/h etwas über 35 Meter und bei 70 km/h knapp 45 Meter. Wenn Sie aber zum Beispiel bei verschneiter Fahrbahn nur noch mit 2,5 m/sec² abbremsen können, sind die Bremswege Ihres Fahrzeugs entsprechend dreimal so lang. Rechnen Sie es einmal nach.

Viele Leute glauben, daß ihr Fahrzeug sofort steht, wenn sie bremsen. Auch ist nur wenigen bekannt, wie der Bremsweg sich mit zunehmender Geschwindigkeit verlängert. Studieren Sie bitte genau, welchen Bremsweg Sie bei welcher Geschwindigkeit benötigen.

In Ihrem Cockpit fehlen leider Informationen über Ihren derzeit benötigten Bremsweg. Auskünfte erhalten Sie nur über Ihre Geschwindigkeit, ob Sie, wenn Sie auf das Gaspedal treten, genügend Kraft in Reserve haben, und weitere Informationen, die die Technik des Fahrzeugs betreffen. Auch ein Abstandswarner sollte in jedem Auto serienmäßig eingebaut sein.

Tempo 30 in Wohngebieten?

In verkehrsberuhigten Wohngebieten müssen Sie Ihr Tempo meist auf höchstens 30 km/h reduzieren. Oftmals ist aber Tempo 30 schon zuviel. Überall müssen Sie mit Fußgängern rechnen. Fahren Sie darum lieber im Schrittempo. Nur so können Sie einen Unfall mit Sicherheit vermeiden.

Im verkehrsberuhigten Bereich dürfen wir nur Schritt fahren. Praktisch heißt das: Wir dürfen Fußgänger nicht überholen. Jede Elterninitiative möchte in ihrer Straße ein Schild mit Tempo 30 aufgestellt bekommen. Ich persönlich bin davon nicht so begeistert. In Wohnstraßen müssen wir nämlich auch so immer mit dem plötzlichen Auftauchen von Kindern rechnen, auch und gerade dann, wenn rechts und links Fahrzeuge parken. Wenn wir aber den Umständen nach mit Kindern rechnen müssen, dann müssen wir unsere Geschwindigkeit so einrichten, daß eine Gefährdung der Kinder *ausgeschlossen* ist. Selbst Tempo 30 könnte dann zu schnell sein. Dazu gibt es bereits Rechtsprechung. Stellen Sie sich vor, Sie fahren mit 50 km/h durch eine Wohnstraße. Plötzlich läuft zwölf Meter vor Ihnen ein Kind über die Fahrbahn. Trotz Notbremsung erfassen Sie das Kind. Und zwar mit einer Geschwindigkeit von vollen 50 km/h. Das Kind ist Ihnen in den Reaktionsweg hineingelaufen. Auch bei Tempo 30 würden Sie das Kind immer noch mit 13,68 km/h erfassen, obwohl Ihnen *nur* 96 cm Bremsweg fehlen. Wenn Sie aber nur 25 km/h gefahren wären, wäre nichts passiert. Sie wären nämlich schon nach 10,16 Metern zum Stehen gekommen.

Nicht nur in alten Stadtvierteln werden ganze Straßenzüge zum verkehrsberuhigten Bereich erklärt. Hier dürfen Fußgänger die ganze Fahrbahn benutzen. Und überall sind Kinderspiele erlaubt. Kraftfahrer wie Radfahrer dürfen nur so langsam fahren wie Fußgänger gehen.

Verkehrsberuhigte Wohnbereiche können Sie am Tempo-30-Schild erkennen. Oft sind die Straßen so angelegt, daß Sie Slalom fahren müssen. Meist wird abwechselnd rechts und links geparkt.

Schrittempo

Verkehrsberuhigung schützt uns vor Abgas und Lärm. Rechtlich gibt es vier Hauptmöglichkeiten, den Verkehr zu beruhigen: Die Spielstraße, die für den Fahrverkehr ausnahmslos gesperrt ist. Die Fußgängerzone, in der Anlieger- und Lieferverkehr nur eingeschränkt erlaubt ist. Das verkehrsberuhigte Wohnviertel mit Tempo 30. Und schließlich den verkehrsberuhigten Bereich, in dem nur Schrittgeschwindigkeit erlaubt ist.

Tempo 80 bei Nässe

Außerorts auf der Landstraße dürfen Pkw (bis 2,8 t) grundsätzlich höchstens 100 km/h fahren. Ausnahmen: Straßen mit Mittelstreifen oder vier- oder mehrspurige Straßen mit markierten Fahrstreifen. Wenn Sie einen Anhänger hintendran haben, dürfen Sie, wie Omnibusse, nur 80 fahren. Das gilt auch, wenn Tempo 80 bei Nässe vorgeschrieben ist. Seien Sie bitte nicht zu spitzfindig und fragen, ob vereinzelte Pfützen schon Nässe bedeuten. Entscheiden Sie selbst zu Gunsten Ihrer Sicherheit. Für Brummis über 7,5 t und solche mit Hängern sowie für Busse, in denen Fahrgäste keinen Sitzplatz gefunden haben, gilt Tempo 60.

Wer Renn-Regen-Reifen kauft und sich dadurch in trügerischer Sicherheit wiegen läßt, ist kaum geneigt, ein Tempolimit bei Nässe zu akzeptieren. Reklame hat natürlich den Umsatz mehr im Auge als die Verkehrssicherheit. Wichtige Informationen über Ihre Reifen können Sie der Uniroyal-Untersuchung über das Reserverad entnehmen.

10. Auf der sichersten Straße?

Fahrer stärkerer Modelle werden von den Fahrern kleiner Fahrzeuge häufig nicht als partnerschaftlich empfunden, wenn sie ihre größere Stärke ausspielen, um den Schwächeren beiseite zu fegen. Im Straßenverkehr gibt es kein Recht des Stärkeren . . .

Freie Fahrt für freie Bürger?

Gefahrensituationen entstehen immer dann, wenn unterschiedliche Geschwindigkeiten aufeinander treffen. Der eine Lkw will einen langsameren überholen und zieht auf die linke Spur. Der nachfolgende schnellere Pkw muß deshalb stark bremsen.

Kaum eine Diskussion vermag die Gemüter so zu erhitzen, wie die um die Einführung eines Tempo-Limits auf Autobahnen. Das Pro und Kontra spaltet die ganze Nation in zwei feindliche Lager. Das war schon Anfang der siebziger Jahre so. Der Satiriker Wolfgang Ebert schrieb damals: *Sogar unter Hitler, dem Schöpfer unserer Autobahnen, hatte jeder Deutsche die Freiheit, so schnell zu fahren wie er wollte – Kriegszeiten ausgenommen.* 1985 war's auch nicht viel besser. Die einen sahen vor lauter Bäumen die Toten nicht mehr, und die anderen sagten den Zusammenbruch der Wirtschaft voraus und ein Heer von Arbeitslosen.

. . . wer ein langsameres Fahrzeug überholt, sich vor ihm in eine zu enge Lücke quetscht, so daß der Hintermann eine Notbremsung machen muß, hat grob verkehrswidrig und rücksichtslos falsch überholt. Er hat eine Straßenverkehrsgefährdung begangen und ist damit ein Straftäter.

Während in vielen Ländern die Geschwindigkeit auf Autobahnen auf 88 km/h, 100 km/h oder auch 130 km/h begrenzt ist, gibt es bei uns nur eine Richtgeschwindigkeit. Sie ist nur ein unverbindlicher Vorschlag. Ihre Befolgung ist freiwillig, und ihre Nichtbefolgung hat keinerlei Folgen.

Richtgeschwindigkeit 130 – Ein Reklamegesetz

Ein Tacho darf im oberen Bereich ungenau sein. In den beiden letzten Dritteln darf die Abweichung bis zu sieben Prozent vom Endstand betragen. Unser Fahrzeug fährt also eine Geschwindigkeit zwischen 125 km/h und 145 km/h.

§ 1: *Du mußt.* § 2: *Wenn du's nicht tust, ist es auch egal.* Das ist Reklame, aber kein wirksames Gesetz, weil der Gesetzgeber nicht konsequent zu erkennen gibt, daß sein Wille auch befolgt werden muß. Solche Gesetze bringen nichts. Das war schon bei der *freiwilligen* Gurtanlege*pflicht* so. Sie wissen sicher, daß Ihre Kinder, solange sie ihre Füße unter Ihren Tisch stellen, im Haushalt kostenlos mithelfen müssen, auch wenn sie volljährig sind. Sie sagen Ihrem hoffnungsvollen Sprößling: § 1: *Heute hast du Küchendienst.* § 2: *Aber wenn du lieber in die Disco gehst . . .* In den USA gilt seit zehn Jahren auf den Highways ein Limit von 55 Meilen. Das sind 88 km/h. Es wird zwar bis zu 62,5 Meilen gefahren, trotzdem ersparen sich die Amerikaner nach den Feststellungen einer Expertenkommission jährlich 2000 Tote. Denn 62,5 Meilen sind nur 100 km/h. Wenn Sie so wollen, dann ist es eine rein politische Frage, wieviel Tote wir sparen wollen.

Die Straße der Wahl

Die Autobahn ist verkehrstechnisch die Straße der Wahl. Der Verkehr ist entmischt. Es gibt nur gleichgerichteten Kraftfahrzeugverkehr. Deshalb kann die Autobahn auch hohe Transportleistungen erbringen.

Gewiß, die Autobahn hat die größten Transportleistungen. Sie ist auch verkehrstechnisch gesehen die Straße der Wahl. Es gibt nämlich dort keine Fußgänger und Rad- oder Mofafahrer, die unter die Räder kommen könnten. Es gibt auch keine Kreuzungen. Der Verkehr ist also entmischt. Das erhöht die Sicherheit. Andererseits kann falsche Reklame den Verkehrsteilnehmer in trügerischer Sicherheit wiegen. Wenn ich Renn-Regen-Reifen verkaufe, dann bildet sich der Käufer ein, er brauche vor Aquaplaning keine Angst mehr zu haben. Wenn ich verkünde: Die Autobahn ist die sicherste Straße, dann glauben zu viele, auf der Autobahn könne ihnen nichts passieren, und dann rasen sie los. Denn Tempo 130 ist ja bloß eine Empfehlung für Schwächlinge. Es gibt natürlich auch Leute, die ernsthaft behaupten, bei einem Tempo-Limit würden sie hinterm Steuer einschlafen. Ich finde es nicht gut, daß man sich durch Steigerung der Geschwindigkeit künstlich wachhalten muß.

Die Autobahn hat auch ihre besonderen Gefahren. Der Verkehr läuft nicht homogen mit der gleichen Geschwindigkeit. Deshalb haben viele Kraftfahrer Schwierigkeiten beim Einfädeln.

Ein paar Rätsel zum Nachdenken

1. Haben wir zur Zeit im Straßenverkehr mehr tote Kinder oder mehr Tote auf der Autobahn?
2. Wodurch entstehen auf den Autobahnen die meisten Unfälle? – Etwa durch die Geisterfahrer?
3. Sie fahren 180 km/h und haben optimale Bremsen (ABS). Vorne ist ein Stau. Sie reagieren eine Sekunde zu spät. Mit welcher Endgeschwindigkeit fahren Sie in den Stau hinein?

4. 1983 hatten wir insgesamt 11.715 Verkehrstote. Davon entfielen auf die Autobahn nur 7,5 Prozent. Wenn Sie den Trick anwenden, die Todesrate pro hundert Millionen Kilometer zu berechnen, dann verschwindet der einzelne Tote sogar hinterm Komma. Machen Sie einmal ein Gegenexperiment. Entfernen Sie aus der Todesstatistik alle die Verkehrsteilnehmer, die auf der Autobahn nichts zu suchen haben: Die vielen Kinder, Fußgänger, Rad-, Mofa- und Mopedfahrer sowie die Reiter und Straßenbahnbenutzer, vergleichen Sie also das Risiko, als *Kraftfahrer* getötet zu werden für die Autobahn und die übrigen Straßen. Verteilen Sie dann in Gedanken die Toten am Ende des Jahres gleichmäßig auf das Straßennetz, auf dem sie verunglückt sind. Wo liegen Ihrer Meinung nach die Toten dichter: Auf den übrigen Straßen oder auf der Autobahn?

Zu den Hauptverkehrszeiten kommt es auf den Autobahnen oft zu dichtem Verkehr und Staus. Über den Verkehrsfunk werden wir vor neuralgischen Punkten gewarnt. Gleichzeitig erhalten wir Umleitungsempfehlungen, damit der stockende Verkehr möglichst entzerrt wird. Informiert werden die zuständigen Redaktionen von der Polizei, die zur besseren und schnelleren Überwachung des Verkehrs Hubschrauber einsetzt. Auch Geisterfahrer werden auf diese Weise frühzeitig erkannt, und der entgegenkommende Verkehr kann rechtzeitig gewarnt werden.

Und ein paar nüchterne Zahlen

Wir alle glauben: Die Autobahn ist die sicherste Straße. Das wiegt uns in trügerischer Sicherheit. Weil wir glauben, dort kann uns

Hier sind die Lösungen der Rätsel:

1. Von 1981 bis 1984 starben im Straßenverkehr 2729 Kinder. Auf der Autobahn gab es 3186 Tote. Das sind 16,75 Prozent mehr. Alleine im Jahre 1984 starben 25,75 Prozent mehr Verkehrsteilnehmer auf der Autobahn als Kinder im Straßenverkehr.
2. Geisterfahrer waren 1983 an 1,24 Prozent der Autobahnunfälle schuld, also an jedem 81. Unfall. Absolut waren dies 196 erfaßte Fälle. Die anderen Hauptursachen sind: Auffahren auf Hindernisse, auf vorausfahrende oder im Stau stehende Kraftfahrzeuge oder auf Fußgänger, die nach einem Unfall ausgestiegen waren, zu 39,34 Prozent sowie Abkommen von der Fahrbahn nach rechts oder links zu 37,60 Prozent und Fahrstreifenwechsel zu 8,47 Prozent. Zusammen sind das 85,41 Prozent, die auf die drei Hauptunfallursachen entfallen. Für mich als Verkehrsrichter sind das alles Unfälle, die auf unangepaßte Geschwindigkeit oder aber Unterschätzung der Geschwindigkeit des anderen beruhen. Wenn Sie so wollen, dann sind Schnellfahrer fast 70mal so gefährlich wie Geisterfahrer.
3. Bei 180 km/h legen Sie in einer Sekunde 50 Meter zurück. Diese fehlen Ihnen dann am Bremsweg. Bei einer Verzögerung mit acht m/sec^2 ist Ihre Aufprallgeschwindigkeit etwas über 100 km/h. Genausogut könnten Sie aus dem Fenster der 15. Etage eines Hochhauses springen, anstatt den Aufzug zu benutzen.
4. 1983 hatten wir insgesamt 11.715 Tote im Straßenverkehr. 4169 (= 35,59%) davon waren Fußgänger sowie Fahrer von Fahrrädern, Mofas, Mopeds, Fuhrwerken, Straßenbahnen und ähnlichen Fahrzeugen. Als Benutzer von *Kraftfahrzeugen* verstarben also 7546 Personen. Davon entfielen 877 (= 11,26%) auf die Autobahn. Das ist jeder achte bis neunte *Kraftfahrer*. Auf allen übrigen Straßen starben 6669. Das öffentliche Straßennetz umfaßte 1983 487.000 Kilometer. Davon waren 7919 km (= 1,63%) Autobahn-Kilometer. Wenn man nun in Gedanken die *Kraftfahrttoten* einmal auf die Straße gleichmäßig verteilt, auf der sie gestorben sind, dann lag auf der Autobahn alle neun Kilometer ein Kraftfahrer, auf allen übrigen Straßen hingegen nur alle 72 Kilometer. Damit lagen auf der Autobahn die toten Kraftfahrer etwa achtmal so dicht wie auf allen übrigen Straßen.

Nach einer Panne oder einem Unfall auf der Autobahn finden Sie in regelmäßigen Abständen eine Notrufsäule. Sagen Sie immer, wer Sie sind, wo Sie sind und erklären Sie, was passiert ist.

nichts passieren. Wenn man das Unfallgeschehen auf der Autobahn genau analysiert, sitzt uns das Risiko als Kraftfahrer getötet zu werden, weitaus dichter im Nacken als auf allen anderen Straßen zusammen.

Autobahnen sind relativ sichere Straßen. Trotzdem haben auch sie ihre Unfallschwerpunkte, wie zum Beispiel Auffahrten. Nicht alle Autofahrer sind in der Lage, sich richtig einzufädeln. Der Beschleunigungsstreifen dient dazu, die Geschwindigkeit zu erhöhen. Es ist zwar sehr partnerschaftlich, einem anderen das Einfädeln zu ermöglichen. Falsch verstandene Partnerschaft ist aber oft Rücksichtslosigkeit gegen den Dritten.

Falschfahrer, die zu spät erkennen, wohin sie eigentlich wollen, gefährden alle Nachfolgenden. Nicht selten sehen wir auch Autofahrer, die vor den Autobahnschildern am Rand anhalten und verzweifelt im Atlas herumblättern. Informieren Sie sich darum vor Fahrantritt über Ihre Reiseroute, dann kommen Sie selbst zügiger voran und gefährden keine anderen Verkehrsteilnehmer durch gefährliches Verhalten.

Macht und Ohnmacht auf der Autobahn

Adel verpflichtet. Offenbar gibt es auch einen PS-Adel. Wer mehr Power unter der Haube hat, glaubt sich im Recht des Stärkeren. Nach einer Befragung des Kölner Del Berg-Institutes empfinden es mehr als zwei Drittel der Autofahrer als empfindliche Kränkung, wenn sie mit der Lichthupe weggewischt werden und der Hintermann ihnen so dicht im Nacken sitzt, daß man die Scheinwerfer im Rückspiegel nicht mehr sehen kann. Der Strafrichter sieht das ganz nüchtern als Nötigung. Nötigung ist ein kriminelles Delikt. Sie wird mit Freiheitsstrafe bis zu drei Jahren oder mit Geldstrafe bestraft, und in Flensburg kostet sie fünf Punkte. Selbstverständlich kann sie auch den Führerscheinverlust kosten. Wenn Ihr Abstand geringer ist als die Strecke, die Sie in 0,8 Sekunden durchfahren, dann sind Sie ganz dicht an der Nötigung dran. Bei 180 km/h wären dies 40 Meter und bei 100 km/h noch 22 Meter.

Wer drängelt, das heißt zu dicht auffährt, nötigt. Er macht sich strafbar. Das kostet fünf Punkte in Flensburg und unter Umständen den Führerschein.

Wehe, der Vordermann fährt ohne Grund auf die Überholspur. Drängeln Sie nicht und fahren Sie nicht zu dicht auf. Sie könnten ihn zu Tode ängstigen und zu Fehlern verleiten.

Situationen, wie wir sie täglich sehen und erleben. Unachtsame Handlungsweisen an der Autobahnauffahrt können zu folgenschweren Unfällen führen, die sehr oft in Massenkarambolagen enden.

Wenn wir alle auf unseren Landstraßen wie Autobahnen mit der gleichen Geschwindigkeit fahren würden, kämen wir gemeinsam besser voran. Wir hätten dann auch dort mit Sicherheit weniger Unfälle. Es bestünde nämlich kein Anreiz mehr, zu überholen oder den Fahrstreifen zu wechseln. Vielleicht würden wir dann auch unser Prestige mehr in den Komfort oder die Schönheit unseres Wagens setzen als in seine Pferdestärken. Hohe Geschwindigkeiten verursachen auch Streß. Technisch sind wir nämlich nur als Fußgänger ausgelegt. Wenn Sie so wollen, sind wir technisch eine Fehlkonstruktion.

Durch kleineres Auto vom Streß befreit

Einer meiner Angeklagten war zum dritten Mal bei mir, wegen Schneidens und Drängelns. Er mußte jede Woche nach Brüssel. Ich sagte ihm: *Es wäre eigentlich besser, wenn Sie auf einen kleineren Wagen umstiegen.* Er antwortete: *Sie werden lachen, Herr Richter, das habe ich bereits getan.* Ich fragte: *Und?* Er sagte: *Mir geht es jetzt viel besser: Ich fahre eine viertel Stunde früher los, komme rechts wunderbar durch und habe keinen Streß mehr.* Ich habe ihn übrigens nie wiedergesehen.

Höchste Vorsicht beim Einfädeln

Ein neuralgischer Punkt auf der Autobahn ist die Einmündung der Zufahrt. Manche Kraftfahrer haben hier Schwierigkeiten beim Einfädeln. Die einen bleiben etwas zu ängstlich stehen, die anderen fahren oft zu forsch drauflos.

Die Hauptfahrbahn der Autobahn hat Vorfahrt vor der Zufahrt. Wenn keine Lücke da ist, müssen Sie also anhalten. Am besten ganz vorne. Fahren Sie Ihrem ängstlicheren oder ungeübten Vordermann nicht hintendrauf, wenn links frei ist. Vertrauen Sie auch nicht darauf, daß der Fahrer auf dem rechten Fahrstreifen nach links rüberzieht, um Sie reinzulassen. Sie haben kein Recht hineingelassen zu werden. Auf der Überholspur könnte auch einer mit großem Tempo ankommen. Benutzen Sie den Beschleunigungsstreifen. Dort dürfen Sie schneller fahren, also an einem langsameren Lkw rechts vorbeiziehen. Bleiben Sie dann zunächst auf dem rechten Fahrstreifen. Ziehen Sie auf keinen Fall in einem Zuge sofort auf den Überholstreifen. Wenn's dann kracht, haben Sie drei Todsünden auf einmal begangen: Sie haben die Vorfahrt verletzt, gefährdend überholt und auch noch gefährdend den Fahrstreifen gewechselt. Deshalb sind Sie dreifach schuld.

Links nicht trödeln

Auch auf der Autobahn gilt grundsätzlich das Rechtsfahrgebot. Links dürfen Sie also nicht bummeln, das kann eine Behinderung sein. Besondere Vorsicht ist an Baustellen geboten. Sie sind etwa zehnmal so gefährlich wie die übrige freie Strecke. Wenn Sie dort rechts fahren, sind Sie vom Gegenverkehr am weitesten entfernt. Auch ist der rechte Streifen meist breiter. Halten Sie auch unbedingt das angezeigte Tempo und den Sicherheitsabstand ein.

Dieser Fahrer macht beim Auffahren auf die Autobahn alles falsch, was man falsch machen kann. Er nutzt die Einfädelspur nicht aus, um rechts an den Lkws vorbeizuziehen. Statt dessen fährt er auf die Normalspur und zwingt den ersten Fahrer zu einer Notbremsung. Und dann fährt er in einem Zug weiter auf die Überholspur, um den Lkw zu überholen. Damit zwingt er den zweiten Fahrer zu einer Notbremsung. Insgesamt hat er damit grob verkehrswidrig und rücksichtslos eine Straßenverkehrsgefährdung durch Vorfahrtmißachtung und Falschüberholen begangen. Dafür wird er beim Verkehrsrichter den Führerschein verlieren.

Auch Baustellen auf Autobahnen bilden besondere Gefahrenpunkte. Das gilt auch an Tagesbaustellen. Die weithin sichtbare rotweißgestreifte Warntafel mit Blinklicht bedeutet, daß die gesamte Fahrspur gesperrt ist. Deshalb rechtzeitig, nach Beachtung des nachfolgenden Verkehrs, der vorgeschriebenen Fahrtrichtung folgen und auf die jeweils vorgegebene Fahrspur wechseln.

Ein Blick in den Rückspiegel

Außenspiegel mit verschiedenen Gläsern helfen Gefahren vermeiden. Solche Spiegel gibt es im Zubehörhandel. Sie machen auch den toten Winkel sichtbar.

Vergessen Sie den Sicherheitsabstand nach vorne nicht. Bei 180 km/h beträgt er 100 Meter. Schauen Sie aber auch oft in den Rückspiegel, besonders wenn Sie als letzter auf einen plötzlichen Stau zufahren. Sofort die Warnblinkanlage einschalten oder mehrfach auf die Bremse tippen, um den nachfolgenden Verkehr zu warnen. Notfalls im ersten Gang seitlich wegziehen, und den Kopf gegen die Nackenstütze pressen. Auf den Hintersitzen nicht rumdrehen, sondern Hände fest in den Nacken, damit Ihr Kopf nicht nach hinten geschleudert wird. Im Kolonnenverkehr etwas versetzt fahren. Sie haben dann den besseren Durchblick. Denken Sie auch bitte immer an Motorräder. Sie sind nur ein Strich in der Landschaft und deshalb für Sie meist im toten Winkel. Sie fahren auch gerne mittendurch, selbst wenn es nicht erlaubt ist.

11. Fahrgäste, Beifahrer und

Fahrgäste öffentlicher Verkehrsmittel sind an den Haltestellen gegenüber dem übrigen Verkehr besonders geschützt. Darauf sollte man aber als Fahrgast nicht allzusehr vertrauen. Deshalb bitte nicht unvorsichtig oder gar leichtsinnig ein- oder aussteigen.

In Straßenbahn und Bus

Viele von uns fahren häufig, manche aber auch nur ab und zu in der Straßenbahn oder im Bus. Aber kaum einer von uns hat die einschlägigen Bestimmungen ganz gelesen. Hier das Wichtigste in Kürze: Wer betrunken ist oder eine ansteckende oder ekelerregende Krankheit hat, ist von der Beförderung ausgeschlossen. Während der Fahrt muß man den Fahrer in Ruhe lassen, damit seine Konzentration nicht beeinträchtigt wird. Kinder unter sechs Jahre brauchen grundsätzlich eine Begleitperson, die älter ist. Ihre Kinder dürfen nicht auf den Sitzplätzen knien oder gar stehen. Zu ihrer eigenen Sicherheit. Tiere haben auf Sitzplätzen nichts zu suchen. Hunde gehören also auf den Schoß, wenn sie klein genug sind. Sonst gehören sie unter den Sitz. Katzen und andere Tiere müssen ins Körbchen oder in einen *geeigneten Behälter.*

Alle Fahrzeuge, also auch Radfahrer, dürfen an öffentlichen Verkehrsmitteln, die an einer Haltestelle halten, nur vorsichtig vorbeifahren. Wenn die Fahrgäste auf der Fahrbahn ein- oder aussteigen, dürfen sie nur mit mäßiger Geschwindigkeit vorbeifahren. Und der Abstand muß so groß sein, daß jede Gefährdung der Fußgänger ausgeschlossen ist. Aber leider richten sich nicht alle Fahrer danach. Deshalb müssen Sie als Fahrgast im eigenen Interesse damit rechnen, daß ein Auto noch schnell vor Ihnen vorbeifahren will. Also bitte nicht blindlings aussteigen.

Aufsichtsbedürftige

Vorsicht beim Ein- und Aussteigen

Nach der Straßenverkehrsordnung müssen wir in erster Linie auf dem Bürgersteig, dem Seitenstreifen oder der Haltestelleninsel warten. Wenn diese nicht vorhanden sind, müssen wir am Rande der Fahrbahn warten. Also bitte nicht zu früh auf die Fahrbahn treten. Manche Autos versuchen, noch schnell an der Straßenbahn vorbeizukommen, bevor diese hält. Besonders unfallgefährdet sind die sogenannten Nachläufer. Sie wollen unbedingt die Bahn oder den Bus noch bekommen. Ich würde lieber die nächste Bahn nehmen als den Krankenwagen. Nach dem Einsteigen müssen wir ins Wageninnere aufrücken. Die anderen wollen auch noch mit. Verschaffen Sie sich bitte unbedingt sofort einen festen Halt. Wenn der Fahrer eine Notbremsung machen muß, weil sich ein Auto auf die Schiene stellt, sind Sie im Zweifel allein schuld, wenn Sie hinstürzen.

In Bussen und Straßenbahnen sollten Sie als Eltern immer dafür sorgen, daß Ihre Kinder nicht im Gang herumtollen.

Öffentliche Verkehrsmittel haben zwar im Straßenverkehr eine Art Vorrang. Der wird aber nicht immer beachtet, so daß die Fahrer von Bussen und Straßenbahnen öfter zu einer Notbremsung gezwungen werden.

Rücksicht auf andere

In der Straßenbahn oder im Bus sind wir nicht alleine. Besonders in den Spitzenzeiten haben wir viele Mitfahrer, die mit uns gemeinsam ihrem Ziel zustreben. Darum kann soziale Rücksichtnahme auf andere nicht schaden. Sie ist aber auch durch die Beförderungsbedingungen vorgeschrieben.

Öffentliche Verkehrsmittel befördern viele Personen gleichzeitig. In den Fahrzeugen des Individualverkehrs sitzt aber oft nur eine einzige Person. Schon von daher sollte es für uns aus demokratischen wie sozialen Gründen selbstverständlich sein, daß wir dem öffentlichen Personennahverkehr den Vorrang lassen und gegenüber ein- oder aussteigenden Fahrgästen größtmögliche Rücksicht üben.

Rauchen ist inzwischen in den meisten öffentlichen Verkehrsmitteln verboten. Schultaschen oder Koffer in den Gang zu stellen ist untersagt, damit niemand stolpern kann. Stricken ist nicht verboten. Die Benutzung eines Radios oder eines Walkman ist aber verboten. *Musik wird oft nicht schön gefunden, weil stets sie mit Geräusch verbunden,* sagte schon Wilhelm Busch. Wer seine schmutzigen Schuhe auf den gegenüberliegenden Sitz stellt, verrät alles andere, nur nicht eine gute Kinderstube. Einen Anspruch auf einen Sitzplatz hat niemand. Sitzplätze sind aber dennoch freizumachen für Schwer- und Gehbehinderte, ältere oder gebrechliche Personen, werdende Mütter und für Fahrgäste mit kleinen Kindern. Auch ohne besondere Aufforderung. Für mich ist das eigentlich selbstverständlich. Neulich mußte ich aber erleben, daß ein Mann mit einem steifen Bein und einem Gehstock einen Grundschüler höflich bat, ihm seinen Sitzplatz zu überlassen. Der Siebenjährige krähte wörtlich: *Meine Mutter hat mir gesagt, das brauch' ich mir nicht zu gefallen zu gelassen.* Der Gehbehinderte machte dann eine, zugegebenermaßen, nicht sehr feine Bemerkung. Im Nu waren dann die gesamten Fahrgäste in zwei Lager gespalten. Die überwiegende Mehrheit nahm das *arme Kind* in Schutz, weil es offenbar körperlich total erschöpft war, nachdem es fünf Stunden die Schulbank gedrückt hatte. Mich hat das Ganze nicht sehr fröhlich gestimmt. Aber vielleicht bin ich ja auch von meiner Mutter falsch erzogen worden.

Schwarzfahrer fügen der gesamten Volkswirtschaft schweren Schaden zu. Alle öffentlichen Nahverkehrsmittel machen erhebliche Defizite, weil sie die Beförderungskosten aus politischen Gründen über die Fahrpreise nicht hereinholen können. Schwarzfahren ist also kein Kavaliersdelikt, sondern gemeinschädlich. Es ist strafbar.

Schwarzfahren ist ein Vergehen

Eine Großstadt wie Köln hat durch Schwarzfahrer jährlich ein Defizit von 20 Millionen DM. Schwarzfahren ist ein beliebter *Sport*. Im Strafgesetzbuch wird Schwarzfahren als Beförderungserschleichung bezeichnet und ist ein Vergehen, das mit Freiheitsstrafe bis zu einem Jahr bestraft werden kann. Wenn die Verkehrsbetriebe gleichwohl nur 40,– DM kassieren, wenn man keinen gültigen Fahrausweis hat, dann sollte man ihnen eigentlich dankbar sein. Beim Richter wäre die Angelegenheit teurer. Wer seine gültige Zeitkarte zu Hause vergessen hat, bezahlt im übrigen nur 5,– DM, wenn er sie binnen einer Woche bei der Verwaltung des Verkehrsbetriebes vorzeigt. Regen Sie sich also bitte nicht künstlich auf, wenn Ihr Sohn oder Ihre Tochter erwischt worden ist. Als Vater oder Mutter brauchen Sie die 40,– DM nicht aus Ihrer Tasche zu bezahlen. Das soll vielmehr Ihr Sprößling tun. Er hat ja Taschengeld. Damit tun Sie ihm letztlich auch einen Gefallen. Wir alle müssen früher oder später lernen, für das, was wir angerichtet haben, geradezustehen. Der Vater hingegen, der für sein Kind ein Zivilprozeßurteil erfochten hat, wonach ein Minderjähriger rechtlich nicht imstande sei, eine Vertragsstrafe wirksam zu vereinbaren, hat niemand einen Gefallen getan. Von dem Moment an, als das Urteil publik wurde, stapelten sich nämlich bei den Jugendrichtern die Strafanzeigen.

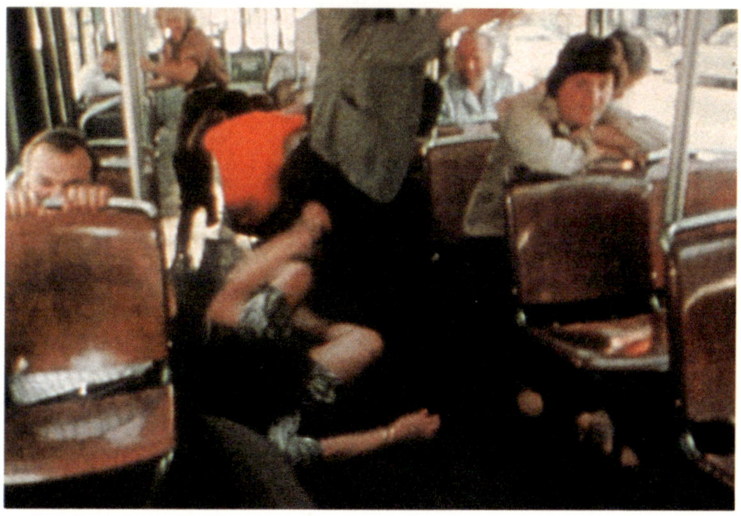

Zur eigenen Sicherheit müssen wir uns in Straßenbahnen und Bussen einen sicheren Halt verschaffen. Wer keinen Sitzplatz bekommt, muß sich gut festhalten. Taschen und Pakete gehören nicht in den Gang. Andere werden dadurch behindert und bei einer Vollbremsung stolpern und stürzen sie.

In Taxe und Mietwagen

Für Taxen und Mietwagen müssen wir den Tarifpreis entrichten. Der richtet sich nach der Entfernung und der Zeit. Die Tarifbestimmungen sind örtlich verschieden. Der Fahrer zeigt sie Ihnen gerne auf persönliches Verlangen.

Die meisten Bestimmungen für die Straßenbahn- und Busbenutzung gelten auch für Taxen und Mietwagen. Nichtraucher-Taxen sind außen und innen mit einer rot durchgestrichenen qualmenden Zigarette ausgezeichnet. Taxen müssen eine Uhr haben und Mietwagen einen Wegstreckenzähler. Beide muß man sehen können, damit Sie den Fahrer kontrollieren können. Der Fahrer muß den kürzesten Weg wählen. Der kürzeste Weg ist aber nicht immer der schnellste. Wenn zum Beispiel auf einer Straße Stau herrscht, kann ein Umweg Sie schneller ans Ziel bringen. Das ist dann billiger, weil die Uhr ja auch im Stand weiterläuft. Am besten einigen Sie sich in solchen Fällen mit dem Fahrer über den Weg. Wenn Sie selbst sonst am Steuer sitzen, denken Sie bitte daran, daß Sie jetzt auf der *falschen Seite aussteigen.* Seien Sie höchst vorsichtig beim Türöffnen. Sie wissen, wer die Türe öffnet, ist immer schuld.

Wieviel Personen darf ich in meinem Pkw mitnehmen? Auf diese Frage wissen die wenigsten Kraftfahrer eine richtige Antwort, obwohl die Frage nicht schwer zu beantworten ist.

Wieviel Personen darf ich im Pkw befördern?

Der Führerschein der Klasse 3 berechtigt zum Führen eines Pkw mit einem zulässigen Gesamtgewicht von höchstens 7,5 t und höchstens acht Fahrgastplätzen. Im Kraftfahrzeug-Schein Ihres Fahrzeugs ist auch die Zahl der Sitzplätze eingetragen. Dürfen Sie mehr Fahrgäste mitnehmen, als Sie Sitzplätze haben? Merkwürdigerweise ja. Machen Sie es aber bitte nicht wie die beiden schottischen Taxifahrer, von denen der Witz berichtet, daß bei dem Zusammenstoß 64 Personen verletzt worden seien. Es ist nämlich nicht empfehlenswert, Ihr Auto so vollzupacken. Zunächst dürfen Sie das zulässige Gesamtgewicht Ihres Fahrzeuges nicht überschreiten. Für mich ist es aber wichtiger, daß der Fahrer weder in seiner Sicht, noch in seiner Bewegungsfreiheit eingeschränkt werden darf. Auch Ihre Fahrgäste dürfen nicht gefährdet sein, wenn Sie selbst als Fahrer plötzlich bremsen müssen. Es mag zwar für Ihre Fahrgäste durchaus gewisse Annehmlichkeiten mit sich bringen, wenn sie andere Fahrgäste auf den Schoß nehmen. Ich fürchte aber, daß der Arm im Notfall nicht stark genug ist, den *Schößling* wirklich festzuhalten. Für mich ist es auch noch nicht ausgemacht, wie die Gerichte die Haftung für zusätzliche, nicht angeschnallte Passagiere beurteilen werden. Ich kann Ihnen daher nur den Rat erteilen: Nehmen Sie nur soviel Beifahrer mit, wie sich auch tatsächlich anschnallen können. Wenn Sie übrigens Anhalter mitnehmen wollen, besorgen Sie sich von Ihrem Automobil-Club das einschlägige Formular. Dieses stellt Sie von der Haftung frei, die Ihre Versicherung im Einzelfall nicht übernimmt.

Gleichgültig wen Sie befördern, nehmen Sie nie mehr Personen im Auto mit, als Sicherheitsgurte vorhanden sind. Die Diskussionen über die Zahl der erlaubten Mitfahrer sind im Grunde überflüssig, wenn Sie an die Sicherheit Ihrer Beifahrer denken. Auf den Schoß gehört niemand. Im Falle eines Unfalls hat keiner genug Kraft in den Armen, den Schößling festzuhalten. Er fliegt vielmehr wie eine Rakete durchs Auto. Ich hoffe, daß Ihre Beifahrer sich immer auf den Sitzen anschnallen, und daß Sie kein Bußgeld als Denkanstoß benötigen.

Mein Kind fährt mit

Liegt die Schule oder der Kindergarten weit weg, schließen sich Eltern oft zusammen und bringen die Kinder abwechselnd mit dem Auto dorthin. Sind es zu viele Kinder, fahren Sie besser immer mit zwei Fahrzeugen. Auf dem Vordersitz haben Kinder bis zwölf Jahre laut Gesetz nichts verloren, und wenn zu viele Kinder im Fahrzeug sind, wird der Fahrer zu sehr abgelenkt.

Vom zwölften Geburtstag an dürfen Kinder vorne sitzen. Bis dahin gehören sie grundsätzlich auf die Rücksitze, weil sie noch nicht so groß sind, daß der Sicherheitsgurt gut anliegt. Für alle Kinder vom Baby-Alter an bis zum zwölften Geburtstag gibt es altersentsprechende Sicherheitseinrichtungen, die auch nicht zu teuer sind. Ausführliche Informationen bekommen Sie bei Ihrem Automobil-Club und der Stiftung Warentest. Scheuen Sie die Geldausgabe nicht. 25 Prozent der Kinder, die im Straßenverkehr verunglücken, verunglücken nämlich als Beifahrer in einem Pkw. Bringen Sie bitte nicht zuviele Kinder auf einmal mit Ihrem Pkw zum Kindergarten oder zur Schule. Weniger ist nämlich sicherer.

Der ideale Beifahrer

Gute Beifahrer gibt es wenige. Sehr schlimm sind diejenigen Beifahrer, die von sich behaupten, gute Fahrer zu sein. Sie verunsichern den Fahrer durch dauernde Besserwisserei.

Es ist schon lange her. Ich fuhr in einer Taxe. Der Fahrer fuhr so, daß sich meine Haare sträubten. Naiv wie ich damals war, fragte ich ihn: *Fahren Sie immer so?* Als er zurückfragte: *Wieso?* antwortete ich: *Ich bin Verkehrsrichter!* Damit hatte ich ihn so nervös gemacht, daß er auf die Bremse trat und das Steuer nach rechts riß. Um Haaresbreite hätten wir ein parkendes Fahrzeug gerammt. Glauben Sie mir bitte: Das war mir eine Lehre. In solchen Situationen halte ich mich heute zurück. Wenn Sie Beifahrer sind, reden Sie bitte dem Fahrer nicht rein. Fallen Sie ihm vor allem nicht ins Steuer, sonst haften Sie nämlich, wenn ein Unfall passiert. Wenn Sie selbst Fahrer sind, nehmen Sie Rücksicht auf die schwachen Nerven Ihrer Beifahrer. So fahren Sie am besten.

Wann trifft mich als Beifahrer ein Mitverschulden?

Zwischen Fahrer und Beifahrer kommt es nicht selten zu Auseinandersetzungen, wenn der Beifahrer alles besser zu wissen glaubt. Durch ewiges Reinreden wird der Fahrer nur verunsichert und gerät in gefährliche Situationen.

Jeder soll im eigenen Interesse einen Schaden möglichst verhüten. Wenn der Geschädigte an der Entstehung des Schadens mit schuld ist, so werden seine Ersatzansprüche gegen den Schädiger entsprechend gekürzt. Das steht im Bürgerlichen Gesetzbuch. Wenn mein Fahrer erkennbar ermüdet oder alkoholisiert ist, trifft mich ein Mitverschulden. Die Rechtsprechung ist sehr umfangreich und die Mitverschuldensquoten sind höchst unterschiedlich. Sie pendeln von ein Drittel bis zu fast zwei Drittel. Das heißt: Wer sich als Beifahrer einem alkoholisierten Fahrer anvertraut, bekommt unter Umständen nur zwei Fünftel seines Schadens ersetzt, wenn dieser einen Unfall verursacht und verschuldet, weil er fahruntüchtig ist. Das gilt übrigens auch, wenn der Fahrer keine Fahrerlaubnis besitzt. Machen Sie bitte auch nicht den Fehler, nach einem Unfall, bei dem ein anderes Fahrzeug beteiligt war, sich selbst ans Steuer zu setzen, um wegzufahren. Sie werden dann wegen Beihilfe zur Unfallflucht bestraft. Auch der Halter als Beifahrer muß dafür sorgen, daß der Fahrer nicht wegfährt. Es ist zwar menschlich verständlich, wenn Sie Ihre Lebensgefährtin schützen wollen, wenn diese einen Unfall gebaut hat, rein rechtlich bekommen Sie aber von der Justiz keinen Lohn dafür.

In modernen Fahrzeugen gibt es heute für die hinteren Türen Kindersicherungen. Haben Sie also Kinder im Fond sitzen, benutzen Sie auch diese Sicherungen, damit es Ihnen nicht ergeht wie auf dem Bild.

Haften Eltern für ihre Kinder?

Schulbusse sind mit besonderen Schildern gekennzeichnet. Sie werden eingesetzt, um Kinder möglichst sicher und pünktlich zur Schule und wieder zurück zu bringen. Sie werden oft da eingesetzt, wo keine öffentliche Buslinie zur Verfügung steht. Daraus folgt, daß dieselben zum öffentlichen Personennahverkehr gehören.

An jeder Baustelle steht: *Eltern haften für ihre Kinder.* In dieser Allgemeinheit ist das aber falsch. Eltern haften für ihre minderjährigen Kinder nur, wenn die noch der *Beaufsichtigung bedürfen.* Das ist dann der Fall, wenn sie noch nicht die erforderliche Einsicht in ihre Verantwortlichkeit haben. Volljährig werden unsere Kinder mit 18, strafmündig schon mit 14 und zivilrechtlich haftbar bereits mit sieben Jahren, wenn sie die erforderliche Einsicht haben. Verkehrserziehung sollte spätestens im dritten Lebensjahr beginnen. Üben Sie mit Ihrem Kind an der Hand sicheres Überqueren der Straße. Am besten im Schutze von Ampeln oder Zebrastreifen. Bringen Sie Ihrem Kind bei, erst rechts und links zu schauen, bevor es die Fahrbahn betritt. Wenn Ihr Kind zur Schule kommt, trainieren Sie mit ihm den sichersten Weg, auch wenn er länger ist. Lassen Sie sich von der Schulleitung und der Schulpflegschaft helfen. Sie kennen den *Sicheren Schulweg.* Sorgen Sie auch dafür, daß Ihr Kind in der Grundschule den Radfahrerpaß der Verkehrswacht macht. Je mehr Sie Ihr Kind mit den wichtigsten Verkehrsregeln vertraut gemacht haben, desto mehr dürfen Sie es auch alleine auf die Straße lassen. Aufsichtspflicht heißt also nicht, daß Sie Ihr fünf- oder sechsjähriges Kind zu Hause einsperren müssen. Daß 14jährige Kinder grundsätzlich für den Schaden alleine einzustehen haben, den sie angerichtet haben, liegt auf der Hand. Auch wenn es den Kindern nach meinen Erfahrungen im Verkehrsunterricht

nicht besonders gefällt. Schließen Sie auf jeden Fall eine Privathaftpflichtversicherung ab. Für alle Fälle.

Minderjährige Kinder und geistig oder körperlich behinderte Personen bedürfen je nach den Umständen einer Beaufsichtigung. Fügen sie einem anderen einen Schaden zu, so haften grundsätzlich die Aufsichtspflichtigen, deren Obhut die Aufsichtsbedürftigen anvertraut sind. Die Aufsichtspflicht kann sich aus Gesetz oder Vertrag ergeben. So haften Eltern für ihre Kinder und Lehrer für die Schüler. Die Schadensersatzpflicht entfällt aber, wenn man seiner Aufsichtspflicht genügt hat, oder wenn der Schaden auch bei gehöriger Beaufsichtigung entstanden wäre. Je älter also ein Kind ist und je mehr es richtiges Verhalten im Straßenverkehr gelernt und geübt hat, desto weniger bedarf es noch der Aufsicht.

Szenen, die den typischen Ablauf an Schulbushaltestellen zeigen. Zwar ermahnt jeder Schulbus-Fahrer die aussteigenden Kinder, nicht ohne zu schauen auf die Fahrbahn zu laufen, aber kaum aus dem Bus heraus, haben sie dies schon wieder vergessen. Halten Schulbusse an einer Haltestelle, sollte jeder Kraftfahrer besser warten, bis der Bus weiterfährt, ehe er einen Unfall mit den Kindern riskiert. Künftig müssen wir Schulbussen wie Linienbussen das Auffahren auf die Fahrbahn ermöglichen.

12. Unsere Lebensgefährten

Ist das Tier nur eine Sache?

Nach dem Bürgerlichen Gesetzbuch ist das Tier eine Sache, wie zum Beispiel ein Auto. Das hat zur Folge, daß Sie für Ihren Hund, der bei einem Verkehrsunfall verletzt worden ist, nur soviel Heilungskosten aufwenden dürfen, wie dem *Zeitwert* entspricht. Haben Sie zum Beispiel eine liebenswerte und treue, wenn auch nicht ganz rassereine Seele von Hund, dessen *Marktwert* sagen wir 100,– DM ausmacht, so dürfen Sie nicht das Doppelte für den Tierarzt ausgeben, um ihn am Leben zu erhalten, sonst wendet die gegnerische Haftpflichtversicherung ein, die *Reparaturkosten* überstiegen den *Zeitwert* und deshalb hätten Sie gegen die Schadenminderungspflicht verstoßen. Eine solche rechtliche Behandlung unseres Lebensgefährten widerspricht unserem Gefühl und auch unserem Rechtsempfinden. Weil das Recht wandelbar ist, gibt es inzwischen aber bereits Richter, die diesen Gedankengängen nicht mehr folgen. Deshalb bietet die Versicherungswirtschaft, die immer weiß, was sie tut, neuerdings auch eine besondere Krankenversicherung für Tiere an nach dem Motto: *Entscheiden Sie selbst, was Ihnen Ihr Liebling wert ist.*

Haus- und Stalltiere besitzen nach der StVO keine eigene Zulassung für den Straßenverkehr. Sie sind von der Straße fernzuhalten. Zugelassen sind sie nur, wenn sie von geeigneten Personen begleitet sind, die ausreichend Gewalt über sie haben. Schicken Sie also bitte nicht Ihre vierjährige Tochter mit Ihrem großen Schäferhund auf die Straße. Hühner und Hunde sind Haustiere. Tauben und Katzen hingegen nicht. Sie lassen sich nicht dauernd einsperren.

Ich bremse auch für Tiere

Tiere reagieren nach ihrer Natur instinktiv. Deshalb verursachen sie Gefahren. Als Halter eines Tieres haften wir zivilrechtlich, wenn unser Tier jemand schädigt. Da auch kleine Tiere großen Schaden verursachen können, hoffe ich zuversichtlich, daß Sie für Ihren Hund, Ihre Katze oder Ihr Pferd eine Privathaftpflichtversicherung abgeschlossen haben.

Dieser Pkw-Aufkleber erfreut sich zunehmender Beliebtheit. Im neuen Tierschutzgesetz steht, daß Tiere besonderen Schutzes bedürfen, weil sie unsere Lebensgefährten sind. Deshalb fühlen wir uns für sie mitverantwortlich. Stellen Sie sich bitte vor, Sie fahren mit 45 km/h durch eine Ortschaft. Es regnet. In einem Abstand von zehn Metern folgt Ihnen ein anderer Pkw. Plötzlich läuft Ihnen eine Katze über den Weg. Im Gesetz steht, Sie dürfen nicht ohne *zwingenden* Grund stark bremsen, um den Hintermann nicht zu gefährden. Wie entscheiden Sie sich?

Wenn Sie radfahren, dürfen Sie Ihren Hund nicht mitlaufen lassen. Weder an der Leine noch durch Zurufe. Das verträgt sich nicht mit dem Lenken und kann verkehrsgefährdend sein – ebenso auch Tierquälerei. Einzige Ausnahme: Größere, schnell laufende Hunde. Und auch nur dann, wenn das mit dem Tierschutzgesetz vereinbar ist.

- die Tiere

Das Tier hat rechtlich zwei Seiten. Nach dem Bürgerlichen Gesetzbuch ist es eine Sache, die gefährlich ist, so daß wir als Halter haften, wenn es andere schädigt. Nach dem Tierschutzgesetz ist es ein Lebewesen, das aus ethischen Gründen unseres Schutzes bedarf. Deshalb haben wir Menschen ein Herz für Tiere.

Ein schwarzer Kater, der einem über den Weg läuft, bringt Unglück. Wer das glaubt und eine Notbremsung macht, hat das Unglück prompt herbeigeführt, wenn deshalb dann der Hintermann auffährt.

Ein zwingender Grund?

Das Oberlandesgericht Frankfurt hat den Betroffenen, der wegen der Katze gebremst hatte, so daß der Hintermann auffuhr, freigesprochen. Seine Verteidigung, er habe reflexartig gebremst, hat es allerdings *nicht* akzeptiert. Auch wenn es uns schwerfällt: Wir sollen nicht instinktiv und gefühlsmäßig reagieren. Wir müssen vielmehr abwägen. Sozusagen zwischen vorne und hinten. Das Gericht sagt weiter, der Grund für das Abbremsen müsse dem drohenden Sach- und Personenschaden, der durch das Auffahren entstehen könne, mindestens *gleichwertig* sein; weil durch das Auffahren kein sehr *erheblicher* Schaden zu erwarten gewesen sei, sei die Katze ein zwingender Grund zum Bremsen gewesen.

Tierschutz und Menschenschutz

Jährlich werden etwa 30 000 Menschen von mehr oder weniger degenerierten Hunden gebissen, weil sie keinen Maulkorb tragen. Für mich ist das falsch verstandene Tierliebe. Daß Hunde jährlich Millionen Tonnen Kot produzieren, die dann

Das Frankfurter Urteil ist auf Kritik gestoßen, weil der Vordermann das Risiko des Hintermannes in Sekundenbruchteilen kaum richtig abschätzen kann, und weil er das Risiko einer Fehleinschätzung alleine trägt. 1970, als die große Strafrechtsreform unsere Gemüter in Wallung brachte, ergab sich bei einer Befragung der Bevölkerung folgende Rangfolge strafwürdiger Tatbestände: An erster Stelle stand Tierquälerei. Dann folgten die Einnahme von Rauschgift und das Fahren ohne Fahrerlaubnis. Und dann erst folgte das Verprügeln der Ehefrau und das Verprügeln von Kindern. Ich weiß nicht, was heute bei einer solchen Befragung herauskäme. Ich könnte mir aber vorstellen, daß der Tierschutz inzwischen sogar vom Umweltschutz überrundet worden ist. Ändern Sie bitte den Frankfurter Fall einmal ab. Ein Igel läuft vor Ihnen über die Fahrbahn und hinter Ihnen fährt ein Schulbus mit nicht angegurteten Kindern. Wie würden Sie sich in diesem Fall entscheiden?

Hunde sind fest an der Leine zu führen. Nur auf Straßen mit mäßigem Verkehr ist das nicht nötig, wenn sie auf Zuruf parieren. Aber rufen Sie Ihren Hund nicht gerade dann zurück, wenn ein Auto angefahren kommt.

unsere Gehwege und Kinderspielplätze verunzieren, nenne ich Umweltverschmutzung. Auch wenn Sie es mir übelnehmen sollten: Für mich als Verkehrsrichter steht Menschenschutz an erster Stelle.

Ein Fall aus meiner Praxis: Ein Hund hatte sich von seinem Herrchen losgerissen und war über die Straße gelaufen. Eine Busfahrerin, die einen vollbesetzten Bus steuerte, machte eine Notbremsung, so daß einige Fahrgäste hinstürzten. Zum Schluß fuhr das Auto hinter dem Bus auch noch auf diesen auf. Meine Entscheidung, die heute nicht anders lauten würde, lautete damals: Alle drei haben den Unfall mitverursacht und mitverschuldet. Der Autofahrer hat nämlich den Sicherheitsabstand nicht eingehalten. Die Busfahrerin hätte wegen des Hundes keine Notbremsung machen dürfen, um ihre Fahrgäste nicht zu gefährden, und der Hundebesitzer hätte den Hund fester an der Leine führen müssen. Im Ergebnis mußte der Hundehalter ein Drittel des entstandenen Schadens bezahlen. Gott sei Dank war er privathaftpflichtversichert.

Herrenreiter sind im Straßenverkehr nicht privilegiert. Denn auch für sie gelten die allgemeinen Regeln. Wenn keine gesonderten und ausgeschilderten Reitwege vorhanden sind, die sie dann benutzen müssen, gelten die Regeln für den Fahrverkehr: § 1, das Gebot äußerst rechts zu reiten und die Richtungsänderung anzuzeigen. Wer als Reiter eine der zehn Todsünden im Straßenverkehr begeht, ist immer Schuld.

Hoch zu Roß – Keine Vorfahrt

Auch für Reiter gilt die Straßenverkehrsordnung, im Fasching und Karneval genauso wie im grauen Alltag. Insbesondere gelten die Regeln für den gesamten Fahrverkehr. Pferde gehören also nicht auf den Bürgersteig, sondern, wenn kein gesonderter *Reitweg* vorhanden ist, auf die Fahrbahn. Dort muß selbstverständlich rechts geritten werden. Die Vorfahrtregeln aber gelten nur für Fahrzeuge. Die Regel *rechts vor links* gilt also für Reiter nicht. Sie müssen warten. Bei Dämmerung, Dunkelheit oder sonst schlechter Sicht müssen Pferde links eine Leuchte mit weißem Licht mitführen, die nach vorne und hinten gut sichtbar ist, aber nicht blendet. Normale Feld- und Waldwege dürfen nur beritten werden, wenn sie entsprechend beschildert sind. Übrigens: Wenn Sie mit Ihrem Auto zu nahe an einem Pferd vorbeifahren, müssen Sie damit rechnen, daß es scheut. Die Delle in Ihrer Tür bekommen Sie also keinesfalls völlig bezahlt.

Auch wenn für Reiter und Pferdeführer die allgemeinen Regeln für die Fahrzeuge gelten, haben sie keine Vorfahrt nach der Regel rechts vor links. Autoscheue und nervöse Pferde haben im Straßenverkehr nichts verloren. Die Straße ist kein Parcours, auf dem sie herumtänzeln dürfen. Rechtlich betrachtet sind die Reiter auf unseren Bildern kein Verband, sondern eine Horde. Es gilt also das Gebot hintereinander zu reiten.

Achtung Wildwechsel

Wild ist wild, das heißt ungezähmt und hält sich da auf, wo es will. Besonders gefährdete Stellen warnen mit Wildwechsel-Schildern vor drohender Gefahr. Vermindern Sie an solchen Stellen Ihr Tempo, und mustern Sie den Waldrand aufmerksam.

Rund 200.000 Stück Wild werden Jahr für Jahr auf den Straßen *erlegt.* Damit übertrifft das Auto die Flinte des Jägers. Allein im Rahmen der Voll- und Teilkaskoversicherung haben die Versicherer 1983 für 96.000 Wildunfälle 165 Millionen DM bezahlen müssen. Hinzu kommen noch einige Millionen in den anderen Versicherungssparten. Nehmen Sie deshalb das Schild *Wildwechsel* in Ihrem eigenen Intesse ernst. Das Schild darf allerdings nur auf Straßen mit schnellerem Verkehr aufgestellt werden. Wildwechsel kann also auch da stattfinden, wo ein solches Schild nicht steht.

Erhöhte Gefahr droht, wenn ein Wildwechsel-Schild warnt, besonders in den Morgen- und Abendstunden. Um zu ihren Futterplätzen zu gelangen, überqueren viele Tiere die Fahrbahn.

Ein Tier kommt selten allein

Die Gefahr eines Wildwechsels ist besonders auf den Straßen groß, die durch einen Wald hindurch oder an einem Wald vorbeiführen. Auf Waldstraßen bitte langsam fahren. Besonders in der Dämmerung. Ein Tempo von 80 km/h ist den Umständen nach zu hoch. Nachts im Wald möglichst mit Fernlicht fahren. Die Augen der Tiere wirken dann wie Katzenaugen. Wenn ein Tier auftaucht, sofort abblenden und abbremsen. Oft kommt ein ganzes Rudel hinterher. Auf keinen Fall ausweichen. Ihre verständliche Tierliebe könnte schlimme Folgen für Sie und andere haben. Besser das Steuer fest in die Hand nehmen und fest bremsen. Nach einem Unfall sofort die Warnblinkanlage einschalten und die Unfallstelle absichern.

Wild taucht oft in Rudeln auf. Läuft Ihnen ein Reh vor das Fahrzeug, können Sie damit rechnen, daß andere Rehe folgen. Gerät Wild in Scheinwerferlicht, bleibt es meist wie erstarrt stehen. Hupen ist dann zwecklos. Sofort bremsen und Abblendlicht einstellen.

Was heißt Zusammenstoß?

Unfälle mit großem Haarwild, wie Rehen oder Hirschen, hinterlassen meist größere Spuren. Rufen Sie in solchen Fällen unbedingt die Polizei. Machen Sie dies nicht, kann die Kasko-Versicherung sich weigern, den Schaden zu bezahlen. Siehe Kleingedrucktes.

Im Kleingedruckten der Teilkaskoversicherung steht zwar, daß Sie nach einem *Zusammenstoß* mit Haarwild wie Hirschen, Rehen, Kaninchen oder Füchsen eine Entschädigung bekommen. Nach der Rechtsprechung heißt das aber, daß der Zusammenstoß die *Ursache* für den Unfall sein muß. Weichen Sie aus, so bekommen Sie nichts, auch wenn Sie trotzdem dann noch mit dem Wild zusammenstoßen. Sie bekommen auch keine Entschädigung, wenn Sie bei einem Schaden über 300,– DM nicht die Polizei hinzuziehen. Das hat seinen guten Grund. Wildunfälle werden nämlich offenbar besonders gerne vorgetäuscht. Einer meiner Kläger hatte den Unfall der Polizei nicht gemeldet. Der Unfall war im Ausland passiert, und die Polizeistation war angeblich 200 Kilometer entfernt. Der Kläger meinte, dieser Umweg sei für ihn unzumutbar gewesen. Er hat den Prozeß trotzdem nicht gewonnen. Der Sachverständige konnte nämlich den Hirsch, der dem Kläger auf die Motorhaube gesprungen sein sollte, technisch einwandfrei als Lkw identifizieren, auf den der Kläger aufgefahren war.

Finger weg von getötetem Wild

Auch wenn Sie weit und breit alleine sind, lassen Sie das getötete Tier liegen, am besten schaffen Sie es aber an den Straßenrand und fahren zur Polizei. Dort erhalten Sie dann eine Bescheinigung über den Unfall, und die Polizei veranlaßt alles, um das getötete Tier zu beseitigen.

Kommen Sie bitte nicht auf die Idee, das durch den Unfall erlegte Wild etwa als Braten mit nach Hause zu nehmen. Das Tier könnte Tollwut oder Trichinen haben. Im übrigen ist das auch Wilderei, die mit Freiheitsstrafe bis zu fünf Jahren bestraft werden kann. Wenn Sie nachts oder in der Schonzeit wildern, ist das sogar ein besonders schwerer Fall, und die Mindeststrafe beträgt drei Monate. In den meisten Landesjagdgesetzen finden sich darüber hinaus Anzeige- und Ablieferungspflichten. Also verbrennen Sie sich bitte nicht die Finger, sondern ziehen Sie die Polizei hinzu und lassen Sie sich eine Bescheinigung über den Wildunfall geben.

Nach einem Wildunfall hat Ihr Fahrzeug meist einen größeren Schaden. Haben Sie Glück gehabt und Ihr Fahrzeug hat nur einen kleinen Schaden, laden Sie das Wild auf keinen Fall als Sonntagsbraten ein. Zum einen könnte das Tier krank sein, zum anderen fällt so etwas unter Wilderei.

13. Sicher im sicheren

Für jeden Autofahrer wie Beifahrer sollte das Gurtanlegen auch ohne gesetzlichen Zwang selbstverständlich sein. Oft sieht man auch, daß Fahrer und Beifahrer angeschnallt sind, die Kinder im Fond aber nicht. Dabei ist es für Kinder noch wichtiger, den Gurt anzulegen.

Der Gurt – die billigste Lebensversicherung

Ohne den Gurt wirken bei einem Aufprall Kräfte auf uns ein, die wir uns kaum vorstellen können. Kein Mensch ist in der Lage, einen Frontalaufprall von 50 km/h auch nur annähernd mit den Armen aufzufangen.

Der Gurt ist für mich als Verkehrsrichter die billigste Kranken- und Lebensversicherung. Gerade auch innerhalb der Ortschaften. Nehmen wir an, Sie wiegen 70 Kilogramm, fahren 50 km/h und stoßen frontal gegen eine Wand oder gegen ein entgegenkommendes Fahrzeug. Welches Gewicht müßten Sie mit beiden Armen von den Schultern bis über den Kopf hochstemmen, um die Wucht des Aufpralles voll aufzufangen? Auch wenn es Ihnen kaum glaubhaft erscheint, sind es fast 1377 Kilogramm. Ein solches Gewicht zu stemmen, hat meines Wissens noch niemand geschafft. Selbst bei einer Geschwindigkeit von nur 16 km/h müßten Sie mit einem Liegestütz immer noch das Doppelte Ihres Körpergewichtes hochbringen. Erst bei 11 bis 12 km/h kommen Sie mit einem einfachen Liegestütz aus. Für mich ist das Anlegen des Gurtes eine Selbstverständlichkeit, seitdem es ihn gibt. Ohne Gurt fühle ich mich einfach nackt und schutzlos. Ich kann es daher als Verkehrsrichter auch nicht verstehen, daß man ein Oberlandesgericht bemühen muß, um schriftlich bescheinigt zu bekommen, daß der Gurt vollständig und nicht nur halb angelegt werden muß.

Gurtanlegen keine Privatsache

Fahrzeug

Für mich ist es auch keine Privatsache, ob wir uns angurten oder nicht. Und mit der in der Verfassung garantierten freien Entfaltung der Persönlichkeit hat das für mich schon gar nichts zu tun. Niemand kann schwere Unfallfolgen, wie sie durch Nichtangurten entstehen können, alleine bezahlen. Dafür muß die Gemeinschaft mit aufkommen. Ich persönlich bin auch der Meinung, daß meine Familie das Recht hat, mich gesund bei sich zu haben. Sie wissen sicher, daß Sie einen erheblichen Teil Ihres Schadens selbst tragen müssen, wenn Sie nicht angegurtet waren. Diesen Schadensanteil haben Sie sich sozusagen selber zugefügt. Deshalb kann auch die Lohnfortzahlung verweigert werden.

Wer behauptet, es sei seine eigene Angelegenheit, sich anzuschnallen, zeigt kein Verantwortungsbewußtsein. Wir sind es unseren Familien und auch der Gemeinschaft schuldig, alles getan zu haben, schwere Verletzungen zu vermeiden und unsere Gesundheit zu erhalten.

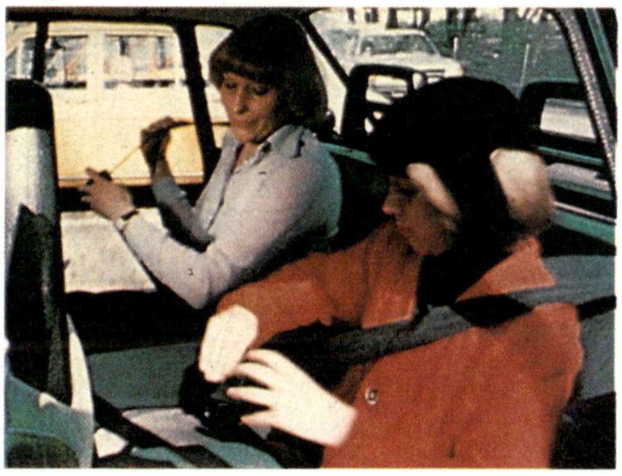

Auch auf den Rücksitzen wird der Gurt bei einem Unfall zum Lebensretter. Aus diesem Grund sollte auch hinten niemand auf den Gurt verzichten.

Damit auch Kleinkinder sicher im Auto mitgenommen werden können, gibt es spezielle Kindersitze. Ein Kind fühlt sich aber nur dann auch wohl, wenn sich eine Bezugsperson, in unserem Fall ist es die Mutter, mit hinten in den Wagen setzt. Wer sich so vorbildlich wie diese Mutter mit ihrem Kind verhält, braucht eine Autofahrt nicht zu fürchten. Kindersitze gibt es im Fachhandel.

Techniker sind pingeliger als Juristen

In der Straßenverkehrszulassungsordnung ist genau festgelegt, was an einem Auto erlaubt ist, und was nicht. Alle Hersteller, die

Das sieht man schon daran, daß alleine die Straßenverkehrszulassungsordnung, die die technische Sicherheit regelt, vom Text her fast doppelt so dick ist wie die Straßenverkehrsordnung, die das Verhalten der Verkehrsteilnehmer untereinander regelt. Hinzu kommen noch zahlreiche weitere Verordnungen, Richtlinien und DIN-Normen. Ich selbst bin kein gelernter Techniker oder Ingenieur, sondern bloß Jurist. Ich werde Ihnen daher keinen erschöpfenden rechtswissenschaftlichen Kommentar zu allen technischen Einzelfragen liefern. Statt dessen werde ich die Problemfälle herausgreifen, die uns Verkehrsrichter am meisten beschäftigen. Wenn es um kleinste Kleinigkeiten geht, brauche selbst ich oft einen Sachverständigen oder ich frage einen Fachmann vom ADAC über die Stiftung Warentest bis hin zum TÜV. Die wissen am besten Bescheid und geben gerne Auskunft. Meiner Meinung nach lassen sich allerdings viele Probleme mit dem gesunden Menschenverstand lösen. Man muß sich nur fragen: Was ist sicherer? Deshalb leuchtet es Ihnen auch sicher ein, daß Halter wie Fahrer für den betriebssicheren Zustand des Fahrzeuges verantwortlich sind.

Reifen mit gutem Profil gehören ebenso zu einem Fahrzeug wie Warndreieck, Verbandskasten, Pannenkoffer und Abschleppseil, um im Falle eines Falles für das Nötigste gerüstet zu sein.

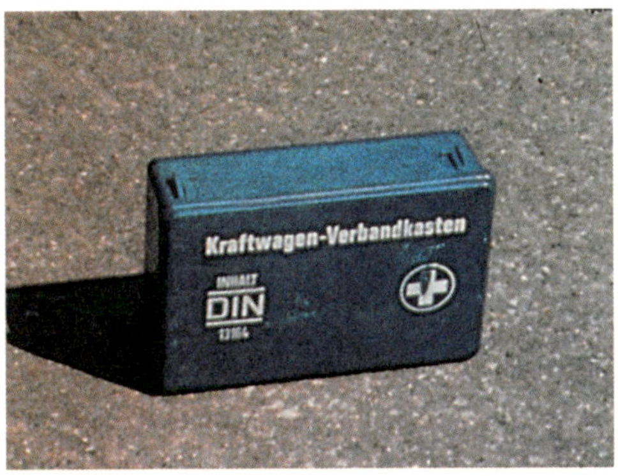

Ein Millimeter Reifenprofil ist zu wenig

Wer an den Reifen spart, spart an der falschen Stelle. Abgefahrene Reifen bedeuten ein erhöhtes Risiko, da die nötige Haftung des Fahrzeugs auf der Fahrbahn nicht mehr gewährleistet ist.

Das Feilschen um zehntel Millimeter, wenn es um abgefahrene Reifen geht, habe ich als Verkehrsrichter noch nie verstanden. In § 36 der Straßenverkehrszulassungsordnung steht zwar, daß die Profilrille oder Einschnitte an jeder Stelle der Lauffläche mindestens ein Millimeter tief sein müssen. Ein Millimeter reicht aber einfach nicht aus. Hier ein paar Spitzfindigkeiten, die mir vorgekommen sind: Nachgeschnittene Reifen sind selbstverständlich unzulässig. *Stege* sind nur eingebaute Abnutzungsanzeiger. Sie können deshalb das Profilmuster stellenweise unterbre-

ein neues Auto auf den Markt bringen, müssen vorgeschriebene Normen erfüllen. Die Sicherheitsvorschriften, die ein Auto in Deutschland erfüllen muß, sind strenger als in der übrigen Welt. Damit diese Sicherheitsvorschriften auch noch bei älteren Fahrzeugen erfüllt werden, gibt es bei uns den TÜV, der die Fahrzeuge auf ihren technischen Zustand in regelmäßigen Abständen überprüft. Dies geschieht zur Sicherheit aller am täglichen Straßenverkehr beteiligten Personen.

chen. Lauffläche ist alles, was irgendwann und irgendwie mit der Fahrbahn in Berührung kommen kann, also auch bei seltenen und extremen Fahrzeugbewegungen. Was mir in diesem Zusammenhang viel wichtiger ist: Wer sich mit der Mindestanforderung des Gesetzes begnügt, ist es selbst schuld. Wer schon ein Fünf-Markstück braucht, um nachzuprüfen, ob er seine Reifen noch weiter abfahren kann, sollte die fünf Mark besser als Anzahlung für den neuen Reifen benutzen. Wenn man mit bloßem Auge sehen kann, daß auch nur an einer einzigen Stelle das Profil verschwunden ist, dann muß der Polizeibeamte keinen Profilmesser einsetzen, damit ich mir als Richter eine Überzeugung bilden kann. Die Ausrede: *Ich war gerade auf dem Wege zur Werkstatt, um die Reifen zu wechseln,* habe ich als Richter auch schon zu oft gehört. Bei mir gilt sie nicht mehr. Wenn Sie mich fragen: Von Mischbereifung halte ich nichts. Sie kann zu höchst unerwünschten Überraschungen und Unfällen führen. Mein Rat: Sorgen Sie immer dafür, daß Ihre Reifen gleichen Fabrikats und auch guter Qualität sind und vier Millimeter Profil haben.

Tempo-Limit durch Winterreifen

Auch auf winterlichen Fahrbahnen bringen Winterreifen keine absolute Sicherheit. Sie sind ein Kompromiß, der auf die verschiedenen Wetterbedingungen im Winter abgestimmt ist. Abgefahrene Reifen, wie auf dem großen Bild, gehören auch im Sommer nicht unter das Auto, sondern auf den Müll.

Reifen müssen nach Maßen und Bauart den möglichen Betriebsbedingungen entsprechen, vor allem der Belastung und Geschwindigkeit. Wenn Sie Winterreifen aufziehen, müssen Sie deren zulässige Höchstgeschwindigkeit innen im Blickfeld des Fahrers *sinnfällig angeben,* wenn die bauartbedingte Höchstgeschwindigkeit des Fahrzeuges höher ist. Natürlich müssen Sie dann auch das durch die Reifen bestimmte Tempo-Limit einhalten. Fast jeder Autofahrer weiß, daß SR-Reifen bis 180 km/h und HR-Reifen bis zu 210 km/h Geschwindigkeit gefahren werden dürfen. Für die ganz Schnellen gibt es neben *S*peed und *H*ighspeed auch noch die *V*eryhighspeed, sprich VR-Reifen. Das reichte bislang für den Hausgebrauch. In Zukunft wird die für jeden Reifen zulässige Höchstgeschwindigkeit einfach durch einen Buchstaben des Alphabets gekennzeichnet. So bedeutet zum Beispiel F 80 km/h, G 90 km/h. Dann folgt J mit 100 km/h und dann die übrigen Buchstaben des Alphabetes bis U = 200 km/h. H bedeutet 210 km/h. V heißt dann über 210 km/h, gleich ob 215 oder 250 km/h. In diesem Bereich werden allerdings zusätzliche Geschwindigkeitsstufen diskutiert. Bis insoweit Einigung erzielt ist, wird es aber noch eine Weile dauern.

Winterreifen sollen für gute Haftung auf winterlichen Fahrbahnen sorgen. Bauartbedingt verfügen sie auf normalen Fahrbahnen nicht über die Eigenschaften eines Sommerreifens. Aus diesem Grund ist die zulässige Höchstgeschwindigkeit für Winterreifen auch vom Gesetzgeber festgelegt.

Jeder Autofahrer hat ein Reserverad im Kofferaum oder sogenannte Noträder, die bei den Fahrzeugherstellern immer mehr in Mode kommen. Alle Kraftfahrer lieben ihr Reserverad. Aber sie hätscheln es nicht. Das wird deutlich, wenn man einmal die in den Kofferräumen schlummernden Räder betrachtet. Oft haben sie so gut wie keine Luft oder ein abgefahrenes Profil. Zwar dürfen Sie solche Reifen in Ihrem Kofferraum

Das Reserverad – Liebling . . .

Einen vernünftigen Platz für das Reserverad hat bisher noch kein Autohersteller erfunden. Meist steht es im Kofferraum, und bei einer Panne muß dieser komplett ausgeräumt werden. Im Fond stört es also nur.

Verbandskasten, Warndreieck und Sicherheitsgurte sind gesetzlich vorgeschrieben. Gilt das auch für den Reservereifen? Und wenn ja, muß er den gesetzlichen Mindestanforderungen an Ihren normalen Reifen entsprechen? Nach einer Untersuchung des Kölner Soziologen Dieter Ellinghaus haben knapp die Hälfte der Kraftfahrer keine persönliche Erfahrung mit einer Reifenpanne. Von den Frauen allein sind es 67 Prozent , von den Männern allein allerdings nur 34 Prozent. Die durchschnittliche Wahrscheinlichkeit, in einem Jahr eine Reifenpanne zu erleiden, ist etwa 1:7. Das Auftauchen eines anderen technischen Defektes ist über zweimal so hoch. Überdurchschnittlich häufig treten Reifenpannen auf Autobahnen auf. Das wundert mich persönlich nicht. Da wir eine unbeschränkte Höchstgeschwindigkeit auf Autobahnen haben, werden die Reifen dort auch in höchstem Maße beansprucht. Daß dies fatale Folgen haben kann, wenn Ihre Reifen nicht 100prozentig in Ordnung sind, können Sie sich selbst ausmalen. Zum Reserverad besteht eine starke emotionale Bindung. Bei den Frauen stärker als bei den Männern. Das Reserverad verleiht ein Gefühl der Sicherheit. Vier von fünf Fahrern und Fahrerinnen würden daher auf das Reserverad selbst dann nicht verzichten, wenn sie es zusätzlich bezahlen müßten. 89 Prozent der von Ellinghaus Befragten sind der Auffassung, es sei mehr oder weniger leichtsinnig, ohne Reserverad zu fahren.

Wer im Winter mit den richtigen Reifen ausgerüstet ist, braucht vor solchen Situationen nicht viel Angst zu haben. Trotzdem gilt auch hier: Lieber langsam ans Ziel als gar nicht. Denn wie gut Ihre Winterreifen auf Schnee oder Glatteis haften, wissen Sie ganz bestimmt nicht.

. . . und Stiefkind zugleich

Andererseits ist jedes sechste Reserverad in deutschen Kraftwagen nicht einsatzfähig. Etwa jeder sechste Fahrer hat den Luftdruck noch nie überprüft. 38 Prozent der Befragten waren überzeugt, daß ein Reserverad gesetzlich vorgeschrieben ist. 32 Prozent waren in diesem Punkt unsicher. Und nur 29 Prozent wußten, daß ein Reserverad *nicht* mitgeführt werden muß. Als ich der Frage als Verkehrsrichter das erste Mal nachgehen mußte, ob ein Reserverad gesetzlich vorgeschrieben ist, war ich selber überrascht. Ein Reserverad ist nicht gesetzlich vorgeschrieben. Deshalb braucht ein Reservereifen, den man *freiwillig* im Kofferraum hat, auch nicht in vorschriftsmäßigem Zustand zu sein. Das Reserverad ist für mich eine Lücke im Gesetz. Andererseits muß ich Sie jedoch nachdrücklich davor warnen, diese Lücke zu sehr ausnutzen zu wollen. Wenn Sie nach einer Panne einen Reservereifen ohne Profil oder ohne genügenden Luftdruck aufziehen, müssen Sie Ihr Fahrzeug auf dem *kürzesten* Weg aus dem Verkehr ziehen. Der kleinste Umweg bedeutet für Sie nämlich die Übernahme des vollen Risikos und kann Sie wie andere ins Unglück stürzen.

als Reserverad mitnehmen. Wenn Sie es jedoch im Notfall benutzen, müssen Sie sofort und ohne Umweg zur nächsten Werkstatt fahren. Nur mit einem Reserverad mit ausreichender Profiltiefe dürfen Sie normal weiterfahren.

Im Falle einer Panne oder eines Unfalls muß der nachfolgende Verkehr rechtzeitig gewarnt werden. Stellen Sie daher in 100 Meter Entfernung Ihr Warndreieck auf. Und zwar blitzschnell. Auch wenn Sie am Unfall nicht beteiligt sind. Es ist höchste Eile geboten. Ein Pkw, der 120 km/h fährt, legt 100 Meter in drei Sekunden zurück. Wenig Zeit für den anderen zu reagieren.

Das Warndreieck muß 100 Meter vor der Unfallstelle gut erkennbar aufgestellt werden. Bei Hochgeschwindigkeiten sind die Anhaltewege nämlich sehr lang.

Wenn Sie ein Warndreieck aufstellen, tragen Sie es deutlich sichtbar vor sich her. Ist eine Spur blockiert, bleiben Sie am Warndreieck stehen und warnen Sie den nachfolgenden Verkehr zusätzlich durch Handzeichen.

Austausch von Teilen ist gefährlich

Gehen an einem Fahrzeug alters- oder unfallbedingt Teile kaputt, sollten diese nur durch Original-Ersatzteile erneuert werden. Besonders wichtig ist dies bei neuen Fahrzeugen. Nehmen Sie beliebige Teile aus dem Zubehörhandel, kann es sein, daß Sie Ihre Betriebserlaubnis verlieren.

Als Strafrichter habe ich mich immer wieder wundern müssen, mit welchem Mut manche Kraftfahrer an ihren Kraftfahrzeugen herumbasteln und wesentliche Teile austauschen. Ein großer Teil meiner Angeklagten war allerdings auch auf einen Händler hereingefallen, der ihnen weisgemacht hatte, sie dürften. Fragen Sie bitte den TÜV-Sachverständigen schon, bevor Sie ein Austauschteil kaufen. Fragen Sie ihn erst recht, bevor Sie umbauen. Der Bundesminister für Verkehr hat einen umfangreichen Beispielekatalog erstellt, bei welcher Veränderung von welchen Bauteilen die Betriebserlaubnis erlischt. Trotzdem ist dieser Katalog noch nicht einmal erschöpfend. Ich zähle Ihnen hier ein paar Beispiele auf, die Ihnen sicherlich einleuchten werden. Die Betriebserlaubnis erlischt bei Veränderung von Achsen, Bremsen, Kraftübertragung (zum Beispiel Ritzel am Mofa), Lenker (Sportlenker), Rädern (Rennfelgen), Reifen (soweit nicht in den Papieren zugelassen), Schalldämpfer (Abbau sowie anderer Typ) und so weiter und sofort. Nicht von jeder Regel gibt es eine Ausnahme.
Deshalb wiederhole ich meine Bitte: Fragen Sie vorher.

Wer durch solch unwegsames Gelände muß, sollte dies mit langsamer Fahrt machen. Bodenwellen und Feldwege im Rallye-Stil zu passieren sieht zwar gut aus, kostet aber Material, und Sie können sicher sein, daß irgend etwas kaputtgeht.

Viele Autofahrer ärgern sich über ihre Sitze, die zu unbequem sind, und die Kopfstützen, die sich nicht immer so optimal einstellen lassen wie auf unserem Bild. Kaufen Sie sich aus diesem Grund Schalensitze, die anatomisch geformt sind und die Wirbelsäule entlasten. Viele dieser Sitze dürfen aber nicht einfach eingebaut werden, sondern müssen erst dem TÜV vorgeführt werden. Das gleiche gilt für verschönernden Zierat, wie zum Beispiel schicke Felgen oder Lenkräder. Um keine Strafen oder gar die Stillegung des Fahrzeugs zu riskieren, sollten Sie sich beim TÜV erkundigen, bevor Sie solche Teile einbauen, ob sie für Ihr Auto überhaupt zulässig sind. Wer fragt, kann sich viel Ärger, Zeit und Geld sparen.

Gefahr erhöht – Versicherungsschutz verloren

Mich wundert es immer wieder, wenn ich den jährlichen TÜV-Report lese, wie viele Kraftfahrer versuchen, ihr Fahrzeug mit erheblichen Sicherheitsmängeln durch den TÜV zu bringen. Ich frage mich dann jedes Mal, wieso sie es überhaupt riskiert haben, mit ihrem Kraftfahrzeug noch zu fahren. Alle Vorschriften der Straßenverkehrszulassungsordnung dienen nämlich der technischen Sicherheit des Fahrzeugs und damit auch der Sicherheit des Verkehrs sowie dem Schutz von Leib und Leben anderer. Das bedeutet umgekehrt, daß Fahrer wie Halter bis zur letzten Konsequenz haften, wenn das Fahrzeug vorschriftswidrig und verkehrsunsicher ist. Wer mit abgefahrenen Reifen, mangelhafter Beleuchtung oder defekten Bremsen fährt und dadurch einen Verkehrsunfall verursacht, hat ihn auch verschuldet. Er haftet also strafrechtlich und kann unter Umständen wegen fahrlässiger Körperverletzung oder fahrlässiger Tötung verurteilt

Fahrzeuge, die nicht verkehrssicher oder vorschriftsmäßig ausgerüstet sind, verlieren den Versicherungsschutz. Im Falle eines Unfalls haftet dann der Halter oder der Fahrer für den entstandenen Schaden selbst.

Wer defekte Bremsen hat, haftet für den Unfall persönlich, weil ihm die Versicherung den Versicherungsschutz entziehen wird.

werden. Das leuchtet im Grunde jedem Kraftfahrer ein. Wenige Kraftfahrer aber wissen, daß sie darüber hinaus aber auch ihren Versicherungsschutz verlieren können. Im Gesetz über den Versicherungsvertrag steht als Kehrseite der Straßenverkehrszulassungsordnung, daß man die *Gefahr nicht erhöhen* darf. Wenn man das trotzdem tut, dann kann der Versicherer fristlos kündigen und ist dann grundsätzlich von der Verpflichtung zur Leistung frei. Wer die Gefahr schuldhaft erhöht, muß also den Schaden aus seiner Tasche bezahlen. Einzelbeispiele aus der Rechtsprechung muß ich Ihnen jetzt hoffentlich nicht mehr aufzählen. Wenn es um die Sicherheit geht, wäre ich nicht rechthaberisch, sondern pingelig.

Viele Unfälle hätten verhindert werden können, wären die Fahrzeuge in einem technisch einwandfreien Zustand gewesen. Ob Reifen, Bremsen oder zusätzliche Einbauteile, es gibt technische Vorschriften, die auf jeden Fall beachtet werden müssen.

14. Bei Wind und Wetter durchs

Widrige Witterungsbedingungen wie Eis und Schnee lassen zwar die Unfallzahlen in die Höhe schnellen. Die Schwere der Unfälle nimmt aber ab, weil wir langsamer fahren. Regen und Nebel hingegen werden in ihrer Gefährlichkeit weit unterschätzt. Deshalb haben die Unfälle in diesen Wetterlagen schwere Folgen.

Der Verkehrsminister eines Bundeslandes hat einmal gesagt: *Die Hauptunfallursache ist der Mensch, und diese muß beseitigt werden.* Wir alle wissen, daß es noch andere Unfallursachen gibt, die wir nicht beeinflussen können, wie zum Beispiel das Wetter. 1984 hatten wir noch 10.190 Tote im Straßenverkehr. 1985 waren es etwa 18 Prozent weniger, also weniger als 8400, obwohl die Gesamtzahl der Unfälle gestiegen ist. Das hat meiner Ansicht nach drei Gründe: Nach Einführung des Bußgeldes gurten sich fast alle Kraftfahrer an. Die leidenschaftliche öffentliche Diskussion um ein Tempo-Limit hat manch einen doch veranlaßt, seine Geschwindigkeit zu drosseln. Und nicht zuletzt hatten wir einen langen harten Winter und einen noch längeren verregneten Sommer. Viele Zweiradfahrer und Fußgänger sind daher zu Hause geblieben, und im Winter wurde der Not gehorchend langsamer gefahren. Deshalb gab es zwar mehr Blechschäden, aber weniger Tote und Verletzte.

Schlechtes Wetter – gute Bilanz

Die meisten Autofahrer fühlen sich besonders bei Schnee unsicher. Aus diesem Grund fahren fast alle verhaltener als sonst und riskieren weniger. Kommt es trotzdem zu einem Unfall, gibt es meist nur Blechschaden. Unfälle an gleicher Stelle unter normalen Wetterbedingungen fordern oft Verletzte. Fahren Sie also auch bei gutem Wetter so vorausschauend wie bei schlechtem.

ganze Jahr

Wir alle sind wetterabhängig

Der Soziologe Dieter Ellinghaus hat für die Uniroyal Kraftfahrer befragt, welches Wetter ihnen am gefährlichsten schiene. Die meisten hatten Angst vor Glatteis (85 Prozent) und Nebel (71 Prozent). Dann folgten mit Abstand dichtes Schneetreiben (48 Prozent), starker Regen (27 Prozent). Sturm und Nieselregen hielten nur noch jeder neunte und dreizehnte Kraftfahrer für gefährlich. Nur etwa ein Drittel der Pkw-Fahrer und Motorrad-Fahrer haben noch nie wegen schlechten Wetters eine Fahrt abgebrochen oder gar nicht erst angetreten. Bei den Lkw-Fahrern waren es allerdings mehr: 43 Prozent.

Viele Menschen sind wetterabhängig und ihre körperliche wie seelische Verfassung verschlechtert sich bei bestimmten Wetterlagen. Gleiches gilt für das Autofahren. Fühlen wir uns wegen des Wetters nicht gut, sollten wir auch die Finger möglichst vom Steuer lassen. Fühlen wir uns nicht wohl, verlängert sich die Reaktionszeit.

Schwüle ist schlimmer als Föhn

Neben angepaßter Fahrweise können wir auch technisch einiges gegen schlechte Witterungsbedingungen tun. Im Winter helfen Winterreifen, und bei Regen können wir nur dann ausreichend sehen, wenn die Scheibenwischer gut funktionieren. Vor Beginn des Winters unbedingt die Batterie überprüfen.

Nach den Ergebnissen von Ellinghaus sind die Hälfte der Männer und zwei Drittel der Frauen wetterfühlig. Die Wetterfühligkeit nimmt mit dem Alter zu. 88 Prozent der Befragten sind deshalb zutreffend der Meinung, daß das Wetter unser Fahrverhalten beeinträchtigen kann. Feuchtwarmes, schwüles Wetter wird am schlimmsten empfunden. Dann folgen naßkaltes Wetter und dann erst der Föhn. Feuchte Schwüle macht uns gereizt und verlangsamt unsere Reaktion um etwa 0,3 bis 0,4 Sekunden. Das bedeutet, daß unser Anhalteweg bei 54 km/h und einer Notbremsung von 30 auf 36 Meter anwächst, also um ein Fünftel länger wird.

Einsetzender Regen ist besonders gefährlich, da wir nicht sofort realisieren, daß sich die Reifenhaftung verschlechtert.

Auf Sonne folgt Regen

Bei schlechter Sicht, egal ob durch Regen oder andere Witterungsbedingungen, müssen die Scheinwerfer eingeschaltet werden, und das Tempo muß herabgesetzt werden. Besonders bei Nieselregen bildet sich auf der Fahrbahn »Schmierseife«, und unser Bremsweg verlängert sich erheblich.

Alle haben Angst vor Aquaplaning, obwohl Unfälle durch *vollständiges Aufschwimmen der gesamten Reifenlauffläche auf einem geschlossenen Wasserfilm* in der Statistik nur eine untergeordnete Rolle spielen. Die Gefahr bei Nieselregen und bei beginnendem Regen wird hingegen unterschätzt. Den Kraftfahrern sind auch die komplizierten physikalischen Vorgänge, von denen ihre Sicherheit abhängt, weitgehend unbekannt. So wissen die wenigsten, daß zur Hälfte, also auf vier Millimeter abgefahrene Reifen, schon gefährlich sein können. Vielleicht liegt das daran, daß im Gesetz nur eine Mindestprofiltiefe von einem Millimeter vorgeschrieben ist. Vielleicht vertrauen die Kraftfahrer aber auch zu sehr ihren *Renn-Regen-Reifen.* Bei mir in Köln verdoppelt sich die Zahl der täglichen Unfälle, wenn es zu regnen beginnt. Das ist anderswo genauso. Den Kraftfahrern fehlt nämlich eine realistische Vorstellung, wie sehr sie ihre Geschwindigkeit drosseln müssen, um sie den verschlechterten Bremsbedingungen anzupassen. Die Mehrheit der von Ellinghaus Befragten stimmt einer allgemeinen Geschwindigkeitsbegrenzung bei Nässe auf Autobahnen zu. Von den jüngeren Kraftfahrern lehnt aber ein Drittel jede Begrenzung ab.

Besonders auf Landstraßen mit schlechtem Fahrbahnbelag sammelt sich Regenwasser. Reifen schwimmen auf solchen Lachen besonders schnell. Weil unsere Reifen nun verschiedene Bodenhaftung haben, gerät unser Fahrzeug von der Bahn. Deshalb besser die Geschwindigkeit korrigieren.

Tempo 80 – Bei Nässe

Insgesamt ist die Zahl derer, die jede Tempo-Regelung bei Nässe ablehnen, um 38 Prozent höher als die Zahl derer, die Begrenzungen auf 80 km/h oder sogar darunter akzeptieren. 42 Prozent befürworten Geschwindigkeitsbegrenzungen erst ab 100 bis über 130 km/h. Meiner Ansicht nach sind das zu viele. Ich gehe davon aus, daß Ihre Reifen tadellos sind, also mindestens fünf Millimeter Profil aufweisen, und daß Ihre Bremsen optimal verzögern können. Selbst dann müssen Sie damit rechnen, daß Sie nur die Hälfte Ihrer normalen Bremskraft auf die Straße bringen können, so daß sich der reine Bremsweg Ihres Fahrzeuges auf das Doppelte verlängert.

Bei 130 km/h beträgt diese Verlängerung etwas über 81 Meter, bei 80 km/h immer noch rund 31 Meter und bei 60 km/h immer noch über 17 Meter. Ich bin heute noch davon beeindruckt, was mir der Testfahrer eines bekannten Reifenherstellers auf der Teststrecke antwortete, als ich ihn fragte, wie schnell er selbst bei Platzregen mit diesen Reifen fahren würde. Er drehte sich erst um, um sich zu vergewissern, daß wir alleine waren, und dann sagte er: *Höchstens 40.* Er wußte es genau. Das Zusatzschild *Bei Nässe* setzt die Geschwindigkeitsbegrenzung in Kraft, wenn die Fahrbahn nicht nur stellenweise, sondern insgesamt einen Wasserfilm aufweist, so daß Struktureinzelheiten der Oberfläche nicht mehr erkennbar sind. Daß Sie bei Platzregen nicht unter einer Autobahnbrücke Schutz suchen dürfen, wissen Sie bestimmt. Dort herrscht nämlich absolutes Halteverbot.

Bei starkem Regen ist es besonders wichtig, Reifen mit ausreichendem Profil zu haben. Nur dann können Sie auch unter so widrigen Bedingungen noch einigermaßen bremsen. Aber selbst mit optimalen Reifen vergrößert sich der Bremsweg um etliche Meter. Bei starkem Regen darum runter vom Gas. Regen ist praktisch gefährlicher als Schnee, weil wir ihn zu sehr unterschätzen.

Fahrbahnen, die halb verschneit und halb schneefrei sind, sind besonders gefährlich. Fahren wir mit zwei Rädern im Schnee und mit den anderen auf Asphalt, bricht das Fahrzeug bei einer Bremsung aus.

Böiger Wind

Seitenwind gehört bei den Autofahrern zu den unterschätzten Gefahren im Straßenverkehr. Besonders die in unserer Zeit so aerodynamisch geformten Fahrzeuge werden von Seitenwinden stark gebeutelt.

Auf großen Autobahnbrücken kann der Wind ungehindert die Fahrzeuge ergreifen. Da auf Autobahnen auch schnell gefahren wird, kann ein starker Windstoß ein Auto mehrere Meter beiseite drücken. Besonders gefährdete Stellen werden manchmal mit Verkehrsschildern angekündigt. Leider ignorieren viele Autofahrer diese Verkehrszeichen und setzen ihre Fahrt mit unverminderter Geschwindigkeit fort. Wird das Auto dann von einer Böe erwischt, erschrecken sich die meisten auch noch. Die Reaktion kommt dann meist zu spät und zu heftig, und schon kommt es zu einem Unfall.

Windstärke zehn bedeutet nach der Skala von Beaufort nur rund 100 km/h Windgeschwindigkeit. Böen, das sind plötzliche Windstöße, können aber schon bei wesentlich niedrigeren Windstärken auftreten und Spitzengeschwindigkeiten bis zu 200 km/h und darüber erreichen. Waldschneisen wirken wie Düsen. Sie erhöhen die Windgeschwindigkeit schlagartig. Auch Brücken sind besonders dem Wind ausgesetzt. Das sind aber nicht die einzigen Gefahrenpunkte. In der Nennung der Kraftfahrer rangieren Sturm und Böen mit elf Prozent an siebter Stelle der wetterbedingten Unfallgefahren. Andererseits sind aber nach Ellinghaus drei Viertel der Kraftfahrer der Ansicht, daß die Windgefahr *von anderen* unterschätzt wird, während sie selbst die Zuversicht haben, der Gefahr von Seitenwind jederzeit durch Gegenlenken begegnen zu können. Dabei berücksichtigen sie aber nicht, daß ein plötzlicher Windstoß den Fahrer überrascht und erschreckt. Wer sich erschreckt, reagiert aber zu spät und oft auch falsch, indem er zum Beispiel das Steuer verreißt. Seitenwindunfälle sind zwar selten, von den Folgen her zählen sie aber zu den schwersten Unfällen. Die wirtschaftlichen Unfallkosten sind etwa anderthalbmal so hoch wie bei Nebelunfällen. Kein Kraftfahrer weiß auch genau, wie seitenwindempfindlich sein Fahrzeug ist. Fragen Sie ruhig einmal Ihren Hersteller. Wie Ihr Fahrzeug auf Böen reagiert, wird er Ihnen wahrscheinlich nicht mitteilen können, weil seine Testanlage nur konstante Windgeschwindigkeiten mißt. Wußten Sie schon, daß ein Wind mit 72 km/h Geschwindigkeit Sie bei Tempo 100 um einen Meter aus der Bahn drängt und bei Tempo 140 bereits um vier Meter? Es gibt Experten, die ausgerechnet haben, daß Fahrgeschwindigkeiten unter 80 km/h in der Regel auch bei Windböen keine Schwierigkeiten bieten. Ich hoffe, Sie schließen sich dieser Empfehlung an.

Nebel macht Angst

Angst vor dichtem Nebel ist immer angebracht. Auch wenn die Strecke bekannt ist, fahren wir ins Ungewisse hinein. Hindernisse tauchen plötzlich und unvermutet auf. Bei dichtem Nebel sind alle Sinnesorgane bis aufs äußerste angespannt. Machen Sie darum das Fenster auf. Damit Sie das hören, was Sie nicht sehen können.

Nebel vermindert die Sichtweite und erhöht das Unfallrisiko drastisch. Massenkarambolagen sind keine Seltenheit, wenn wir unsere Geschwindigkeit nicht verringern und den Sicherheitsabstand nicht vergrößern.

Regelmäßig im Herbst werden Schreckensbilder von Massenkarambolagen von den Medien verbreitet, obwohl zum Beispiel im Jahre 1982 der Januar die meisten Nebeltage aufwies. Die Hauptnebelzeit ist von September bis März. Durchschnittlich müssen wir pro Jahr mit zehn bis fünfzehn Nebeltagen rechnen, bei denen die Sichtweite unter 200 bis 250 Metern liegt. Dichter Nebel ist also relativ selten. Andererseits erhöht Nebel das Unfallrisiko drastisch. In Nebelunfälle sind überdurchschnittlich viele Fahrzeuge verwickelt. Die Zahl der Unfälle, an denen vier und mehr Fahrzeuge beteiligt sind, ist bei Nebel vier- bis fünfmal so hoch wie bei anderen Wetterverhältnissen. Massenkarambolagen mit neun und mehr Fahrzeugen treten

Nicht am Schlußlicht kleben

bei Nebel über dreißigmal häufiger auf als bei anderem Wetter. In diesem Zusammenhang ist es auffällig, daß Lkw-Fahrer weniger Angst vor Nebel haben als Pkw-Fahrer. Pkw-Fahrer nannten Nebel viermal sooft als Grund nicht zu fahren wie Lkw-Fahrer. Offenbar haben Lkw-Fahrer weniger Angst. Insgesamt haben aber die Kraftfahrer zu 86 Prozent Angst, daß sie selber auf einen anderen auffahren oder daß andere auf sie auffahren. Bezeichnenderweise haben Männer mehr Angst, daß andere auf ihr Fahrzeug auffahren als Frauen. Männer fühlen sich der Nebelgefahr besser gewachsen als Frauen. Deshalb verlagern sie die Schuld für einen Nebelauffahrunfall mehr auf die anderen. Insgesamt sind die Kraftfahrer aber offenbar nicht imstande, ihre Angst vor Nebel in angepaßte Fahrweise umzusetzen. 71 Prozent der von Ellinghaus Befragten halten es nämlich für richtig, am Rücklicht des Vordermannes zu kleben. Dadurch unterschreiten sie aber den Sicherheitsabstand. Vier von zehn fahren auf einer Landstraße direkt am Mittelstreifen. Dadurch erhöht sich naturgemäß die Gefahr von Frontalzusammenstößen. 81 Prozent wissen nicht, daß man die Armaturenbeleuchtung ausschalten soll, um die Sicht zu verbessern. Und 57 Prozent glauben nicht, daß es sinnvoll ist, das Seitenfenster zu öffnen, um besser hören zu können. Meiner Meinung nach ist gerade bei Nebel das Gebot, auf Sicht zu fahren, besonders wichtig. Denken Sie bitte auch daran, daß Nebel auch Nässe ist. Am besten verdoppeln Sie Ihren normalen Sicherheitsabstand oder fahren auf *halbe Sicht.* Bei Sichtweiten von 100, 75, 50, 25 Metern ergibt sich dann eine angepaßte Geschwindigkeit von 75, 62, 47 und 29 km/h. Bei der Entfernungsschätzung helfen Ihnen die Leitpfähle. Sie stehen auf der Landstraße im Abstand von 25 Metern und auf der Autobahn im Abstand von 50 Metern.

Mindestens genauso wichtig wie zu sehen, ist es, gesehen zu werden. Dies gilt besonders bei Nebel. Bei Sichtweiten unter 150 Meter müssen wir auch am Tage das Abblendlicht einschalten. Nebelschlußleuchten sind nur bei dichtem Nebel erlaubt, wenn die Sichtweite unter 50 Meter gesunken ist.

Wer so nah auffährt, gefährdet sich und andere. Dies gilt schon bei gutem Wetter. Noch gefährlicher ist es, sich bei Nebel an den Vordermann zu hängen. Er sieht auch nicht mehr als wir, und wenn wir an seinem Schlußlicht kleben, besteht die Gefahr, daß wir auffahren, wenn er bremsen muß.

Alle Kraftfahrer haben Angst vor Nebel, Lkw-Fahrer allerdings nicht so sehr wie Pkw-Fahrer. Sie sind aber nicht imstande, ihre Angst in angepaßte Fahrweise umzusetzen. Es besteht weitgehend Unklarheit darüber, wie man sich bei Nebel verhalten muß. Für mich ist das wichtigste Gebot bei Nebel das Sichtfahrgebot.

Licht an bei Nebel

Wenn Nebel die Sicht *erheblich* beeinträchtigt, also etwa bei Sichtweiten unter 150 Metern, dann *müssen* Sie auch am Tage mit Abblendlicht fahren und *dürfen* die Nebelscheinwerfer einschalten. Diese dürfen auch zusammen mit Standlicht benutzt werden, an Motorrädern auch für sich alleine. Nebel*schluß*leuchten dürfen nur benutzt werden, wenn die Sichtweite unter 50 Meter gesunken ist. Betätigen Sie bitte auch den Scheibenwischer und die Waschanlage. Nebel setzt sich nämlich als Film auf die Scheibe und behindert die Sicht zusätzlich. Und bitte überholen Sie nicht. Auch nicht auf Autobahnen, etwa um dem Vordermann Gelegenheit zu geben, sich von der Anstrengung des Vorausfahrens zu erholen. Ein Fünftel der Kraftfahrer meint, man müsse am äußersten rechten Fahrbahnrand fahren. Ein anderes Fünftel meint, das sei falsch. Auch die Gelehrten streiten sich, inwieweit bei Nebel das Rechtsfahrgebot gilt. Mein Rat: Wählen Sie den goldenen Mittelweg.

Bei Nebel und schlechter Sicht ist es auch wichtig, gut gesehen zu werden. Vor einer Fahrt bei schlechtem Wetter daher immer die Beleuchtungseinheiten reinigen und alle Birnen auf ihre Funktion überprüfen. Intaktes Licht kann helfen, Menschenleben zu retten.

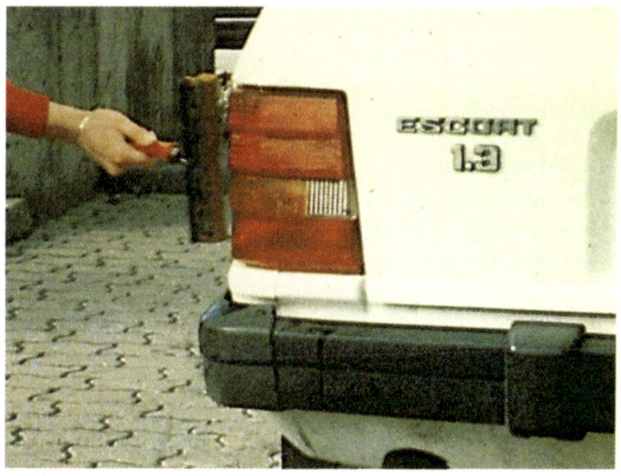

In dieser Waschküche fahren alle Schritt. Leider wird dabei der Sicherheitsabstand unterschritten. Besonders Lkws haben längere Bremswege. Und größere Masse bedeutet größere Aufprallwucht.

Abstand hinter Baustellenfahrzeugen

Tagesbaustellen befinden sich oft auch an unübersichtlichen Stellen. Dies ist mit ein Grund dafür, daß wir nur so schnell fahren dürfen wie es unsere Sicht erlaubt. Damit wir ein Hindernis rechtzeitig erkennen und uns darauf einstellen können.

Auf Autobahnen kündigen Fahrzeuge mit einer rot-weiß-schraffierten Sperrtafel eine Baustelle an. Wer rechtzeitig seine Geschwindigkeit vermindert und sich einordnet, sorgt für einen reibungslosen Verkehrsablauf.

Nutzfahrzeuge, die Bauschutt oder Baumaterialien transportieren, sind gefährlicher als andere. Es besteht immer die Gefahr, daß Steine herunterfallen oder hochgeschleudert werden. Deshalb genügend Abstand halten.

Im Sommer ist auf dem Bau Hochkonjunktur. Deshalb müssen Sie im Sommer besonders oft mit Baustellenfahrzeugen rechnen. Vor Ihnen fährt ein Fahrzeug. Ein Steinchen wird hochgeschleudert und beschädigt oder zertrümmert Ihre Windschutzscheibe. Bekommen Sie Schadensersatz? Die Frage ist leichter gestellt als beantwortet. Die Rechtsprechung ist nämlich uneinheitlich. Ein großer Teil der Rechtsprechung ist der Auffassung, es sei für einen Kraftfahrer ein *unabwendbares Ereignis,* wenn das Fahrzeug einen Stein hochschleudere. Der denkbar beste Fahrer könne daran nichts ändern. Deshalb hafte er auch nicht. Ich persönlich bin mit der anderen Hälfte der Rechtsprechung etwas anderer Meinung. Mir ist nämlich aufgefallen, daß die Rechtsprechung sich fast ausschließlich mit Baustellenfahrzeugen auseinanderzusetzen hat. Baustellenfahrzeuge sind aber nach der Lebenserfahrung besonders betriebsgefährlich. Bei ihnen kann sich immer ein Stein

Rutschgefahr durch Schmutz und Lehm

im Profil oder zwischen den Reifen verklemmen. Der denkbar beste Fahrer würde also sein Fahrzeug gründlich untersuchen, bevor er die Baustelle verläßt. Andererseits muß ein anderer Kraftfahrer natürlich auch damit rechnen, daß gerade Baustellenfahrzeuge Steine hochschleudern können. Deshalb mein Rat: Auf schlechten Wegen oder hinter Baustellenfahrzeugen großen Abstand halten, damit es gar nicht erst zu einem Prozeß kommt. Denn auch bei mir bekämen Sie nur die Hälfte Ihres Schadens ersetzt.

Baustellenfahrzeuge verlieren oftmals Dreck. Es ist zwar verboten, die Straße zu verschmutzen. Der Verantwortliche muß den Schmutz oder Lehm unverzüglich beseitigen, damit der übrige Verkehr nicht gefährdet wird. Lkw-Fahrer bemerken es aber oft nicht, wenn sie etwas Bauschutt verlieren. Rechnen Sie daher in der Nähe von Baustellen wie auch von Äckern immer mit verschmutzter Fahrbahn. Geraten Sie in einer Kurve auf Geröll oder Schlamm, ist ein Unfall vorprogrammiert. Das Fahrzeug rutscht zum Kurvenaußenrand . . .

. . . gerät unkontrolliert in den Graben, wenn nicht in den Gegenverkehr . . .

An Ampeln, die den Verkehr an Baustellen oder Engpässen regeln, müssen wir trotz Grün oft mit Nachzüglern rechnen. Baustellenampeln haben nicht den hohen Sicherheitsstandard wie Ampeln an Kreuzungen mit Querverkehr. Deshalb auch bei Grün auf Sicht fahren.

. . . und überschlägt sich schließlich. Wer für den entstandenen Schaden haftbar ist, bleibt meist ungeklärt. Wenn Sie nicht nachweisen können, welches Fahrzeug welcher Firma die Straße verschmutzt hat, müssen Sie den Schaden selber zahlen oder Ihre Kaskoversicherung in Anspruch nehmen. Die kann aber unter Umständen überhöhte Geschwindigkeit und deshalb grobe Fahrlässigkeit einwenden und braucht dann nicht zu bezahlen.

Herbstmanöver . . .

Panzer im Manöver kommen meist aus dem Gelände und sind getarnt. Weil Sie nachts meist mit Tarnlicht fahren, kann es leicht passieren, daß ein solcher Panzer übersehen wird. Darum besondere Vorsicht in Manövergebieten. Ein Panzer ist immer stärker.

Meist am Ende des Sommers ziehen unsere Soldaten zusammen mit unseren Verbündeten aus der NATO ins Manöver. Truppenfahrzeuge fahren meistens in einer Kolonne. Ein geschlossener Verband wird rechtlich wie *ein* Fahrzeug behandelt. Deshalb hält die übrige Kolonne an einer Ampel bei Rot nicht an, wenn das erste Fahrzeug noch bei Grün in die Kreuzung eingefahren ist. Auch auf die Autobahn fährt die Kolonne geschlossen ein, wobei sie meist durch Polizei oder Feldjäger abgeschirmt wird. Wenn die Überholspur frei ist, bitte auf diese überwechseln. Sie selbst dürfen die Kolonne nicht unterbrechen. Das heißt, sie dürfen sich nicht in zu enge Abstände der Fahrzeuge hineinquetschen. Andererseits muß ein geschlossener Verband in angemessenen Abständen Zwischenräume lassen. Dennoch empfehle ich höchste Vorsicht beim Überholen. Auf Landstraßen fährt die Kolonne nur 40 km/h. Sie müssen deshalb

kräftig bremsen, wenn Sie einscheren. Besondere Vorsicht ist gegenüber Panzern geboten. Bei Notbremsungen können diese schneller zum Stehen kommen als ein Pkw. Deshalb müssen Sie den Sicherheitsabstand vergrößern. Panzer sind auch breiter. Deshalb brauchen sie insbesondere in Kurven mehr als eine Straßenhälfte Platz. Daher fahren Sie selbst besser rechts ran, um sie vorbeizulassen. Nachts fahren Militärfahrzeuge oft nur mit Tarnbeleuchtung. Liegengebliebene Fahrzeuge werden oft auch nicht genügend abgesichert. Deshalb noch mehr auf Sicht fahren als sonst. Wo die jährlichen Manöver stattfinden, erfahren Sie durch den ADAC oder durch Ihre Tageszeitung.

Sind Panzer in der Nähe, ist besondere Vorsicht geboten, da die Fahrer nur wenig sehen. An einer Einmündung daher lieber warten und die Kolonne vorbeilassen. Auch nie so nah auffahren. Panzer haben extrem kurze Bremswege.

Während der Herbstmanöver muß in militärischen Übungsgebieten mit stärkerer Behinderung gerechnet werden. Bundeswehrkolonnen machen von dem gesetzlichen Kolonnenvorrecht Gebrauch. Rechtlich zählt eine Kolonne wie ein einziges Fahrzeug. Kolonnen fahren sehr langsam und verdrecken die Fahrbahn, da sie aus dem Gelände kommen. Darum besondere Vorsicht beim Überholen. Wer einen Panzer überholen will, sollte dies keinesfalls auf der rechten Fahrbahn tun. Es ist nicht nur verboten, sondern auch gefährlich. Ich würde immer ein Handzeichen der Besatzung abwarten.

... und Herbstlaub

Ein bunter Herbstwald ist ein schöner Anblick. Wenn die Blätter aber von den Bäumen fallen, bilden sie eine glitschige Masse auf der Fahrbahn, die unseren Bremsweg erheblich verlängert.

Vorsicht Glatteis

Glatteis wird von den Autofahrern am meisten gefürchtet. Auch die besten Reifen greifen kaum noch, wenn der Untergrund vereist ist. Schneeketten, ein Antiblockiersystem und vor allem niedrige Geschwindigkeiten sind die beste Vorsorge gegen einen Unfall, wenn Sie es nicht vorziehen, zur Abwechslung einmal mit der Eisenbahn oder Straßenbahn zu fahren.

Hinter Räumfahrzeugen bilden sich oft lange Staus. Achten Sie noch mehr als sonst auf den Sicherheitsabstand. Zur eigenen Sicherheit sollten Sie diese Räumfahrzeuge nicht überholen. Schneepflüge fahren meist hintereinander versetzt, um die Fahrbahn möglichst in einem Durchgang zu säubern. Wenn Sie trotzdem überholen, fahren Sie zur Hälfte auf der geräumten und zur Hälfte auf der nichtgeräumten Fahrbahn. Dadurch besteht die Gefahr, daß Ihr Fahrzeug aus der Spur gerät. Auch ist ein großer Abstand zu diesen Fahrzeugen angebracht, wenn sie gleichzeitig Splitt streuen. Werden Splitteilchen gegen Ihr Auto geschleudert, gibt es Lackschäden. Die dürfen Sie dann selbst bezahlen.

Null Salz

Zwar wissen die Kraftfahrer konkret, an welchen Stellen Glatteis plötzlich auftauchen kann: in Flußtälern, auf Brücken, an Tunnelausgängen und in Waldgebieten, besonders an Schneisen. Dennoch meint fast die Hälfte der von Ellinghaus befragten Kraftfahrer, man könne im voraus nie genau wissen, wo Glatteis auftreten kann. Sie haben deshalb große Angst, ins Schleudern zu geraten. Glatteis fürchten die Kraftfahrer am meisten von allen schlechten Wetterbedingungen. Glatteis ist deshalb der am häufigsten genannte Grund, warum eine Fahrt abgebrochen oder gar nicht erst angetreten wurde. Nach Ellinghaus fühlen sich die Kraftfahrer bei Glatteis auch von der Technik im Stich gelassen, seitdem es keine Spikes-Reifen mehr gibt. Am gefährlichsten ist Eis mit Temperaturen nahe null Grad. Wenn Sie mich fragen: Schneeketten sind besser als gar nichts. Und auch natürlich ein Antiblockiersystem, das das Blockieren der Räder verhindert und dadurch besseres Bremsen ermöglicht. Das beste Gegenmittel gegen Glatteis sind aber geringe Geschwindigkeiten. Wenn Ihre Bremsverzögerung sich bei Glatteis auf ein Achtel herabmindert, wird Ihr Bremsweg entsprechend achtmal so lang wie auf einer trockenen Fahrbahn. Die Bremsstrecke wächst also bei 50 km/h von 12 auf 96 Meter, bei 30 km/h von 4,3 auf 35 Meter und bei 25 km/h von 3 auf 24 Meter. Hinzu kommt noch der jeweilige Reaktionsweg von 13,89 bzw. 8,33 und knapp 7 Metern.

Aus Gründen des Umweltschutzes wird das altbewährte Streusalz heute ebenfalls nur noch höchst sparsam verwendet. Besonders für ältere Fußgänger besteht daher erhöhte Sturzgefahr. Deshalb würde ich mir Spikes unter die Schuhe binden. Vielfach wird das Streusalz auch gänzlich durch Splitt ersetzt. Deshalb müssen Sie als Kraftfahrer damit rechnen, daß Steinchen hochgeschleudert werden und den Lack Ihres Fahrzeugs beschädigen.

Nicht nur Autofahrer, auch Fußgänger haben mit Glatteis zu kämpfen. Müssen die Fußgänger eine vereiste Fahrbahn überqueren, kann es leicht zum Sturz kommen. Sie sollten daher die Fahrbahn nur überqueren, wenn diese absolut frei ist. Besteht für Sie Rutschgefahr, müssen Sie damit rechnen, daß auch ein Autofahrer nicht rechtzeitig bremsen kann. Die Fahrbahnen werden übrigens von der Gemeinde geräumt und gestreut. Die Fußwege müssen von den Anwohnern eisfrei gehalten werden. Wer nach dem Mietvertrag oder als Hausbesitzer streupflichtig ist, haftet für einen Unfall, wenn er seine Verkehrssicherungspflichten verletzt. Sicher sind Sie privathaftpflichtversichert.

Ist eine Spur freigefahren oder geräumt, und die andere nicht, ist das Überholen höchst riskant. Wenn Sie auf Schnee oder Eis plötzlich beschleunigen, bricht Ihr Fahrzeug sofort aus und wird unkontrollierbar.

Dichtes Schneegestöber

Wer in dichtes Schneetreiben gerät, hat nahezu die gleichen schlechten Sichtbedingungen wie bei Nebel. Durch den glatteren Untergrund ist die Rutschgefahr jedoch um ein Vielfaches erhöht. Das wird von den Kraftfahrern nicht richtig erkannt. Deshalb passen Sie Ihre Fahrweise an. Das hat zur Folge, daß die Schwere der Unfälle abnimmt, auch wenn ihre Zahl steigt.

Oft behindern neben dem Schneetreiben auch noch Schneewälle die Sicht. In Einmündungen und Kreuzungen daher nur höchst vorsichtig eintasten, da auch der Querverkehr nichts sieht. Eine Vorfahrtverletzung führt mit größter Wahrscheinlichkeit zu einem Unfall.

Schnee rangiert in der wahrgenommenen Gefährlichkeit der Kraftfahrer auf Platz drei. Schnee ist glatt und behindert die Sicht. Im Grunde gilt also bei Schnee das gleiche wie bei Nebel und Regen. Ich persönlich habe aber für Schnee mehr Sympathie. Nicht nur, weil eine Schneelandschaft ästhetisch schöner aussieht, sondern auch, weil die Angst der Kraftfahrer vor Schnee dazu führt, daß sie ihr Fahrverhalten ändern. Das wirkt sich positiv auf die Unfallschwere aus. Der Nutzen von Winterreifen wird von den Kraftfahrern kontrovers beurteilt. Das ist auch gut so, weil Winterreifen einen Kompromiß der Hersteller darstellen. Sie sind also nicht allen unterschiedlichen Winteranforderungen in gleichem Maße gewachsen. Daß Sie mit Schneeketten auf Autobahnen nur 50 km/h fahren dürfen, wissen Sie ganz bestimmt. Sie wissen sicher auch, daß Sie sich Schneeketten, wenn Sie sie nur für einen Winterurlaub benötigen, beim ADAC ausleihen können.

Eisplatten lauern auch auf geräumten Fahrbahnen. Besonders in Waldgebieten müssen Sie als Autofahrer damit rechnen. Wenn Sie zu schnell in die Kurve gehen, haben Sie kaum eine Möglichkeit, Ihr Fahrzeug auf der Fahrbahn zu halten.

Achtung Dachlawine

Tauwetter ist Dachlawinenwetter. Setzen Sie also bitte Ihr Auto nicht so unter ein Dach, daß Schneemassen und Eiszapfen drauffallen können. Den Schaden haben Sie dann nämlich unter Umständen selbst verschuldet. Was Hausbesitzer tun müssen, um ihrer Verkehrssicherungspflicht zu genügen, ist regional verschieden. Es hängt von den verschiedenen Landesgesetzen ab.

Wenn bei einsetzendem Tauwetter eine Dachlawine auf das Auto stürzt, bekommt der Kraftfahrer nur sehr selten Schadenersatz. Einig ist sich die Rechtsprechung nur, wenn der Kraftfahrer zum Beispiel vor einem Hotel einen Parkplatz angewiesen bekam. Sonst muß der Kraftfahrer ein Verschulden des Hausbesitzers nachweisen. Welche Hausbesitzer an welchen Dächern Schneefanggitter anbringen müssen, ist von Bundesland zu Bundesland in den Bauordnungen verschieden geregelt. Außergewöhnliche Schneefälle können weitere Maßnahmen des Hausbesitzers erforderlich machen. Das sind zum Beispiel: Das Aufstellen von Warntafeln, das Sperren des Gehwegs und sogar der Fahrbahn. Welche Maßnahmen aber konkret notwendig sind, ist nirgendwo einheitlich geregelt. Mein Rat ist daher: Wer die Gefahr erkennt, sollte sie gar nicht erst aufsuchen.

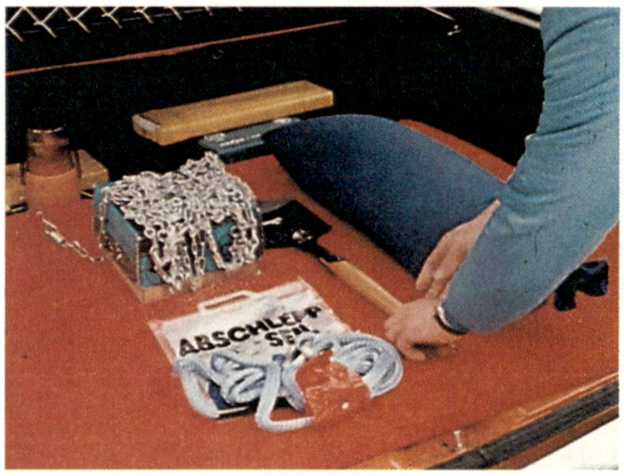

Um sicher durch den Winter zu kommen, rechtzeitig die Schneeketten anlegen. Vor dem Start am Morgen müssen die Scheiben freigekratzt werden. Damit die Scheibenwischer nicht festfrieren, nachts Pappe zwischen Scheibe und Wischer klemmen. Zur Winterausrüstung gehören Ketten, ein Abschleppseil, ein Spaten und für alle Fälle ein Sandsack.

Ein Ausweichmanöver im Winter kann einigermaßen gut gehen, wenn genügend Schnee am Fahrbahnrand liegt. Ehe wir es zu einem Zusammenstoß mit einem anderen Verkehrsteilnehmer kommen lassen, bedeutet eine Schneewand das kleinere Übel. Besser ein Blechschaden als ein schwerer Unfall.

15. In den Urlaub und

Lange Autofahrten ermüden den Kraftfahrer. Insbesondere an Engpässen, Baustellen und anderen Gefahrenstellen, die vom Autofahrer alle Konzentration abverlangen, kann die Unfallhäufigkeit durch Übermüdung ansteigen. Ihre Pausen müssen Sie nicht unbedingt auf einem der ausgewiesenen Rastplätze am Autobahnrand einlegen. Es kann auch eine reizvolle Landschaft sein, die einen Autofahrer einlädt, die Autobahn zu verlassen, um sich von der anstrengenden Fahrt zu erholen und abzuschalten.

Ferien-Transportmittel Nummer Eins – das Auto

Über die Hälfte der Bundesbürger macht jedes Jahr wenigstens einmal Urlaub. Mehr als elf Millionen Reisende bleiben im Inland. Knapp 21 Millionen fahren ins Ausland. An der Spitze liegt Italien. Dann folgen Spanien, Österreich, Frankreich und Jugoslawien. Rund 19 Millionen Ferienreisen werden im Auto absolviert. Mehr als 35.000 Autos werden pro Jahr in Auffahrunfälle verwickelt. Mehr als die Hälfte davon in der Urlaubszeit. Für rund 50.000 Personen endet damit die Urlaubsreise, bevor sie richtig begonnen hat.

Ob im Winter- oder Sommerurlaub, fast jeder hat sperrige Güter, die er unbedingt mitnehmen möchte. Für solche Dinge – meist handelt es sich um Sportartikel wie Skier oder Surfbretter – gibt es für jedes Fahrzeug spezielle Dachträger. Egal ob Ski oder Surfbrett, im Auto selbst hat weder das eine noch das andere etwas zu suchen. Müssen Sie nämlich stark bremsen oder sind Sie in einen Unfall verwickelt, können diese Dinge wie Geschosse wirken und zu schweren Verletzungen führen. Zudem nehmen sie soviel Platz weg, daß die Sicht beschränkt wird und niemand mehr bequem und sicher sitzen kann.

ins Wochenende

Nicht nur der Fahrer, auch der Beifahrer sollte sich auf eine längere Fahrt vorbereiten. Hat er das richtige Kartenmaterial zur Hand und die Reiseroute darauf eingezeichnet, kann er dem Fahrer auch bei schwierigen Situationen sofort weiterhelfen.

Gut geplant ist halb gefahren

Ihren Urlaub haben Sie sicher rechtzeitig gebucht. Ich hoffe auch, Sie müssen nicht gerade an einem der heißen Wochenenden fahren, wenn in mehreren Bundesländern oder in benachbarten EG-Ländern gleichzeitig die Ferien beginnen. Informationen darüber erhalten Sie jährlich beim ADAC sowie beim Bundesminister für Verkehr. Wenn Sie es sich leisten können, fahren Sie am Sonntagnachmittag oder noch besser am Dienstag oder Mittwoch. Das sind die günstigsten Reisetage. Die schlechtesten Reisetage sind freitags und samstags. Die Strecke will auch geplant sein, besonders dann, wenn Sie sie noch nicht kennen. Der ADAC empfiehlt, die Autobahn-Nummern mit den Kreuzen auf ein Zettelchen zu schreiben. Sie haben dann eine bessere Orientierung. So kommen Sie auch nicht in Versuchung, vor Wegweisern abzubremsen. Das ist auf der Autobahn immer gefährlich. Am besten lassen Sie sich von Ihrem Automobil-Club ein Tourenpaket zusammenstellen. Sie erhalten die notwendigen Karten und Informationen, angefangen von der besten Fahrstrecke über die wichtigsten Formalitäten am Zoll bis hin zu den Verkehrsregeln und Ausflugszielen in Ihrem Urlaubsland.

Probleme mit der Orientierung gibt es hauptsächlich in fremden Großstädten. Daher sollte man das Auto an einer markanten Stelle parken und die Stadt mit dem Stadtplan in der Hand zu Fuß erkunden.

Nichts vergessen?

Wenn einer eine Reise tut, dann kann er was erzählen. Damit Sie nur positive Dinge berichten können, sollten wichtige Dinge rechtzeitig geplant und vorbereitet werden. Ein abgelaufener Reisepaß kann unter Umständen nach einigen hundert Kilometern den Urlaub an der Landesgrenze zunichte machen und Ihre Urlaubsfreude verderben.

Ich persönlich habe seit Jahren eine Check-Liste. Die krame ich vor jedem Urlaub hervor, um sie dann nach jedem Urlaub zu ergänzen oder abzuändern. Das spart mir Zeit bei der Urlaubs-Planung. Auf der Liste steht alles, was ich für Freizeit und Hobby mitnehmen möchte und ansonsten unbedingt mitnehmen muß. Hier ein paar Fragen: Wann läuft Ihr Paß oder Personalausweis ab? Drei Tage vor dem Urlaub bekommen Sie ihn nicht mehr verlängert. Besser also zwei Monate vor Urlaubsbeginn die Verlängerung beantragen. Über eine Million deutscher Autofahrer bekommen an der Grenze Schwierigkeiten, weil ihre Papiere nicht in Ordnung sind. Ist für das Land, das Sie besuchen wollen, ein Visum nötig und für Sie oder Ihr Tier eine Impfung? Sind Sie fürs Ausland ausreichend versichert? Haben Sie die grüne Versicherungskarte? Haben Sie insbesondere Auslands-Krankenschutz? Haben Sie eine zeitlich begrenzte Vollkasko-Versicherung? Im Ausland gilt anderes Recht. Und Schadenersatz ist oft schwer, wenn nicht, gar nicht zu erlangen. Nicht in jedem Land gibt es eine Kfz-Pflichtversicherung. Ich persönlich fühle mich ohne Schutzbrief schutzlos. Vergessen Sie auch nicht Ihr D-Schild. Ist Ihr Fahrzeug auf Herz und Nieren überprüft? Werden in Ihrem Urlaub Rechnungen fällig für Miete, Telefon und Versicherungen? Ich persönlich lasse alles Wichtige abbuchen, damit ich keinen Ärger bekomme und damit insbesondere nicht die Gefahr besteht, daß ich meinen Versicherungsschutz verliere. Hat jemand zu Hause Ihre Adresse, damit Sie im Notfall erreichbar sind? Hinterlassen Sie auch Ausstellungsdatum und Nummer Ihres Passes, falls er verlorengeht oder gestohlen wird.

Mit einem Dachgepäckträger erhält der Auto-Reisende zusätzlichen Laderaum. Jedoch sollte er bedenken, daß sich durch solche Dachlasten das Fahrverhalten seines Wagens verändert. Bremswege verlängern sich und auch die Seitenführungskräfte sind anders wie bei einer Fahrt ohne hohe Zuladung. Dies macht sich vor allem bei schnellen Kurvenfahrten bemerkbar. Darum sollte jeder, der mit einem Dachgepäckträger in den Urlaub fährt, vorsichtiger als sonst fahren. Achten Sie auch darauf, daß alle Güter auf dem Dach richtig befestigt sind. Verlieren Sie etwas, ist dies nicht nur ärgerlich, sondern Sie müssen auch noch zahlen, wenn es zu einem Unfall kommt.

Die Urlaubsfahrt mit dem Auto birgt Risiken. Der richtige Versicherungsschutz bringt zusätzliche Sicherheit für Sie und Ihre Angehörigen. Für die nötige Gewißheit, daß ein Verwandter Sie im Notfall erreichen kann, hinterlassen Sie Ihre Urlaubsadresse.

Gut verstaut – das Gepäck

Zur Urlaubsplanung gehört auch, wieviel Gepäck und wieviel Kleidung man mitnimmt. Ich nehme jedes Jahr weniger mit, und das ist immer noch zuviel. Im Sommer 1985, in dem ich in Deutschland geblieben bin, habe ich allerdings ausnahmsweise einmal zuwenig mitgenommen. Ich hatte meinen Wintermantel vergessen. Nach der Straßenverkehrsordnung hat der Fahrer die volle Verantwortung dafür, daß die Ladung verkehrssicher verstaut und gegen Herabfallen besonders gesichert ist. Wenn also Familienmitglieder das Urlaubsgepäck eingeladen haben: Vorsichtshalber kontrollieren. Auch im Wageninneren müssen Taschen oder Kameras sicher untergebracht werden. Bei einer Notbremsung werden sie zu gefährlichen Geschossen, die einem um die Ohren fliegen. Wer einen großen Hund hat, sollte einen Kombi mit Trenngitter fahren.

Bei der Wahl der richtigen und nötigen Urlaubsausrüstung gibt es in vielen Familien vor Urlaubsantritt oftmals unterschiedliche Meinungen. Besonders Frauen neigen dazu, durch überflüssiges Gepäck das Fahrzeug zu überladen. Ihr Pkw ist aber kein Lastauto. Beschränken Sie sich daher auf das Nötigste, und Sie werden im Urlaub feststellen, daß es immer noch zuviel ist.

Nicht überladen

Für die Sicherheit des Autos ist ganz alleine der Fahrer zuständig. Er muß darauf achten, daß alles sicher verstaut ist, und er in keiner Weise behindert wird. Je schwerer das Fahrzeug beladen wird, desto mehr verändert sich auch das Fahrverhalten.

Vor Antritt der Urlaubsreise unbedingt den Luftdruck überprüfen. Bei starker Beladung reicht der normale Luftdruck nicht aus. Wer einen Dachgepäckträger benutzt, sollte darauf achten, daß dieser ein Prüfzeichen besitzt. Selbstgebaute Träger können sich bei einem Unfall lösen, wegfliegen und andere Personen verletzen.

Der Fahrer ist auch dafür verantwortlich, daß die Ladung seine Sicht nicht beeinträchtigt. Also bitte die Heckablage nicht zu vollstopfen. Was nicht in den Kofferraum paßt, gehört möglichst hinter den Vordersitzen auf den Boden. Das Gepäck gleichmäßig verteilen. Mit einem überladenen Kofferraum heben Sie beim Start ab. Dann besser einen Dachgepäckträger. Dach wie Dachträger nicht überlasten. Alles gut sichern und festzurren. Wenn der Koffer vom Dach herunterfällt und Ihren Kofferraum einbeult, wird Ihre Kaskoversicherung nicht zahlen. Sie betrachtet das als *grobe Fahrlässigkeit.* Bitte denken Sie daran, daß Sie Ihr Fahrzeug nicht überladen dürfen. Das zulässige Gesamtgewicht für Fahrzeug mit Gepäck und Insassen steht in Ihrem Kraftfahrzeugschein. Notfalls das Gepäck vorher auf die Waage stellen. Bitte vergessen Sie auch nicht das Eigengewicht aller mitfahrenden Personen. Viel Gepäck verändert auch die Fahreigenschaften Ihres Fahrzeugs. Die Lenkung geht schwerer, die Bremswege werden länger, und Ihr Fahrzeug klettert langsamer auf Steigungen und wird seitenwindempfindlicher. Bitte machen Sie vor Fahrtantritt eine Bremsprobe. Sie wissen dann besser Bescheid. Bitte auch vor Antritt der Fahrt den Reifendruck überprüfen.

Zwar gibt es im Fahrzeugschein keine Angaben über das Gewicht, mit dem Sie Ihr Dach belasten dürfen, aber es gibt eine einfache Regel: Ihr Fahrzeug darf zu keiner Zeit mehr Gewicht als das im Fahrzeugschein angegebene Gesamtgewicht überschreiten. Fällt der Polizei ein überladenes Auto auf, dessen Gesamtgewicht überschritten ist, dann muß der Fahrer mit einer hohen Strafe rechnen.

Viele Urlauber beginnen ihre Reise nachts. Sicherlich geht es in der Nacht schneller vorwärts, und die Mitfahrer können schlafen und stören den Fahrer nicht. Müdigkeit jedoch ist eine tückische Gefahr, weil jeder meint, sie besiegen zu können.

Nachts oder am Tag

Ob Sie nachts fahren oder am Tag, müssen Sie selbst entscheiden. Die Nachtfahrt hat Vor- und Nachteile. Kleinkinder können nachts auf den Rücksitzen schlafen. Auch wenn Sie mit Ihrem Wohnwagenanhänger starten, ist die Nacht ideal. Zwischen 23 und 4 Uhr kommen Sie auch besser über die Grenze. Andererseits ist die Sicht nachts eingeschränkt und viele packt in den frühen Morgenstunden die große Müdigkeit. Ich würde also niemals nachts fahren, wenn ich mich nicht vorher gründlich ausgeruht hätte. Also bitte nicht direkt nach Dienstschluß auf die Autobahn. Lassen Sie sich Zeit. Das gilt auch für die Fahrt selbst. Hetzen ist nicht gesund.

Wenn bei einer Nachtfahrt plötzlich solche Lichteffekte auftauchen, sollte der Fahrer schnellstens eine Pause einlegen. Die Augen sind dann völlig überanstrengt, und bald wird die Müdigkeit den Fahrer besiegen. Die nächsten Lichter werden die im Krankenzimmer sein.

Die Pausen nicht vergessen

Ob Sie nun bei Nacht fahren oder am Tag, machen Sie genügend Pausen. Bitte nicht acht Stunden ohne Unterbrechung fahren. Wenn Sie durch Übermüdung einen Unfall verursachen, dann haften Sie. Hier der vom ADAC-Ärztekollegium empfohlene Pausen-Fahrplan: eine Stunde nach Abfahrt fünf Minuten Pause, dreieinhalb Stunden nach Abfahrt zehn Minuten Pause, fünf Stunden nach Abfahrt 20 Minuten Pause. Starten sie also beispielsweise um sieben Uhr, dann sind Ihre Pausen um 8, 10.30, 12, 14 und 16 Uhr fällig. Wenn Sie dann noch nicht dicht vor Ihrem Ziel sind, planen Sie alsbald eine Übernachtung ein. Ankunft in Ihrem Hotel: 17 Uhr. In den Pausen sofort aussteigen und sich Bewegung verschaffen. Etwas Gymnastik kann auch nicht schaden, die bringt den Kreislauf in Schwung.

Im Stau und in der Kolonne

Staus meiden Sie am besten ganz. Besorgen Sie sich vor Planung der Urlaubsfahrt den ADAC-Stau-Kalender. Während der Fahrt schalten Sie Ihr Radio mit dem Verkehrsfunk ein. Hat sich ein Stau gebildet, machen Sie die ohnehin bald fällige Pause auf dem nächsten Park- oder Rastplatz. Notfalls runter von der Autobahn. Für empfohlene Umgehungen gibt es das neue Zeichen 467, die gelbe Bombe. Wenn sich Schlangen bilden, gilt es vor allem, den Sicherheitsabstand zu vergrößern. Fahren Sie auch etwas versetzt. Dann haben Sie den besseren Durchblick und können schneller reagieren, wenn sich weiter vorne etwas tut.

Besonders kritisch wird es, kommt es in einem Tunnel zum Unfall. Wenn die Unfallstelle nicht passiert werden kann, sollte sofort der Motor abgestellt werden, und vergessen Sie nicht, eine Bahn für Rettungsfahrzeuge frei zu machen. Dies ist im Tunnel besonders wichtig, da es für die Rettungsfahrzeuge keine Ausweichmöglichkeiten gibt.

Niemand möchte auf der Fahrt in den Urlaub in einen Stau geraten. Daher sollten Sie einen Radiosender mit Verkehrsnachrichten wählen und gegebenenfalls von der Autobahn abfahren. Umgehungen sind mit orangenen Schildern gekennzeichnet. Gibt es keine Möglichkeit der Umgehung, vorsichtig an das Stauende heranfahren und die Warnblinkanlage einschalten. Staus können vermieden werden, wenn man die Urlaubsfahrt nicht gleich am ersten Ferientag oder am Wochenende antritt. Wer später fährt, ist oft früher da.

Durch den Tunnel

Bei Fahrten durch die Berge sind Tunnels unvermeidbar. Viele Autofahrer haben eine sogenannte Tunnelangst. Wer sich aber an die Regeln hält, kommt sicher durch.

Wußten Sie schon, daß Benzinmangel der häufigste Grund für Liegenbleiben im Tunnel ist? Bitte rechtzeitig vor dem Tunnel das Abblendlicht einschalten und die Sonnenbrille abnehmen. Im Tunnel selbst unbedingt die Vorschriften einhalten: Halten und Wenden sind verboten. Mindest- und Höchstgeschwindigkeiten beachten sowohl auch bestehende Überholverbote. Bei nur einer Fahrspur für jede Richtung am besten aufs Überholen verzichten. Man kann sich zu leicht verschätzen. Immer aber besondere Vorsicht beim Überholen von Lkw und Caravan-Fahrzeugen. Sie fahren wegen der Tunnelwölbung mehr links als sonst üblich. Bei einer Panne möglichst in eine Nische und nur rechts aussteigen. Warnblinkanlage einschalten und Warndreieck aufstellen und dann nach Hilfe telefonieren. Vorsicht bei der Ausfahrt aus dem Tunnel. Straße wie Wetter können dort anders sein als bei der Einfahrt.

Bei der Fahrt durch einen Tunnel heißt es, wie überall im Straßenverkehr, einige Regeln zu beachten: Das Licht muß eingeschaltet werden, die zulässigen Geschwindigkeiten müssen eingehalten werden, es darf nicht gewendet werden, auch wenn es sich nicht um einen Autobahntunnel handelt, und Sie dürfen, außer im Falle einer Panne, nicht anhalten. Haben Sie selbst Angst vor einer Tunneldurchfahrt und einen Beifahrer dabei, dem dies nichts ausmacht, tauschen Sie die Plätze.

Verkehrsstaus gehören während der Hauptreisezeiten zum alltäglichen Bild. Machen Sie aus solchen Situationen das Beste und regen Sie sich vor allem nicht unnötig auf. Ein Parkplatz ist sicher nicht weit weg, und Sie können die Stauzeit zu einer Rast nutzen. Dadurch verlieren Sie keine Zeit, Sie gewinnen Zeit.

In die Berge

Bei Paßfahrten werden Mensch und Maschine ganz besonders gefordert, von beiden werden Höchstleistungen abverlangt. Damit die Technik Ihnen keinen Streich spielt, sollten alle für eine Bergfahrt wichtigen Aggregate vor Fahrtantritt in einer Werkstatt auf richtige Funktion genau überprüft werden.

Eine Paßfahrt bedeutet für Ihren Motor Höchstleistung. Also vor Antritt der Reise Kupplung und Bremsen wie Bremsflüssigkeit gründlich überprüfen lassen. Rechtzeitig vor dem Berg auftanken und Ölstand kontrollieren. *Vor* der Kurve in den nächstniedrigeren Gang schalten. Wenn der Kühler kocht, Motor sofort abstellen. Dann den Motor abkühlen lassen. Motor nicht sofort abstellen, sondern zunächst weiterlaufen lassen, bis sich die Temperatur im Motorraum und im Kühler stabilisiert hat. Kühlwasser erst dann auffüllen, wenn der Motor abgekühlt ist. Vor dem Öffnen des Kühlerverschlusses ein Handtuch drüberlegen und am besten Handschuhe anziehen. Sie verbrennen sich sonst die Finger. Bergab braucht man heute nicht mehr wie früher den Gang zu wählen, den man für die Bergauffahrt braucht. Das gilt eigentlich nur noch für Gespannfahrer. Ich würde aber Dauerbremsen bei Talfahrten vermeiden. Die Bremsbeläge überhitzen sich zu sehr und mindern die Bremsleistung bis zum Ausfall der Anlage. Auch beim Herabfahren schon vor der Kurve schalten. Müssen Sie bei heißgelaufenen Bremsen das Fahrzeug abstellen, dann die Handbremse nicht anziehen. Die Beläge könnten festkleben, oder die Bremstrommel und die Bremsscheiben könnten sich verziehen. Wenn die Bremsen total versagen, hilft nur eins: Schräg gegen den Berg fahren und an der Felswand entlangschrammen, bis das Fahrzeug steht. So retten Sie zwar nicht Ihr Fahrzeug, wohl aber Ihr Leben.

Auch wenn die Bergwelt noch so faszinierend ist, sollten Sie sich von der landschaftlichen Schönheit nicht ablenken lassen. Gönnen Sie sich lieber eine Ruhepause, und genießen Sie die Landschaft an einem der ausgewiesenen Aussichtspunkte.

Abgelegene Paßstraßen überraschen den fremden Kraftfahrer, bedingt durch die Straßenführung, immer aufs neue. Wo der Fahrer auf große Sicht noch einen normalen Straßenverlauf vermutet, wird man nicht selten nach wenigen Sekunden zu einer Lenkradbewegung fast im rechten Winkel gezwungen. Hohe Geschwindigkeiten führen hier sehr schnell zu schweren Unfällen . . .

Das Reiserecht ist verbessert

Die Rechtsstellung des Urlaubers, der einen Reisevertrag abschließt, wurde 1979 erheblich verbessert. Vorher stand in den Verträgen meist, daß der Veranstalter ein Quartier nur vermittelte. War das dann mangelhaft, so mußte man mit dem Eigentümer im Ausland prozessieren. Heute haftet der Veranstalter selber. Entsprechend haben natürlich auch die Prozesse zugenommen. Allein beim Amtsgericht Köln sind drei Richter auf solche Prozesse spezialisiert. Natürlich gibt es auch unter den Urlaubern Reiserecht-Spezialisten. Sie würden am liebsten, wie Hans Joachim Kulenkampff in einer amüsanten Fernsehserie, mit dem Schadenersatz aus dem letzten Urlaub den nächsten finanzieren.

Im Unterschied zum Pauschalreisenden hat der Autourlauber, der sich unterwegs sein Quartier selber sucht, keine Möglichkeit, gegen ein schlechtes Quartier zu prozessieren. Er hat dafür die Möglichkeit, da er beweglich ist, sich ein anderes Hotel zu suchen.

... wer seine Fahrweise diesen Situationen entsprechend anpaßt, vermeidet damit, zu verunglücken und in einer einsamen Gegend vielleicht lange Zeit auf lebenswichtige Hilfe warten zu müssen.

Mein Quartier ist belegt

Hier die aus meiner Sicht wichtigsten Fälle: Ihr Quartier ist anderweitig belegt, oder es entspricht nicht den im Prospekt oder Vertrag zugesicherten Eigenschaften, liegt also zum Beispiel an einer Groß-Baustelle anstatt in *ruhiger Lage*. Dann haben Sie Anspruch auf *Abhilfe*, also auf Beschaffung einer Ersatz-Unterkunft gleicher Kategorie. Zur Abhilfe müssen Sie bei Buchung durch einen Veranstalter dem örtlichen Reiseleiter, oder bei Eigenbuchung, der Geschäftsleitung des Hotels eine *angemessene* Frist setzen. Diese kann je dringlicher desto kürzer sein. Ist die Ersatz-Unterkunft schlechter als die von Ihnen gebuchte, so können Sie den Preis mindern. Bekommen Sie keine Ersatz-Unterkunft gestellt oder ist diese vollkommen unannehmbar, dann können Sie kündigen. Dann haben Sie Anspruch auf Zurückzahlung der Vorauszahlung und können sich auf eigene Faust ein Quartier suchen. Finden Sie nur ein teureres Ersatz-Quartier, muß der Veranstalter die Mehrkosten bezahlen. Sie müssen sich aber natürlich beim Suchen etwas Mühe geben. Ist die Suche vollkommen erfolglos, dann können Sie wieder nach Hause zurückfahren. Dann bekommen Sie die Gesamtunkosten zurückerstattet. Unter Umständen bekommen Sie auch einen Ausgleich in Geld für entgangene Urlaubsfreuden. Ich persönlich hasse es, im Dunkeln anzukommen. Man hat dann keine Bewegungsfreiheit mehr, wenn etwas schiefgelaufen ist.

Auch Autoreisende können ihr Urlaubsquartier schon im voraus buchen. Entspricht die Unterkunft dann nicht den Angaben im Reiseprospekt, gelten für sie die gleichen Rechte, wie sie etwa Flugreisende haben. Reisende mit Wohnanhänger haben den Vorteil, durch ihr individuelles Gefährt, unliebsamen Erlebnissen schnell ausweichen zu können.

Winter-Camping kommt immer mehr in Mode. Mit einem Wohnanhänger zu fahren, erfordert schon bei normaler Witterung höchste Aufmerksamkeit. Extreme Winterverhältnisse beanspruchen Fahrer und Wagen in doppeltem Maß.

Wohnmobile und Wohnanhänger

Der Bestand an Wohnmobilen und Wohnanhängern ist inzwischen schätzungsweise auf eine Million angewachsen. Beide Gefährte erfreuen sich zunehmender Beliebtheit. Andererseits sind sie derart vielfältigen und verzwickten Rechtsvorschriften unterworfen, daß sich niemand ohne Spezialkommentar durchfindet. Dem ADAC-Verkehrs-Jurist Wolfgang Berr gebührt das Verdienst, ihn soeben geschrieben zu haben. Wer ein solches Gefährt besitzt, sollte ihn sich anschaffen. Hier aus meiner Sicht das Allerwichtigste: Wohnmobile passen nicht in die üblichen Fahrzeug-Kategorien. Es sind *sonstige* Kraftfahrzeuge. Ein Wohnanhänger ist ein hinter einem Kraftfahrzeug mitgeführtes Fahrzeug, das für *Wohnzwecke* bestimmt ist. Daraus ergeben sich Besonderheiten für das Verhalten im Straßenverkehr: Die Höchstgeschwindigkeit für *Pkw* mit Anhänger bis zu einem zulässigen Gesamtgewicht von 2,8 t mit Anhänger beträgt außerhalb geschlossener Ortschaften

Es gibt immer noch die falsche Annahme, daß man mit einem Wohnmobil oder einem Wohnwagen völlige Freiheit genießt. Richtig ist jedoch, daß es für Fahrten mit dem Wohnanhänger oder Wohnmobil besondere Regeln zu beachten gilt.

Für Fahrzeuge mit Wohnanhänger gilt auch auf der Autobahn eine Höchstgeschwindigkeit von 80 km/h. Vergehen gegen diese Bestimmungen werden mit empfindlichen Geldbußen geahndet.

Wer nur selten mit seinem Wohnanhänger fährt, sollte vor einer Reise mit dem Wohnwagen an sicherer Stelle üben. Rangiermanöver oder Kurvenfahrten wollen gelernt sein. Die Zuladung des Anhängers muß gleichmäßig und rutschsicher verteilt sein, um eine gute Balance des Wagens zu erreichen.

Auch für Wohnmobile gibt es gesonderte Verkehrsregeln. Wer ein Wohnmobil fährt, sollte sich daher vor Fahrtantritt erkundigen, welche Besonderheiten beim Führen eines Wohnmobils zu beachten sind.

80 km/h. Wird kein Pkw als Zugmaschine benutzt, so ist die Höchstgeschwindigkeit 60 km/h. Auf der Autobahn ist die Höchstgeschwindigkeit einheitlich 80 km/h. Wohnmobile wie Pkw mit Anhänger sind also langsamfahrende Fahrzeuge. Deshalb müssen die Fahrer außerhalb geschlossener Ortschaften notfalls *anhalten,* wenn sich drei oder mehr Fahrzeuge hinter ihnen angesammelt haben. Dazu können auch geeignete Mehrzweckstreifen in Anspruch genommen werden. Wohnmobile haben innerhalb geschlossener Ortschaften auf Fahrbahnen mit mehreren markierten Fahrstreifen *nicht* die freie Wahl des Fahrstreifens. Sie müssen also rechts fahren und dürfen rechts nicht schneller fahren als die Fahrzeuge links. Das wäre verbotswidriges Überholen. Ein Hauptproblem: Wer wohnt oder zu lange abstellt, parkt nicht mehr. Wo was wie lange erlaubt ist, würde ich immer vorher vor Ort erfragen, und zwar nicht bei der Polizei, sondern bei der Verwaltungsbehörde, die für den ruhenden Verkehr zuständig ist. In den einzelnen Urlaubsorten gibt es nämlich unterschiedliche Regelungen. Daß Wohnwagen und Wohnmobile über 2,8 t Gesamtgewicht nachts durch Eigenbeleuchtung oder durch rotweißgestreifte Nachtwarntafeln hinten und vorne gesichert sein müssen, wissen Sie sicher. Fährt jemand auf Ihr schwer oder gar nicht erkennbares Wohnfahrzeug auf, so können Sie wegen des Unfalls und seiner Folgen belangt werden.

Wohnmobile sind schwer und lassen sich auch nur mühsam rangieren. Wer im Dunkeln an sein Ziel kommt, sollte nicht die entfernteste Ecke auf dem Campingplatz wählen, da man sich mit einem solchen Gefährt leicht festfährt.

Weil kein eigenes Transportfahrzeug zur Verfügung steht, werden Pkws manchmal als Transporter benutzt. Dabei kommen manche auf die tollsten Ideen. Die Gefahr, in die wir uns und andere damit bringen, ist uns nur selten bewußt.

Freizeit-Spediteure

Für Surfbretter ist im Fahrzeug kein Platz. Darum müssen wir sie auf speziellen Haltern transportieren.

Das nicht vorschriftsmäßig angebrachte Surfbrett löst sich durch den Fahrtwind aus der Halterung und macht sich selbständig.

Wer Surfbretter hat, weiß, daß er sie flach aufeinander auf dem Dachträger festzurren muß, weil dann die Windverhältnisse günstiger sind. Aber auch sonst müssen wir schon einmal größere oder sperrige Güter befördern. Am besten befördert man sie auf einem Anhänger. Der Schwerpunkt muß möglichst tief in der Mitte liegen. Die Ladung muß gegen Kippen oder Rutschen befestigt werden. Am besten mit einer Plane. Ein Bindfaden genügt nicht. Wenn trotzdem etwas herunterfällt: Sofort sichern, wie nach einem Unfall. Ein *Turmbau zu Babel* ist nicht empfehlenswert. Ladung und Fahrzeug dürfen zusammen nicht höher als vier

Ein vom Autodach katapultiertes Surfbrett ist unberechenbar und kann überall hinfliegen und großen Schaden anrichten.

Wie weit eine Ladung über die Fahrzeugabmessungen hinausragen darf, ist geregelt. Werden die Angaben überschritten, muß die Ladung gut kenntlich gemacht werden. Bei sperrigen Gütern ist die Spedition billiger als ein Protokoll der Polizei.

Meter und nicht breiter als zweieinhalb Meter sein. Nach vorne darf die Ladung überhaupt nicht über das Fahrzeug hinausragen. Nach hinten nur bis zu eineinhalb Meter. Bei Nahtransporten bis zu 100 Kilometern darf die Ladung ausnahmsweise nach hinten bis zu drei Metern hinausragen. Ragt das Ende der Ladung mehr als einen Meter über die Rückstrahler hinaus, so muß es kenntlich gemacht werden: Durch eine wenigstens 30 x 30 cm große hellrote Fahne, die durch eine Querstange auseinandergehalten wird oder ein entsprechendes Schild. Fahne oder Schild sollen quer zur Fahrtrichtung angebracht sein. Der Abstand zum Boden darf höchstens eineinhalb Meter betragen. Bei Dämmerung, Dunkelheit oder Nebel muß man zusätzlich einen roten Rückstrahler (nicht höher als 90 cm) und wenigstens eine Leuchte mit rotem Licht aufhängen. Wenn Sie mich fragen: Ich nehme lieber einen richtigen Spediteur.

Es ist zwar richtig, sperrige Güter mit einem Anhänger zu transportieren, an einem solchen Aufbau wird aber kaum ein Polizist vorbeifahren, ohne nicht eine Verwarnung zu erteilen.

Geht es darum, etwas zu transportieren, werden manchmal die unmöglichsten Experimente gemacht. Dabei berücksichtigen manche nicht, was sicher und erlaubt ist, vielmehr geht es oft darum, alles unterzubringen. Kaum einer ist sich darüber bewußt, in welche Gefahren er sich und andere bringt.

Fracht, die sich nicht im Inneren eines Fahrzeuges befindet, muß gut befestigt sein. Besonders bei Auffahrunfällen machen sich nicht gesicherte Frachten schnell selbständig.

Geht es um unsere Sicherheit, sollte uns keine Arbeit zu viel sein. Lieber einmal mehr fahren, als einen Unfall verursachen. Wer einen kleinen Anhänger zum Transport benutzt, darf diesen nicht zu voll beladen und muß darüber hinaus alle Gegenstände festzurren. Eine Ladung, die gut befestigt wird, wie auf dem Bild, wird ihren Zielort auch sicher erreichen und nicht irgendwo auf der Straße landen und andere gefährden.

16. Wirtschaftlichkeit und

Das Automobil garantiert die Funktionalität unserer Wirtschaft. In der Weltrangliste der Automobilhersteller stehen wir an dritter Stelle. Infolge der hohen Motorisierung stehen wir nicht selten mitten im Verkehrsstau. Vielleicht sollten wir ein wenig mehr Rücksicht auf die Umwelt nehmen.

Das Auto ist ein nicht mehr wegzudenkender Motor unserer Wirtschaft. Mit unserer Produktion stehen wir hinter den USA und Japan in der Weltrangliste an dritter Stelle. Wir produzieren jedes siebte bis achte Auto. 18 Prozent unseres gesamten Exports hängen vom Auto ab. Auf die deutsche Automobilbranche insgesamt entfällt eine Wertschöpfung von fast 140 Milliarden DM. Jede vierte Mark, die der Staat einnimmt, stammt direkt oder indirekt vom Auto. Andererseits geben wir jährlich annähernd 220 Milliarden DM für Anschaffung und Betrieb unserer Automobile aus. Das sind bei über 29 Millionen Automobilen pro Stück und Jahr 7535 DM.

Das Auto, ein Motor der Wirtschaft . . .

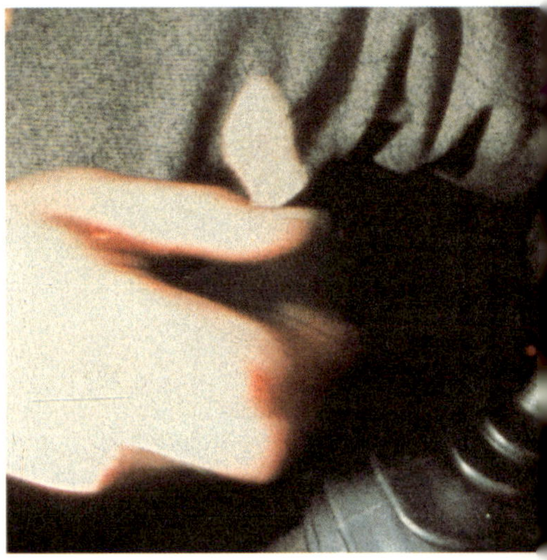

Das Automobil verbraucht einen Großteil unserer Energievorkommen. Die Abgase belasten zudem verstärkt unsere Umwelt. Industrie und Verbraucher müssen darum umdenken. Bleifreies Benzin und Katalysatoren helfen der Natur, mit den Belastungen fertig zu werden. Wir alle sollten darum dazu beitragen, neue Energien und Techniken zu fördern. Unsere Umwelt wird es uns danken. Am Wochenende ins Grüne fahren und sich vom täglichen Streß erholen, ist für viele eine Selbstverständlichkeit. Damit wir uns auch morgen noch an der Natur erfreuen können, sollte schon heute jeder umweltbewußt handeln.

Jmweltschutz

Die Kraftreserven eines Autos sollten nur im Notfall ausgenutzt werden. Wer es ruhig angehen läßt, und die Möglichkeiten seines Motors nicht bis an die Grenzen ausschöpft, verbraucht weniger Kraftstoff, spart Geld und schont auch die Umwelt.

Der Spitzenmanager eines weltbekannten Automobil-Herstellers hat mir einmal gesagt: *Das Auto ist das beste Fortbewegungsmittel der Welt, weil der Verbraucher es selbst finanziert.* Gleichwohl wissen nur die Freiberufler unter uns, was das Auto insgesamt kostet. Diese setzen nämlich auch das Kapital für die Anschaffung des Fahrzeuges in vier oder fünf Jahren von der Steuer ab. Für mich ist das eine echte Subvention. Ein mir befreundeter Rechtsanwalt hat mir kürzlich vorgerechnet, daß ihn sein dicker Porsche nur das kostet, was mich ein kleiner VW kosten würde. Der normale Arbeitnehmer muß sich in der Regel mit der Kilometer-Pauschale begnügen. Er kann zwar über den Einzelnachweis der gesamten Kosten auch die Anschaffungskosten steuerlich geltend machen, das lohnt sich aber nur, wenn der Anteil der Dienstkilometer an den Gesamt-Kilometern sehr hoch ist und das Fahrzeug wenigstens 51 bis 55 kW (= 50 bis 75 PS) hat. Im Zweifel fragen Sie Ihren Automobil-Club. Der berät Sie kostenlos. Ansonsten ist es Ihr persönlicher Verlust, wenn Ihr Fahrzeug nach vier bis fünf Jahren nur noch die Hälfte oder ein Drittel seines Wertes hat, und wenn überdies das neue Modell Ihres Fahrzeuges teurer ist als das alte.

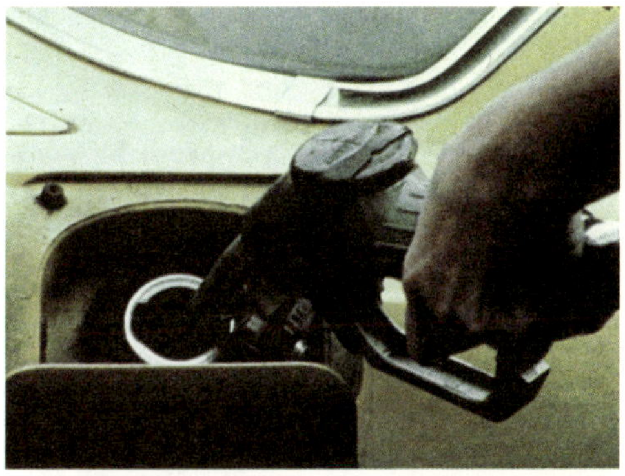

... den der Verbraucher selbst finanziert

Da das Automobil von jedem selbst finanziert wird, wird es auch meist gepflegt und gehegt. Nicht jeder benutzt das Auto nur als Fortbewegungsmittel oder aus rein beruflichen Gründen. Für viele ist es ein Zeichen des Wohlstands. Nach wie vor gilt die Meinung: Wer ein großes Auto fährt, muß auch viel Geld haben.

Viele Fahrzeuge sind mit einem sogenannten Spargang ausgerüstet. Benzin spart damit allerdings nur der, der ihn auch richtig einzusetzen weiß. Sinkt der Verbrauch, sinken auch die Benzinpreise. Benzinpreise sind abhängig von Angebot und Nachfrage.

Was kostet mich mein Auto?

Nur wenigen Leuten ist bewußt, was das Auto im Monat wirklich kostet. Bei einer Kostenrechnung werden viele feststellen, daß es billiger ist, mit öffentlichen Verkehrsmitteln zu fahren und auf das geliebte Automobil zu verzichten.

Das angebotene »Park and Ride-System« wird leider viel zu wenig genutzt. Dabei hilft es, Zeit zu sparen und die Innenstädte von Blechlawinen zu entlasten.

Es ist also eine Milchmädchenrechnung, wenn Sie meinen, Ihr Auto koste Sie nur 100 oder 150 DM im Monat. Das sind nur die Kosten für den Sprit. Und dann kommt die Haftpflichtversicherung. Die eine ist viel teurer als die andere. Besorgen Sie sich Tabellen bei Ihrem Automobil-Club oder der Stiftung Warentest. Dann kommen die Kosten für Inspektion, Ölwechsel, Reifen und Verschleißreparaturen, TÜV und Abgassonderuntersuchung (ASU). Und dann kommen noch die Kreditkosten, wenn Sie das Fahrzeug finanzieren müssen. Bereits 1982 betrugen die tatsächlichen Kosten eines 1,3-l-Fahrzeuges bei 12.000 im Jahr zurückgelegten Kilometern im Monat rund 900 DM.

Der Zivilisationskritiker Ivan Illisch hat einmal ausgerechnet, daß der typische amerikanische Mann vier seiner sechzehn wachen Stunden auf der Straße verbringt oder damit, die Mittel für den Betrieb des Autos zu beschaffen. Darin ist die Zeit nicht miteingerechnet, die man im Krankenhaus, vor dem Verkehrsrichter oder in der Werkstatt verbringt. Nach der Deutschen Automobil-Treuhand besitzt der Durchschnittsdeutsche in seinem Leben ein Dutzend Autos. Insgesamt sitzt der deutsche Autofahrer in rund 42 Jahren rund 10.000 Stunden am Steuer seiner zwölf Autos. Das sind über fünfeinhalb volle Arbeitsjahre. Wenn Sie Spaß daran haben, rechnen Sie einmal für sich selbst aus, was Sie Ihr Auto an Zeit und Geld wirklich kostet. Es könnte sein, daß die Straßenbahn und sogar die Taxe billiger wären. Warum also nicht ab und zu einmal umsteigen, auf die Eisenbahn, die Straßenbahn, das Fahrrad oder auf die eigenen Füße?

Besonders in den Einzugsgebieten von Großstädten versucht der Staat, das »Park and Ride-System« zu fördern. Von solchen Parkplätzen sind es meist nur wenige Schritte bis zur nächsten Bus- oder Bahnhaltestelle. Wer zu den Hauptverkehrszeiten unterwegs ist, sollte von dieser Möglichkeit Gebrauch machen. Man erspart sich dadurch Geld und schont die Nerven.

Welches Auto schaffe ich mir an?

Bei der Entscheidung, welches Auto gekauft werden soll, kommt es manchmal zum Familienkrach. Dabei stehen aber oft emotionale Beweggründe im Vordergrund, und die Vernunft steht hintenan. Würde jeder sein Auto nach den Einsatzbedingungen kaufen, gäbe es so gut wie keine Probleme.

Um im Stadtgewühl zu fahren, benötigen wir keine großen Fahrzeuge. Große Autos verbrauchen nur unnötig Benzin, und Parkplätze findet man mit einem kleinen Stadtfloh viel schneller.

Wenn Sie sich ab jetzt bis Ende 1986 ein neues Auto anschaffen müssen, kann ich Ihnen mit wenigen Worten leider keinen vernünftigen Rat geben, welches Auto Sie sich kaufen sollten: Einen schadstoffarmen Benziner oder Diesel oder ein bedingt schadstoffarmes Fahrzeug bis 1400 cm³. Nach einigem Tauziehen ist zwar in der Europäischen Gemeinschaft ein Kompromiß erzielt worden, wobei auch unsere Regierung nachgeben mußte. Sie wissen: Ein Kompromiß gibt jedem Verhandlungspartner das Gefühl, etwas bekommen zu haben, was ihm keinesfalls zustand. Zum Ausgleich dafür hat er dann etwas anderes nicht bekommen, worauf er eigentlich Anspruch gehabt hätte. Ihr Automobil-Club hält aber eine ausführliche Broschüre für Sie bereit. Denken Sie insbesondere auch an den Verkaufswert Ihres Fahrzeuges nach einigen Jahren, wenn die endgültigen Abgaswerte in Kraft treten. Die Steuerermäßigungen gelten nur, sofern Sie Ihr Fahrzeug bis zum 30. September 1986 erstmals zulassen. Die Zahlen über Steuerbefreiungen gelten nur, wenn der Wagen bis Ende 1986 zugelassen wird. Wer später kauft oder zuläßt, büßt bis 1988 pro Jahr etwa ein Viertel des jeweils maximalen Förderungsbetrages ein.

Meist sind es junge Führerscheinbesitzer, die kleine und gebrauchte Autos fahren, weil ihnen das Geld für einen Neuwagen fehlt. Wer sich einen Gebrauchtwagen kauft, sollte einen Fachkundigen zu Rate ziehen, sonst kann der so billige gebrauchte Wagen teurer werden als ein neues Fahrzeug. Reifenpannen können allerdings bei beiden passieren.

Fast jeder möchte am Umweltschutz teilhaben, will dabei aber nicht auf sein geliebtes Automobil verzichten. Umweltschutz erreichen wir somit nur durch gezielte Aufklärung und sinnvolle Maßnahmen.

Nachts die Ampeln abschalten?

Umweltschutz ist *in.* Die Bevölkerung hat inzwischen ein hochentwickeltes Empfinden für Lärm- und Abgasbelästigung. Sie ist deshalb zu 90 Prozent dafür, daß nachts Ampeln abgeschaltet werden. Dadurch würden nächtliche Ruhestörung, Benzinverbrauch und Abgasbelästigung abnehmen. Nach einer Untersuchung der Beratungsstelle für Schadenverhütung des HUK-Verbandes ist dem aber nicht so. Der Kraftstoffverbrauch wird kaum verändert. Die Lärmbelästigung verändert sich nicht spürbar, obwohl nach anderen Untersuchungen die Anlieger sich hinterher einbilden, es sei viel ruhiger geworden. Nicht einmal die Fahrzeiten verkürzen sich. Auf zehn Kilometer läßt sich nur eine Minute sparen. In der untersuchten Großstadt konnten zwar pro Kreuzung oder Einmündung 261 DM jährlich an Stromkosten gespart werden. Demgegenüber hat sich aber an den Knotenpunkten die Zahl der Unfälle mehr als vervierfacht, weil riskanter gefahren wurde. Ergebnis: Für jede im Haushalt gesparte Mark mußte die Allgemeinheit 25 DM zusätzlich bezahlen. Oder anders ausgedrückt: 40.000 DM Stromkosten sparen, heißt eine Million für Unfälle mehr ausgeben. Wollen Sie das wirklich?

Werden die Ampeln nachts abgeschaltet, sparen wir zwar Strom und Benzin ein, die Unfallzahlen schnellen aber in die Höhe. Was wir auf der einen Seite gewinnen, verlieren wir auf der anderen wieder mit der Regulierung dieser Unfälle durch die Versicherungen.

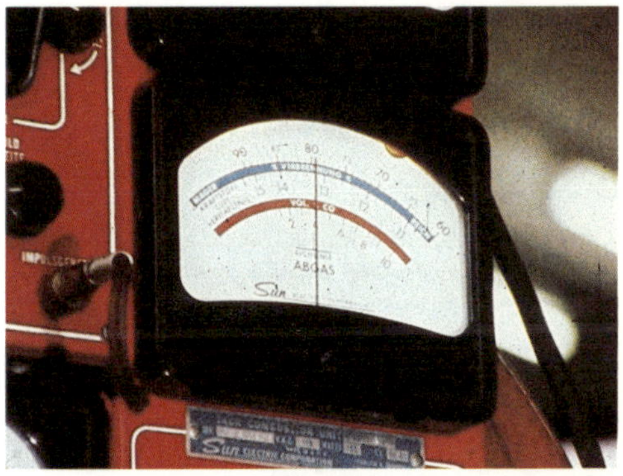

Das Warmlaufenlassen der Autos im Winter gehört zu den größten Umweltsünden und wird auch streng bestraft. Das Abgasmeßgerät zeigt an, wie hoch die Belastung der Umwelt durch das Auto ist.

17. Nach einem Verkehrsunfall

Kommt es zu einem Unfall, muß erst die Unfallstelle abgesichert werden. Dann kann man über die Schuldfrage diskutieren. Handelt es sich um einen kleinen Blechschaden, und die Unfallgegner können sich einigen, bitte auch die Fahrbahn schnellstens wieder räumen.

Wenn Sie das Pech haben, in einen Unfall verwickelt zu werden, verlieren Sie bitte nicht die Nerven. Unverzüglich anhalten und die Unfallstelle absichern: Warnblinkanlage einschalten und Warndreieck aufstellen, und zwar 100 Meter vor der Unfallstelle. Die 100 Meter sind viel länger als manche glauben.

Kühlen Kopf behalten

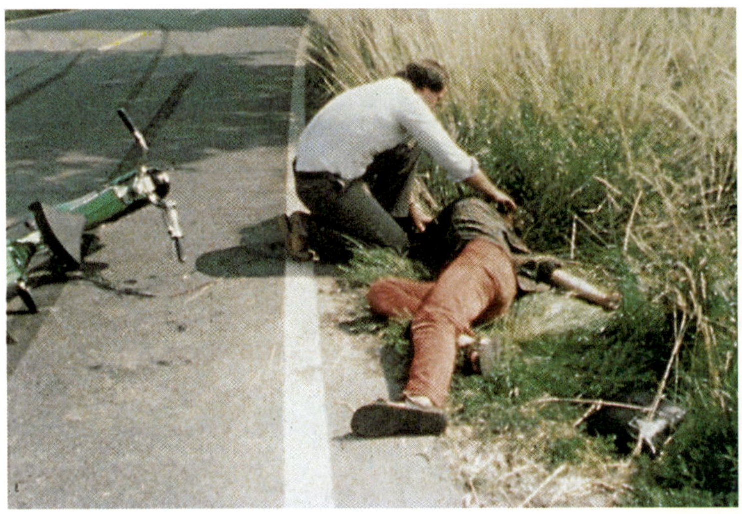

Jedermann, selbstverständlich auch Unbeteiligte sind verpflichtet, Verletzten zu helfen. Um keine Fehler zu machen, sollte jeder einmal im Jahr an einem Erste-Hilfe-Kurs teilnehmen. Durch die richtigen Maßnahmen am Unfallort bis zum Eintreffen des Arztes können Leben gerettet werden. Wer einfach vorbeifährt, kann wegen unterlassener Hilfeleistung bestraft werden. Auch wenn schon andere Helfer da sind, sollten Sie anhalten und Ihre Hilfe anbieten.

Verletzten helfen

Sie müssen sich sofort über die Unfallfolgen vergewissern und Verletzten helfen. Zur ersten Hilfe bei Unfällen ist jedermann verpflichtet. Unterlassene Hilfeleistung ist strafbar. Wenn nötig, den Arzt rufen. Auf der Autobahn über die Notrufsäule nach dem Schema: Wer, wo, was? Das heißt, Namen, Standort und Unfallstelle angeben und dann die Verletzungen schildern.

- was tun?

Immer müssen Sie angeben, daß Sie am Unfall *beteiligt* waren. Das gilt auch, wenn Sie sich unschuldig fühlen. Beteiligt ist jeder, dessen Verhalten, wenn auch nur irgendwie, zur Entstehung des Unfalles beigetragen haben kann. Daß beide Fahrzeuge zusammenstoßen, ist nicht notwendig. Wenn also ein Kraftfahrer die Spur wechselt und der andere daraufhin stark abbremst und gegen die Leitplanke gerät, dann ist der Spurwechsler am Unfall *beteiligt*. Auf Verlangen müssen Sie Namen und Anschrift angeben sowie Ihre Haftpflichtversicherung. Sie müssen auch Führerschein und Fahrzeugschein vorweisen. Am besten tun Sie es freiwillig. Glauben Sie nicht zu schnell, der andere hätte von Ihnen keine Angaben verlangt. Er hat den gleichen Unfallschock wie Sie und braucht Zeit zum Überlegen.

Auch wer nur indirekt an einem Unfall beteiligt ist, muß Name und Adresse nennen. Diese Angaben müssen Sie nicht nur der Polizei, sondern auch den anderen Unfallteilnehmern machen. Tun Sie dies nicht, können Sie der Unfallflucht bezichtigt werden.

Abgesehen davon, könnten Sie ein wichtiger Zeuge bei der Aufklärung des Unfallhergangs sein.

Die notwendigen Angaben

Notrufsäulen wurden nicht nur zur Pannenhilfe aufgestellt, sondern sie dienen auch dazu, einen Unfall schnell melden zu können. Pfeile an den Leitpfosten auf Autobahnen weisen den Weg zur nächsten Säule. Wer einen Unfall meldet, sollte seinen Namen nennen, den Unfallort genau beschreiben und Angaben über den Unfall selbst und die Verletzten machen. Kommt nämlich bei zehn Verletzten nur ein Krankenwagen, kann die Hilfe für die weiteren Opfer zu spät kommen.

Bei Auffahrunfällen kann es zu schweren Halsverletzungen kommen. Der Auffahrende hat meist die leichteren Verletzungen, da er sich auf den Aufprall einrichten kann, während für den Vordermann der Zusammenstoß um so plötzlicher kommt. Deutlich ist zu erkennen, wie der Fahrer des kleinen roten Wagens durch den Aufprall nach hinten geschleudert wird, was zu einer gefährlichen Verletzung führen kann.

Nicht jeder Unfall muß der Polizei gemeldet werden. Kleine Schäden bis zu einem Sachwert von 3000,– Mark können Sie untereinander regeln. Machen Sie sich aber auf jeden Fall eine genaue Skizze vom Unfallort und fotografieren Sie den Unfall. Schon manch einer war zu gutmütig und wurde dann zur Strafe auch noch vor Gericht gebracht, wo er verurteilt wurde.

Bagatellunfälle

Bei kleineren Blechschäden müssen Sie die Unfallstelle *unverzüglich* räumen. Solche Bagatellschäden können Sie untereinander selbst regeln, ohne die Polizei rufen zu müssen. Die Bagatellgrenze für Sachschäden war bis 1982 1000 DM. Ab 1983 beträgt sie 3000 DM. Als Folge davon sind von 1982 auf 1983 über die Hälfte der Sachschadenunfälle aus der Bundesstatistik verschwunden, so daß heute die örtliche Polizei über Unfallursachen besser Bescheid weiß als die amtliche Statistik. Polizeilich aufgenommen wird der Unfall heute immer noch, wenn einer der Beteiligten darauf besteht, nur nicht mehr so gründlich wie früher. Sorgen Sie bitte also selbst dafür, daß Sie die Unfallspuren sichern: Anschriften von Zeugen notieren. Skizze anfertigen mit dem Stand der Fahrzeuge nach dem Unfall. Bremsspuren nachmessen. Die Beschädigungen an beiden Fahrzeugen feststellen. Am besten alles fotografieren. Bei mir hat schon manch einer seinen Zivilprozeß gewonnen, weil er mir Fotos vorlegen konnte.

Einen kleinen Fotoapparat sollte jeder Autofahrer im Handschuhfach mit sich führen. Auch wenn der Unfallgegner es nicht für nötig hält, fotografieren Sie den Schaden und den Unfallort. Bilder können vor Gericht ein wichtiges Beweismittel sein.

Für solche Bagatellunfälle braucht niemand die Polizei zu verständigen. Die Unfallstelle muß aber schnellstens geräumt werden, damit der Verkehrsfluß nicht behindert wird.

Die Unfallfeststellungen ermöglichen

Bei solch schweren Beschädigungen sollte die Polizei an den Unfallort geholt werden. Ihrem Unfallgegner und der Polizei müssen Sie Angaben zur Person und zum Fahrzeug machen. Lassen Sie sich aber niemals zu einer Schuldanerkennung überreden. Selbst wenn die Schuld eindeutig bei Ihnen liegt, kann Ihre Versicherung bei einer Schuldanerkennung die Zahlung verweigern.

Wenn der andere Unfallbeteiligte darauf besteht, müssen Sie bis zum Eintreffen der Polizei warten. Unabhängig davon müssen Sie immer warten, bis Ihre Person, Ihr Fahrzeug und die Art Ihrer Unfall*beteiligung* festgestellt sind, auch wenn Sie unschuldig sind oder meinen es zu sein. Zum Unfallhergang selbst brauchen Sie sich nicht zu äußern. In der Aufregung schießt man meist nur Eigentore. Vor allem geben Sie bitte kein Schuldanerkenntnis ab. In den Versicherungsbedingungen ist das untersagt. Wenn Sie sagen: *Für den Schaden komme ich auf* oder *Ich bin schuld,* dann dürfen Sie hinterher den Schaden aus Ihrer Tasche bezahlen. Die Versicherung hat dann das Recht, das Geld von Ihnen zurückzufordern.

Wenn es möglich ist, sollten die beschädigten Fahrzeuge auf die Seite geschoben werden. Liegt eine Gefährdung für andere Verkehrsteilnehmer vor, müssen Sie die Unfallstelle mit dem Warndreieck absichern. Bis alle formellen Dinge abgewickelt sind, darf sich auch keiner der Unfallbeteiligten vom Unfallort entfernen.

Visitenkarte genügt nicht

Nachts auf einer einsamen Landstraße gegen ein geparktes Auto fahren. Wer hat davor nicht auch Angst. Um sich in solch einer Situation richtig zu verhalten und sich nicht strafbar zu machen, bedarf es eines kühlen Kopfes. Selbst wer

Wenn Sie zum Beispiel nachts gegen ein parkendes Auto gestoßen sind, müssen Sie *eine nach den Umständen angemessene Zeit warten,* sonst begehen Sie Unfallflucht. Das kann Sie eine Freiheitsstrafe bis zu zwei Jahren kosten sowie den Führerscheinverlust und bringt Ihnen auch in Flensburg sieben Punkte ein. Die Verkehrsunfallflucht ist ein komplizierter Paragraph. Das sieht man schon daran, daß der Verkehrsunfallflucht-Paragraph der einzige Paragraph des Strafgesetzbuches ist, der einen eigenen Kommentar für sich benötigt. Wie lange Sie warten müssen, hängt unter anderem von der Höhe des Schadens ab, dem Wetter und auch der Uhrzeit. Verschätzen Sie sich aber bitte nicht. Dafür werden Sie hinterher bei meinen Kollegen und mir nicht belohnt. Am besten klemmen Sie einen Zettel mit Namen und Anschrift unter den Scheibenwischer. Dann gehen Sie in die nächste Telefonzelle, um über 110 der Polizei mitzuteilen, daß Sie mit Ihrem Auto (amtliches Kennzeichen) am Unfall beteiligt waren, wer Sie sind, und wo der Unfall stattfand. Dann gehen Sie zur Unfallstelle zurück und warten, bis die Polizei kommt. Es sei denn, man sagt Ihnen, Sie dürften nach Hause fahren. Wenn Sie die Polizei nicht freiwillig benachrichtigen, nützt das nicht viel. Selbst wenn Sie nämlich lange genug gewartet haben und sich dann von der Unfallstelle entfernen durften, müssen Sie immer noch den Unfall *unverzüglich nachträglich* der Polizei melden. Das gilt jedenfalls, wenn es Ihnen nicht gelingt, den Geschädigten über den Zentralruf der Autoversicherer ausfindig zu machen. Der verlangt aber neuerdings, daß Sie auch den Namen des Unfallgegners angeben. Der Zentralruf ist nämlich in der Vergangenheit zu oft mißbraucht worden, um zum Beispiel Namen und Anschrift einer attraktiven Autofahrerin ausfindig zu machen. Sie können natürlich auch den Rat befolgen, den ich als Gast bei Jürgen von der Lippe in *So iss'es* gegeben habe: *Nehmen Sie sich ein Zelt mit und Proviant zum Überwintern.* Und dann warten Sie, bis jemand kommt und Sie aus dem Winterschlaf erlöst.

Besonders auf einsamen Landstraßen ist die Verlockung groß, sich nach einem Unfall aus dem Staub zu machen. Anhand von Lackspuren

und Fahrzeugteilen wird die Polizei bald herausfinden, um welches Fahrzeug es sich handelt. Je nach Höhe des Schadens müssen Sie dann sogar mit Haftstrafen rechnen.

den Unfall melden will und den Besitzer des Fahrzeugs nicht auftreiben kann, daraufhin eine Visitenkarte unter den Scheibenwischer klemmt und meint, nun genug getan zu haben, macht sich der Fahrerflucht schuldig.

Das Verbot, sich nicht vom Unfallort entfernen zu dürfen, dient nicht nur dazu, den Schuldigen zu bestrafen, sondern auch dazu, keine unberechtigten Forderungen aufkommen zu lassen.

Die zivilrechtlichen Interessen des Geschädigten

Allein ist es oft schwierig, alles in der richtigen Reihenfolge zu machen: Zuerst die Verletzten versorgen, dann die Polizei anrufen und wieder zum Unfallort zurück.

Daß man sich nicht unerlaubt vom Unfallort entfernen darf, bedeutet praktisch, daß man sich mehr oder weniger der Polizei *stellen* muß. Der Zweck der Vorschrift ist es aber nicht, eine Bestrafung des Schuldigen zu erreichen. Trotz unseres Rechtsempfindens hat auch Verkehrsunfallflucht nichts mit Moral zu tun. Geschütztes Rechtsgut ist die Beweissicherung für die zivilrechtlichen Schadenersatzansprüche der Beteiligten untereinander. Damit soll erreicht werden, daß der Geschädigte zu seinem Recht kommt, und daß er nicht mehr bekommt als ihm zusteht. Das Ziel ist also die Sicherung berechtigter und die Abwehr unberechtigter Ansprüche. Insofern ist es konsequent, daß die Haftpflichtversicherung bei dem Rückgriff nehmen kann, der sich unerlaubt vom Unfallort entfernt hat. Ihr bleibt ja nunmehr nichts anderes übrig, als sich auf die Angaben des anderen Beteiligten zu verlassen. Wer Unfallflucht begeht, wird also sozusagen doppelt bestraft.

Verlassen Sie nach solch einem Crash niemals den Unfallort. Weder zu Fuß noch mit dem Auto. Selbst wenn Sie etwas getrunken haben, urteilen die Richter milder als bei einer Fahrerflucht.

Ich lasse mich abschleppen

Nur wenige Leute sind sich der Gefahr bewußt, die beim Abschleppen eines Wagens besteht. Macht einer der beiden Fahrzeuglenker, ob im schleppenden oder im abzuschleppenden Fahrzeug, einen Fehler, kann es zu heiklen Situationen kommen.

Ein Abschleppseil gehört zur festen Ausstattung eines jeden Autos. Nur die wenigsten können damit allerdings umgehen. Ein Abschleppseil gehört an den Abschlepphaken und nicht um die Stoßstange.

Das Seil sollte während der Fahrt immer gespannt sein. Darauf müssen insbesondere die Insassen des abzuschleppenden Fahrzeugs achten.

Über das Abschleppen besteht vielfach Unklarheit. Hier die aus meiner Sicht wichtigsten Vorschriften: Wenn Sie auf der Autobahn verunglückt oder liegengeblieben sind, müssen Sie die Autobahn bei der *nächsten* Ausfahrt verlassen. Ist das außerhalb der Autobahn geschehen, dürfen Sie diese auf keinen Fall benutzen, auch wenn das näher wäre. Während des Abschleppens haben beide Fahrzeuge das Warnblinklicht einzuschalten. Das abgeschleppte Fahrzeug ist sozusagen ein *Anhänger.* Der Führer des abschleppenden Fahrzeuges braucht also nicht die Fahrerlaubnis für einen *Zug,* sondern nur die für sein eigenes Fahrzeug. Wer im abgeschleppten Fahrzeug sitzt, *führt* es theoretisch nicht. Fragen Sie mich bitte jetzt nicht spitzfindig, ob Sie ohne Fahrerlaubnis und im betrunkenen Zustand das abgeschleppte Fahrzeug lenken dürfen. Es ist Ihnen doch hoffentlich klar, daß der Lenker des abgeschleppten Fahrzeugs zu seiner *Bedienung geeignet* sein muß. Für mich ist es auch klar, daß Motorräder nicht abgeschleppt werden dürfen. Das ist einfach zu gefährlich. Deshalb wird das auch bei der nächsten Gesetzesänderung ausdrücklich klargestellt.

Eine Abschleppstange erleichtert Ungeübten das Abschleppen ungemein. Niemand muß auf den Abstand achten, und das hintere Fahrzeug bremst sich von selbst ab.
Wer mit dem Seil schleppt, sollte mit dem anderen Fahrer Handzeichen vereinbaren, damit dieser nicht durch eine Reaktion des Schleppenden überrascht wird. Der Abzuschleppende sollte, wenn es geht, den Motor laufenlassen. Läuft der Motor nicht, daran denken, daß die Bremse und auch die Lenkung bei den meisten Autos dann schwerer gehen. Beide Fahrzeuge müssen mit Warnblinkanlage fahren. Dem nachfolgenden Verkehr sollten Sie durch Handzeichen Richtungswechsel anzeigen.

Achtung vor Abschlepphaien

Abschleppwagen sind meist erstaunlich schnell am Unfallort. Auch wenn Sie über die angebotene Hilfe glücklich sind, seien Sie besser vorsichtig. Oft ist gegenüber den Helfern in der Not gesundes Mißtrauen angebracht.

Vertrauen Sie sich nach einem Unfall bitte nicht blindlings jedem an, der *rein zufällig* mit einem Abschleppfahrzeug vorbeikommt. Solchen *Helfern,* die Ihnen eine Unterschrift abverlangen und dafür versprechen, *alles* für Sie zu *regeln,* ist mit äußerstem Mißtrauen zu begegnen. Ich selbst hatte schon mehrfach Veranlassung, als Richter zu entscheiden, daß alle Verträge, die unter Ausnutzung des Unfallschocks an der Unfallstelle geschlossen werden, sittenwidrig und damit nichtig sind. Trotzdem bekommen Sie in der Regel anschließend erheblichen Ärger mit der gegnerischen Haftpflichtversicherung. Die Abschlepphaie haben nämlich nur ein Interesse: *Selbst* zu verdienen. Deshalb werden Ihre Ansprüche von der gegnerischen Haftpflichtversicherung hinterher auf das zurückgekürzt, was *erforderlich* ist, um Ihren Schaden auszugleichen. Sie können also auf erheblichen Geldbeträgen sitzenbleiben. An Ihrer Stelle würde ich daher lieber erst einmal drüber schlafen, bevor ich etwas unterschreibe.

Abschleppen auf der Autobahn ist verboten. Sie dürfen das Fahrzeug nur bis zur nächsten Ausfahrt schleppen und müssen dann runter von der Autobahn.

Wer eine Panne hat, ist für fremde Hilfe dankbar. Obwohl es für jeden selbstverständlich sein sollte, einem in Not geratenen zu helfen, gibt es immer wieder Leute, die diese Not ausnutzen. Seien Sie darum besonders vorsichtig, wenn jemand von Ihnen eine Unterschrift möchte. Abschlepphaie denken meist nur an ihre eigene Kasse und wollen an Ihnen verdienen.

18. Bloß keinen Ärger mit

Solange wir nicht selbst etwas mit der Polizei zu tun haben, steht sie auch in unserem Ansehen hoch oben. Wir schätzen ihre Arbeit generell positiv ein, haben aber trotzdem meist ein ungutes Gefühl, wenn wir ihr als Verkehrsteilnehmer irgendwo begegnen. Eine Konfrontation mit der Polizei muß aber nicht unbedingt mit Ärger verbunden sein.

Das Image der Polizei im allgemeinen ist sehr gut. Bei einer 1970 vom Arbeitskreis für Rechtssoziologie Köln durchgeführten repräsentativen Bevölkerungsbefragung waren 57 Prozent der Meinung, der Slogan, *die Polizei – Dein Freund und Helfer*, sei zutreffend. 81 Prozent der Befragten wollten damals der Polizei helfen, einen Taschendieb zu fangen und 63 Prozent hätten der Polizei ohne Bedenken sogar ihr Auto zur Verfügung gestellt, um einen Bankräuber zu verfolgen. Damals setzten CDU-Sympathisanten die Polizei unter 13 zu benotenden Institutionen sogar auf Platz Eins vor die Kirche, die hinter den Großunternehmen nur den dritten Platz erhielt.

Die Polizei – Dein Freund und Helfer

Überall, wo es Probleme gibt, verlangen wir von der Polizei, daß sie auf der Stelle da ist und uns hilft. Ganz gleich, ob es sich um einen Unfall handelt, oder ob wir auf ihre Hilfe angewiesen sind, wenn an einer Kreuzung die Ampelanlage ausgefallen ist.

Wird ein Verkehrsteilnehmer von der Polizei auf die Seite geholt, ändern sich die Sympathien sofort. Es ist weniger die Angst vor der Strafe, die wir in solchen Fällen meist verdient haben, als vielmehr die Wut darüber, erwischt worden zu sein. Die anderen Verkehrsteilnehmer beobachten diesen Vorgang meist mit großer Neugier, was uns noch besonders ärgert. Im umgedrehten Falle lachen wir uns ins Fäustchen über den Dummen, der sich hat erwischen lassen.

der Polizei

Bei einem Einsatz darf die Polizei auch über rote Ampeln fahren, um möglichst schnell zum Tatort zu gelangen. Dort wartet man zwar schon ungeduldig auf das Eintreffen der Beamten, aber man steht dieser Situation auch mit gemischten Gefühlen gegenüber.

Die Polizei als Fallensteller?

Daß unsere gute Einschätzung der Polizei rapide sinkt, wenn wir als Verkehrssünder auf frischer Tat ertappt werden, ist menschlich verständlich. Nach einer anderen Untersuchung ist für 23 Prozent der Autofahrer der *grüne Rock* manchmal ein *rotes Tuch.* Polizeibeamte werden dann in meinen Akten in der ersten Verärgerung am Tatort als *heimtückische Wegelagerer und Fallensteller* tituliert, die nur ihr *Blöckchen voll kriegen* und sich einen *Stern verdienen* wollen. Kurz: *Sie sollten lieber richtige Verbrecher fangen.* Überlegen Sie bitte einmal ganz nüchtern, warum wir in eine *Falle* geraten. Wir übertreten des öfteren Regeln und werden nicht erwischt. Eines schlechten Tages werden wir aber doch einmal auf frischer Tat ertappt und dann sind wir über den Schutzmann verärgert, anstatt über uns selbst. Nach meiner Ansicht gibt es kein Recht, bei Regelverstößen *nicht* erwischt zu werden.

Einerseits wissen wir alle, daß wir auf die Polizei nicht verzichten können, andererseits ärgern wir uns auch oft über sie und beschimpfen sie. Besonders als Verkehrsteilnehmer haben wir immer ein schlechtes Gewissen. Werden wir bei einem unserer zahlreichen Vergehen ertappt, bezichtigen wir die Polizei gleich der Wegelagerei.

Wie fahre ich energiesparend und umweltfreundlich?

Wodurch Sie schon jetzt energiesparend fahren können, kann ich Ihnen sagen. Ich habe mir einfach die dazugehörigen Prüfungsfragen durchgelesen: Wenn die Ampel gleich rot werden muß, langsam drauf zurollen. Abstellen des Motors vor roten Ampeln und geschlossenen Schranken. Nicht mit dem Gaspedal spielen. Bei Grün keinen Kavalierstart. Sie verbrauchen damit 40 Liter auf 100 km/h. Kein Kickdown. Im Winter kein Warmlaufenlassen des Motors im Stand. Besser gleich starten. Reifendruck bei Beladung erhöhen. Rechtzeitig auf Sommerbereifung wechseln. Luftfilter, Vergaser, Zündung und Kerzen regelmäßig überprüfen lassen. Höchstgeschwindigkeit, insbesondere auf der Autobahn, spart wenig Zeit und kostet viel Geld. Nach einem ADAC-Test können Sie auf den 1550 Kilometern von München nach Hamburg und zurück nach München 95 Minuten herausschinden, wenn Sie Ihre *Durchschnitts*geschwindigkeit von 102,4 auf 117 km/h steigern. Dafür vergasen Sie aber knapp 50 Liter mehr Benzin, die ausreichen würden, bis Genua weiterzufahren. Eine vernünftige mittlere Reisegeschwindigkeit kostet wenig Zeit und spart Geld wie auch Gesundheit und Leben. Außerdem schont sie auch die Umwelt. In den drei Jahren vor der sogenannten Energiekrise 1973 hatten wir 56.757 Tote im Straßenverkehr. In den drei Jahren danach nur noch 44.304. Das waren knapp 22 Prozent weniger. Allein das Benzinsparen hat uns also 4151 Tote pro Jahr oder Tag für Tag mehr als elf Tote einsparen helfen. Damit ist die Ölkrise für mich immer noch die wirksamste Verkehrssicherheitsmaßnahme aller Zeiten. Weil wir unfreiwillig das taten, wozu wir uns freiwillig nicht bereitfinden.

Stehen wir an einer roten Ampel, sollten wir, um Energie zu sparen, den Motor abschalten. Wird es Grün, nicht mit einem Kavalierstart auftrumpfen, sondern ruhig anfahren und so schnell wie möglich hochschalten. Nur so sparen wir Energie und schonen die Umwelt.

Wer am Urlaubsort nicht auf sein Automobil verzichten kann, die lange Anfahrt aber scheut, für den gibt es die Möglichkeit, mit dem Autoreisezug entspannt und ohne Umweltbelastung an seinen Zielort zu gelangen. Der ADAC gibt gerne Auskunft über das Streckennetz und die Kosten.

Beseitigung von Unfallbrennpunkten

Zu den Aufgaben der Polizei gehört es auch, den Verkehr zu beobachten und Möglichkeiten zur Beseitigung von Unfallbrennpunkten zu finden.

Unfallschwerpunkte gibt es überall, wo mindestens zwei Verkehrsflüsse aufeinandertreffen. Es gehört zur Aufgabe einer jeden Polizeistation, solche Stellen zu entschärfen. Aber auch die Verkehrsteilnehmer müssen dann mithelfen und einsichtig sein. Die aufwendigste Verbesserung nutzt nichts, wenn sie keine Beachtung findet.

Jeder von uns kann sagen, wo es in der Nähe seiner Wohnung die meisten Unfälle gibt. Wir sollten diese Informationen an die Polizeibehörden weiterleiten, die sie in ihre Unfalltypen-Steckkarten einbringen kann. Konkrete Verbesserungsvorschläge, wie, welche Unfälle wo vermieden werden können, leitet die Polizei an die zuständigen Behörden weiter. Ihre Hilfe kann also zur Unfallverhütung beitragen.

Die Hauptaufgabe der Polizei ist es sicherlich, Verkehrsunfälle zu verhüten und zu bekämpfen. Dazu hat die Polizei *alle* Möglichkeiten auszuschöpfen, die ihr zur Verfügung stehen. Ein wenig bekannter Schwerpunkt polizeilicher Arbeit ist die Beseitigung von Unfallbrennpunkten.
In ganz Deutschland führen die Polizeibehörden Unfalltypen-Steckkarten. An diesen Karten kann man eine Unfallhäufung an bestimmten Straßenstellen frühzeitig erkennen. Weiter kann man auch feststellen, ob die Unfälle auf vergleichbare Weise zustande gekommen sind. Als nächstes wird dann untersucht, ob und wie sich die örtlichen Verhältnisse auf das Unfallgeschehen ausgewirkt haben. Und zum Schluß macht die Polizei ganz konkrete Verbesserungsvorschläge an die zuständigen Behörden. So hat die Polizei mit Sicherheit schon manch einem Verkehrsteilnehmer Gesundheit oder Leben gerettet, ohne daß dieser überhaupt etwas davon weiß. Lassen Sie sich einmal von Ihrer Polizei die Unfallsteckkarte für Ihren Wohnort oder Ihr Wohnviertel zeigen. Sie werden erstaunt sein, was man alles daraus ablesen kann.

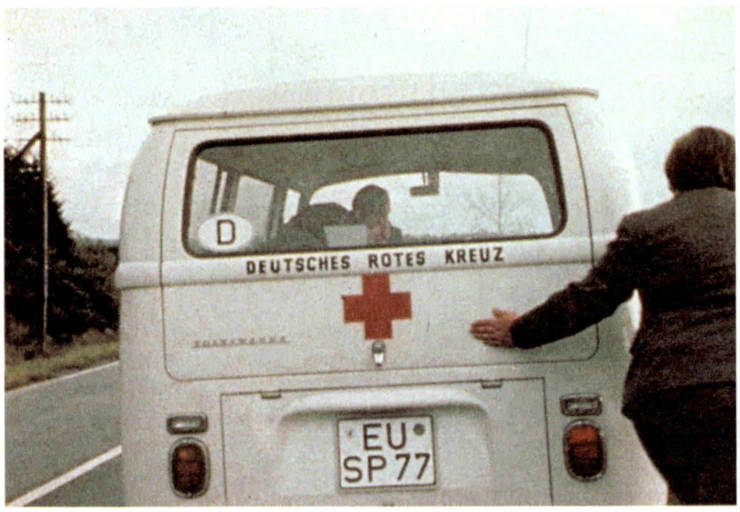

Bei einem Unfall sind wir auf schnelle Hilfe angewiesen. Nicht jeder Landkreis besitzt aber genügend und zudem optimal ausgerüstete Rettungsfahrzeuge. Deshalb helfen Spenden an die verschiedenen Hilfsorganisationen Leben retten.

Bekämpfung der Hauptunfallursachen

Die Rheinländer haben seit über 100 Jahren ein gesundgebrochenes Verhältnis zur Obrigkeit. In einem alten Karnevalslied ist die Rede von dem Schutzmann, der *an d'r Eck steit un' der janzen Dach nix deit* (= der an der Ecke steht und den ganzen Tag nichts tut). Damit wird dem Schutzmann Beamtenfaulheit vorgeworfen, obwohl diese ja eigentlich erwünscht ist. Denn, wenn der Schutzmann zu diensteifrig tätig werden würde, könnte er einen ja auch erwischen. Dieses gespaltene Verhältnis gegenüber der Polizei kann man ruhig auf die gesamte Bundesrepublik übertragen. Die Polizei soll möglichst alle Missetäter stellen, bloß *mich* nicht. Andererseits soll die Polizei die Hauptunfallursache im Keime ersticken. Das sind nach der polizeilichen Statistik unter anderem:

- nicht angepaßte Geschwindigkeit,
- Fehler beim Abbiegen, Wenden, Rückwärtsfahren,
- Nichtbeachten der Vorfahrt oder des Vorranges (an der Ampel wie am Stoppschild),
- ungenügender Sicherheitsabstand,
- Teilnahme am Straßenverkehr unter Alkoholeinfluß,
- falsches Verhalten von Fußgängern beim Überschreiten der Fahrbahn,
- Fehler beim Überholen,
- Falsches Verhalten gegenüber Fußgängern.

Sie werden mühelos erkennen, daß unter diesen acht Hauptunfallursachen vier sind, die die Polizei mit Hilfe technischer Hilfsmittel oder einfacher Beobachtung mühelos feststellen kann. Angesichts ihres knappen Personals kann die Polizei aber weder überall gleichzeitig sein, noch auf technische Hilfsmittel, wie Radargeräte, automatische Kameras und Alcotestgeräte, verzichten.

Wir könnten die Polizei bei der Bekämpfung der Hauptunfallursachen durch entsprechendes regelgerechtes Verhalten im Straßenverkehr unterstützen. Einen Teil zur Verkehrssicherheit muß jeder von uns beitragen.

Jeder findet es gut, wenn andere Verkehrsteilnehmer, die sich falsch verhalten, von der Polizei bestraft werden. Erwischt es aber uns selbst, war sicherlich alles ganz anders, und wir versuchen, uns aus der unangenehmen Situation herauszureden. Hielten wir uns an die Regeln, könnten wir selbst die Unfälle im Keim ersticken und brauchten dafür nicht die Polizei. Würde also niemand gegen die Regeln verstoßen, gäbe es kaum Unfälle, und die Polizei könnte sich ganz auf die Verbrechensbekämpfung konzentrieren, wie wir es uns immer wünschen.

Zu einer der Hauptunfallursachen gehört das falsche Überholen. Trotz glatter Fahrbahn und einer unübersichtlichen Kurve versucht der Pkw, einen Straßendienstwagen zu überholen.

Das entgegenkommende Fahrzeug kann der Fahrer des weißen Pkws dabei überhaupt nicht sehen und fährt ahnungslos auf die Gefahr zu.

Als der Fahrer des roten Wagens die Gefahr erkennt, ist es für ihn und auch für den Fahrer des weißen Pkw zu spät, einen Unfall zu vermeiden.

Der von oben kommende Fahrer versucht noch, die Situation zu retten, indem er in eine Schneewand fährt. Er bringt sich dabei aber selbst in eine heikle Situation, und es kommt trotzdem zum Zusammenprall.

Regeltreue und Verkehrssicherheit

Wer sich ganz genau an die Regeln hält, den halten viele zwar für ein Verkehrshindernis, er kann aber nahezu sicher sein, keinen Unfall zu verschulden. Regeln dienen dazu, einen reibungslosen Verkehrsablauf zu gewährleisten, und wenn sie ein-

Der Lkw-Fahrer hält sich nicht an die Regeln und gefährdet damit die Sicherheit anderer Verkehrsteilnehmer. Sicher, er muß eine Lieferung abgeben und kann diese nicht tragen. Dies darf aber kein Grund sein, für sich eigene Regeln aufzustellen und selbst zu beurteilen, ob dieses Verhalten gefährlich ist oder nicht.

Ab und zu streiten sich die Gelehrten, ob die Polizei mehr verhütend oder mehr verfolgend tätig werden soll. Ich persönlich wäre sehr dankbar, wenn es wissenschaftliche Erkenntnisse gäbe, wie die Polizei das Ziel, Unfälle zu verhüten noch besser erreichen könnte. Leider läßt aber die Wissenschaft die Polizei im Regen stehen. Sie zieht sich nämlich auf den Standpunkt zurück, Regeltreue sei gleich Verkehrssicherheit. Der *normale* Kraftfahrer kennt aber aus eigener Erfahrung Regelverstöße, die in einer konkreten Situation nicht gefährlich sind. So rollen zum Beispiel nach einer amerikanischen Untersuchung zwei Drittel der Kraftfahrer an einem Stoppschild sanft durch, wenn und weil kein Querverkehr vorhanden ist. Manche Verkehrsverstöße sind eben manchmal nicht gefährlich. Andererseits läßt es sich mit Bestimmtheit sagen, daß es keine Unfälle geben würde, wenn wir immer und überall die Verkehrsregeln beachten würden. Regelbefolgung und Verkehrssicherheit sind also zwei Kreise, die sich mehr oder weniger überschneiden, aber nicht vollkommen decken. Die Schnittmenge der beiden Kreise kennt leider niemand so genau. Diese Tatsache verleitet manche Verkehrsteilnehmer zu dem Fehlschluß, sie seien immer selbst im Stande zu beurteilen, welche Regeln sie wo gefahrlos übertreten könnten. Diesen Verkehrsteilnehmern kann ich nur raten: Handeln Sie im Zweifel zugunsten der Sicherheit. Regelbefolgung hat nämlich noch niemand geschadet.

gehalten werden, sinkt auch die negative Bilanz der Unfallzahlen.

Verfolgung von Verkehrsverstößen

Wer sich so rücksichtslos wie der Fahrer des grünen Pkw durch Drängeln auf der Autobahn freie Fahrt verschaffen will, der wird – falls die Polizei Zeuge wird – empfindlich bestraft. Mögliche Unfallursachen müssen vorbeugend bestraft werden und nicht erst, wenn ein Unfall passiert ist.

In Nordrhein-Westfalen hat 1981 der Erlaß des Innenministers über die Verfolgung von Verkehrsverstößen durch die Polizei zu falschen Schlagzeilen geführt. In dem Erlaß stand unter anderem: *Eine kleinliche Verfolgung von Verkehrsverstößen wird dem Ziel, Verkehrsunfälle zu bekämpfen, nicht gerecht.* Die Zeitungen machten daraus: *Minister untersagt Jagd auf Knöllchen.* Das wiederum veranlaßte vermeintlich mündige Bürger hinterm Steuer, die Berechtigung polizeilicher Maßnahmen grundsätzlich in Frage zu stellen. Nach dem Motto: *Sie dürfen doch hier überhaupt nicht kontrollieren!* Dieser Standpunkt ist natürlich falsch. Die Polizei darf immer und überall. Auf die Gefahr hin, mich zu wiederholen: Es gibt kein Recht, bei Regelverstößen ungeschoren davonzukommen. Wenn der Polizei niemand so genau sagen kann, wie sie die Verkehrsunfälle verhüten kann, ohne auch Verkehrsverstöße zu verfolgen, dann hat sie meiner Ansicht nach nicht nur ein Recht, sondern sogar die Pflicht, die Regelbefolgung zu bewachen.

Liest man die Zahlen von Verkehrsunfällen, ist es kaum verständlich, daß der Innenminister in Nordrhein-Westfalen das Vorgehen der Polizei gegen Verkehrssünder kritisiert hat. Solche Erlasse, der Öffentlichkeit zugänglich gemacht, stellen die Glaubhaftigkeit der Polizei in Frage.

Drei Situationen, die, auch wenn es nicht zum Unfall kommt, eine Bestrafung nach sich ziehen. Der Lkw überschreitet beim Überholen die zulässige Höchstgeschwindigkeit, der gelbe Pkw (Bild in der Mitte) überholt vor einer Kurve und der gelbe Pkw (rechtes Bild) hat trotz einer durchgehenden Linie überholt.

Polizeiliches Ermessen – Verwarnungsgeld und Anzeige

Polizisten müssen am Tatort direkt entscheiden, ob das Vergehen mit einer Anzeige bestraft wird, oder ob ein Verwarnungsgeld ausreicht. Bei Unfällen auf der Autobahn kommen die Polizisten meist um eine Anzeige nicht herum, fährt aber jemand rückwärts in eine Einbahnstraße, weil er eine Parklücke entdeckt hat, belassen sie es meist bei einer Verwarnung mit 20,– DM.

Polizisten kommen nur ihrer Pflicht nach, wenn Sie für ein Vergehen bestraft werden. Seien Sie darum höflich, dann geht es oft ohne Anzeige, und Sie kommen mit einem Verwarnungsgeld davon.

In dem Ministerialerlaß von 1981 steht auch noch sehr konkret, in welchen Fällen der Polizeibeamte sein Ermessen ausüben und unter Umständen sogar ein Auge zudrücken kann. Vor kurzem wurde mein Taxifahrer angehalten, weil er ein Stoppschild überrollt hatte. Der Polizeibeamte fragte ihn: *Sind Sie mit 20,– DM einverstanden?* Als der Taxifahrer nicht so recht wußte, ob er wollen sollte, habe ich mich ein klein bißchen eingemischt und gesagt: *Die nehmen wir dankend an, Herr Wachtmeister.* Nachdem der Polizeibeamte dann die Quittung ausgestellt hatte, sagte er: *Dankeschön, gute Fahrt!* Anschließend habe ich dem Taxifahrer, der anscheinend noch neu im Gewerbe war, erläutert, daß das Überfahren eines Stoppschildes ebenso wie ein Rotlichtverstoß an sich 100,– DM und drei Punkte in Flensburg kostet. Im Durchschnitt der 14 Jahre von 1971 bis 1984 entfielen in Köln von den polizeilichen Verfolgungsmaßnahmen knapp drei Fünftel (= 60 Prozent) auf Verwarnungen mit Verwarnungsgeld, mehr als ein Drittel (= 37 Prozent) auf Ordnungswidrigkeiten-Anzeigen und nur etwas über drei Prozent auf Strafanzeigen wegen Verkehrsdelikten. Die Annahme eines Verwarnungsgeldes setzt das Einverständnis des Betroffenen voraus. Von den Ordnungswidrigkeiten-Anzeigen werden bundesweit etwa 90 Prozent ohne Einspruch akzeptiert. Daraus schließe ich, daß mehr als neun von zehn Ertappten und sanktionierten Verkehrssündern im Grunde mit der Polizei zufrieden sind. Wenn man noch die unzähligen mündlichen Verwarnungen ohne Verwarnungsgeld mitzählen würde, wären es sicher 99 Prozent.

Geraten Sie in eine Polizeikontrolle, denken Sie an das Sprichwort: Wie man in den Wald ruft, so schallt es auch wieder raus.

Höflichkeit macht sich bezahlt

Nach dem bekannten Wort des Soziologen Jerome H. Skolnick ist der Polizeibeamte eine Mischung aus Soldat, Lehrer und Schwerarbeiter. Machen Sie ihm also das Leben nicht unnötig schwer. Auch wenn es Ihnen schwerfällt, respektieren Sie ihn als das, was er ist: Einer, der nur seine Pflicht und Schuldigkeit tut. Wenn Sie also aufgefordert werden, den Alco-Test zu machen, dann machen Sie ihn. Wenn er Ihre Papiere sehen möchte, fangen Sie keine Grundsatzdiskussion darüber an, ob er Ihren kostbaren Führerschein anfassen darf. Selbstverständlich darf er sich durch Augenschein von der Echtheit des Papiers überzeugen. Es hat auch keinen Sinn, die Berechtigung eines bestimmten Stoppschildes oder eines Tempolimits in Zweifel zu ziehen. Erstens hat der Polizeibeamte die Schilder nicht aufgestellt und zweitens können fehlerhaft aufgestellte Schilder allenfalls vom Verwaltungsgericht beseitigt werden. Beim Polizeibeamten und beim Verkehrsrichter haben sie solange Gültigkeit, wie sie da stehen. Und wie soll wohl schließlich drittens der Beamte Ihrer Meinung nach in einem solchen Fall sein Ermessen ausüben, wenn er beim besten Willen an Ihnen nichts finden kann, was den Verkehrsverstoß in einem milderen Licht erscheinen ließe?

Der Fahrer des grünen Wagens fährt auf der linken Spur weiter, obwohl das rote Kreuz über der Fahrbahn deutlich anzeigt, daß diese Fahrbahn nicht benutzt werden darf. Wenig später kommt es durch diesen Fehler zu einem Unfall, bei dem mehrere Fahrzeuge beschädigt werden. In einem solchen Fall brauchen Sie gar nicht mit dem Ermessen der Beamten zu rechnen. Hier haben die Polizisten feste Bestimmungen, an die sie gebunden sind. In weniger schweren Fällen drücken die Beamten auch schon mal beide Augen zu.

An verkehrsabhängigen Ampelanlagen gibt es Probleme, wenn jemand über die Kontaktschleifen fährt und dann stehenbleibt. Er muß dann noch weiter vorfahren, um dem Nachfolgenden die Schleife frei zu machen. Hierbei überfährt er die Haltelinie. In solchen Fällen drückt die Polizei meist beide Augen zu.

Halten Fußgänger sich nicht an die Regeln, kommen sie meist ohne Strafe davon. Sollten Erwachsene sich aber nicht so vorbildlich wie diese Frau vor Kindern verhalten, müßte es schon deshalb eine Strafe geben, weil wir durch unser regelwidriges Verhalten Kinder zum unüberlegten Nachahmen verleiten könnten.

Beleidigung ist ein Vergehen

Polizeibeamte wollen ebenso wie wir als Menschen behandelt werden. Wer einen Mitbürger mit Schimpfnamen bedenkt, muß damit rechnen, eine Anzeige zu bekommen. Dies gilt auch für Polizistenbeleidigung.

Wenn Sie nach einem Unfall aufgeregt sind, dann sagen Sie zur Sache selbst am besten vorerst gar nichts. Erbitten Sie sich Bedenkzeit. Wenn Sie nicht wollen, müssen Sie keine Aussage zur Sache machen. Wenn Sie, aus welchen Gründen auch immer, verärgert sind, lassen Sie auf keinen Fall Ihren Ärger an dem Beamten aus. Wenn man einen Polizeibeamten als *blöden Bullen* bezeichnet, muß man sich nicht wundern, daß auch der Dienstvorgesetzte aus grundsätzlichen Erwägungen heraus Strafanzeige erstattet. Eine Geldstrafe von einigen Hundert bis Tausend Mark ist dann keine Seltenheit. Wurde die Beleidigung öffentlich vor herumstehenden Personen begangen, kann der Richter auf Antrag anordnen, daß die Verurteilung ebenso öffentlich, zum Beispiel in einer Tageszeitung, bekannt gemacht wird. In Berlin sind so in einem Jahr unversehens 103 Beleidiger von Polizeibeamten in eine Zeitung geraten.

Wieviel Zeugen braucht man gegen einen Schutzmann?

In südlichen Ländern ist es oft selbstverständlich, eine rote Ampel zu ignorieren. Bei uns können sich zwei wegen des gleichen Delikts verurteilte Autofahrer zum Glück nicht gegenseitig als Zeugen entlasten.

Würde der Fahrer des hinteren Wagens die beiden bei Rot Fahrenden anzeigen, müßten diese, obwohl sie in der Überzahl sind, mit einer Bestrafung rechnen. Der hintere Fahrer ist nämlich unparteiisch und neutral.

Wer einem Verkehrspolizisten entgegenschleudert: *Das müssen Sie mir erst einmal beweisen – ich bin im Rechtsschutz,* verkennt die Rechtslage. Jeder Zeuge ist ein Beweismittel. Der Schutzmann ist als *Anzeigender* kein *Ankläger,* sondern ein *Zeuge.* Ein Polizeibeamter braucht also grundsätzlich keinen weiteren Zeugen neben sich. Immer wieder höre ich als Richter Aussprüche wie: *Gegen einen Schutzmann braucht man sieben Zeugen.* Oder: *Ein Schutzmann hat immer Recht.* Nehmen wir einmal an, an einer Kreuzung steht ein Fußgänger vor einer Fußgängerampel. Er will gerade seinen Fuß auf die Fahrbahn setzen, weil er Grün bekommen hat, als ein Auto noch durchzieht. Der Autofahrer benennt drei Beifahrer als Zeugen. Alle sagen, *wir hatten Grün.* Wem wird das Gericht Ihrer Meinung nach Glauben schenken? Natürlich dem Fußgänger. Er ist unparteiisch und neutral. Es kommt also nicht auf die Quantität der Zeugen an, sondern auf die Qualität der Aussagen.

Mein Mann hatte Grün

Einen Rotsünder, der sich schuldig bekennt, gibt es so gut wie nicht. Meist bringt er auch noch zweifelhafte Zeugen mit.

Eine nette ältere Dame sagte bei mir aus, ihr Mann sei bei Grün in die Kreuzung eingefahren. Ich fragte sie, ob sie denn die Ampel rechts überhaupt gesehen habe, weil sie links hinter dem Fahrer gesessen hatte. Sie antwortete treuherzig: *Nein. Das ist aber auch gar nicht nötig. Ich weiß nämlich ganz genau, daß mein Mann immer nur bei Grün in die Kreuzung fährt.* Der Bundesgerichtshof hat entschieden, daß ein Richter sein Urteil auf die Aussage eines einzelnen Polizeibeamten stützen darf, selbst wenn dieser nur noch zu berichten weiß, er hätte keine Anzeige erstattet, wenn die Ampel für den Betroffenen fünf Meter vor der Haltelinie von Grün auf Gelb umgesprungen wäre. Der Beamte, der an einer Unfallkreuzung Rotlichtverstöße kontrollieren soll, hat gegen Sie persönlich überhaupt nichts. Es sei denn, Sie wären an Ort und Stelle auf Kollisionskurs gegangen. Ich habe es schon oft erlebt, daß Polizeibeamte auch für den Betroffenen günstige Einzelheiten ausgesagt oder auf Befragen eingeräumt haben. Immer war es dann aber an Ort und Stelle des Geschehens friedlich zugegangen.

19. Möglichst wenig Ärger

Das Kleingedruckte – die Allgemeinen Versicherungsbedingungen

Als Jurist habe ich menschliches Verständnis dafür, daß der normale Bürger das Kleingedruckte seiner Allgemeinen Versicherungsbedingungen nicht verstehen kann. Wenn er es überhaupt schafft, sie bis zu Ende durchzulesen. Die Allgemeinen Bedingungen für die Kraftfahrtversicherung (= AKB) umfassen acht Seiten DIN A 4, die zweispaltig eng beschrieben sind. Über die Hälfte der Bevölkerung ist der Meinung, Juristen würden die Dinge nur unnötig verkomplizieren. Nach meinem persönlichen Urteil trifft das besonders auf das verklausulierte Versicherungsrecht zu. Selbst für Volljuristen besteht es zunächst aus einer Unzahl von Büchern mit jeweils sieben Siegeln.

Die billigste Versicherung ist die beste

Die AKB haben aber auch ein Gutes. Sie sind vom Bundesaufsichtsamt für das Versicherungswesen genehmigt und für alle Versicherungen (mit Ausnahme der Krankenversicherungen) gleich. Deshalb ist die billigste Versicherung die beste. Übersichtstabellen bekommen Sie beim ADAC, beim Bund der Versicherten, der Stiftung Warentest und den Verbraucherberatungsstellen. Hätte ich als junger Mensch die Heyne-Taschenbücher *Ratgeber Versicherung* von Hans-Dieter Meyer bereits zur Verfügung gehabt, hätte ich viel Geld und manchen Ärger gespart. Unwissenheit kostet eben Geld. Nach einer Allensbach-Untersuchung halten 80 Prozent der Bevölkerung Versicherungen für eine wichtige Sache. Aber nur fünf Prozent haben Lust, sich richtig zu informieren. Das ist nicht verwunderlich. Beim Studium der kleingedruckten Bedingungen kommt wenig Freude auf. Umgekehrt würden nach einer anderen Befragung 80 Prozent bei einem Streit mit ihrer Versicherung sich bei ihrem Rechtsanwalt, der Rechtsschutzversicherung oder Gewerkschaft kundig machen. Aber dann ist es leider meist schon zu spät. Aber davon leben wir Juristen ja schließlich.

Wann beginnt mein Versicherungsschutz?

Auch wenn das Versicherungsrecht noch so kompliziert ist, kann man sich einige wichtige Dinge leicht an den fünf Fingern abzählen. Wer seine Prämien nicht bezahlt hat, genießt keinen Versicherungsschutz. Der Versicherungsschutz beginnt in der Regel nicht schon, wenn Sie Ihre Unterschrift unter den Antrag setzen. Er beginnt auch nicht automatisch mit dem Datum, das auf dem Versicherungsschein steht. Er tritt wirksam grundsätzlich erst in Kraft, wenn die erste Prämie pünktlich gezahlt ist. Kraftfahrzeug-Haftpflichtversicherungen werden oft ab sofort geschlossen. Sie bekommen dann aber nur eine *vorläufige* Deckungszusage. Diese tritt *rückwirkend* außer Kraft, wenn der Versicherungsschein nicht *spätestens innerhalb von 14 Tagen* durch Zahlung der ersten Prämie eingelöst wird, und wenn der Versicherungsnehmer die Verspätung verschuldet hat.

mit der Versicherung

Prämien abbuchen lassen

Auch wenn das Kleingedruckte der Allgemeinen Versicherungsbedingungen für einen juristischen Laien schlecht verständlich ist, liegen einige Dinge bei gesundem Menschenverstand auf der Hand: Wer vertraglich Versicherungsschutz genießen will, muß auch seinen Teil des Vertrages einhalten und die Prämien bezahlen. Am besten lassen Sie sie von Ihrem Konto abbuchen.

Ich muß mich leider immer wieder wundern, wieviele Kraftfahrer die Prämie leichtfertig erst nach dem Unfall zahlen. Ich persönlich lasse seit langem meine sämtlichen Versicherungsprämien von meinem Konto abbuchen und erteile schon bei Vertragsschluß Abbuchungsermächtigung. Dann habe ich das meinige getan. Natürlich muß die Abbuchung von meinem Konto auch gedeckt sein. Wenn Sie diesen sichersten Weg nicht wählen wollen, dann zahlen Sie bitte zunächst und zanken sich erst anschließend mit Ihrer Versicherung, wenn diese Ihnen Ihrer Meinung nach ein paar Mark zuviel abverlangt. Ein Versicherungsnehmer war so unklug, von verlangten 704,40 DM 32,10 DM zurückzubehalten. Der Bundesgerichtshof bescheinigte ihm, daß er deshalb nicht versichert war. Er durfte also den Schaden aus seiner Tasche bezahlen.

Wie erhalte ich meinen Versicherungsschutz?

Wenn der Versicherungsnehmer den Versicherungsfall vorsätzlich herbeiführt, braucht keine Versicherung zu zahlen. Wenn ich also meine Zigarren gegen Feuer versichere, um sie dann genüßlich in Brand zu stecken, dann werde ich zwar nach deutschem Strafrecht nicht wegen vorsätzlicher Brandstiftung verurteilt, bekomme aber andererseits auch nichts von der Versicherung. Das leuchtet jedem ein. Zu vielen Versicherungsnehmern ist aber unbekannt, welche *Obliegenheiten* man erfüllen muß, um seinen Versicherungsschutz nicht zu verlieren. Werden solche Obliegenheiten schuldhaft verletzt, dann kann die Versicherung den Vertrag kündigen und der Versicherungsnehmer verliert unter Umständen seinen Versicherungsschutz.

Obliegenheiten vor dem Unfall

Daß man der Versicherung bei Abschluß des Vertrages nichts Wichtiges verschweigen und nichts Falsches sagen darf, liegt auf der Hand. Die Versicherung muß schließlich wissen, welches Risiko sie eingeht. Deshalb darf ich auch von mir aus nicht die Gefahr erhöhen und nicht mit einem verkehrsunsicheren Fahrzeug mit defekten Bremsen oder schlechter Bereifung losfahren oder einen Motor mit höherem Hubraum einbauen. Wenn ich aus meinem Privat-Pkw eine Taxe machen will, muß ich das selbstverständlich melden. Sie wissen sicher auch, daß ein Fahrer ohne Fahrerlaubnis nicht versichert ist. Daß auch ein *unberechtigter* Fahrer nicht versichert ist, wußte mein Beklagter hingegen nicht. Sein Vater hatte ihm nach seinem ersten Unfall verboten, den Jeep noch einmal zu benutzen. Der Sohn tat es trotzdem und landete im Graben. Die Kaskoversicherung ersetzte dem Vater

Versichert ist Ihr Fahrzeug im gesetzmäßigen Zustand. Wenn Sie das vertraglich abgedeckte Risiko erhöhen, weil Ihr Fahrzeug nicht mehr verkehrssicher ist, haben Sie keinen Versicherungsschutz mehr. Das gilt auch für den »Friseur«, der sein Mofa frisiert und deshalb keine Fahrerlaubnis mehr hat.

den Schaden von rund 4500,– DM. Dann holte sie sich diesen Betrag vom Sohn zurück. Das empfand dieser als nicht sehr fair. Aber der Vater hätte sich natürlich selber strafbar gemacht und seinen eigenen Versicherungsschutz verloren, wenn er die Versicherung belogen hätte.

Im Falle eines Unfalles

Die Versicherung muß den Unfall untersuchen können, um den Schaden sachgemäß zu regulieren. Deshalb ist man gehalten, einen Unfall *innerhalb einer Woche schriftlich* der Versicherung zu melden. Auch wenn man sich unschuldig fühlt. Versicherungsfall ist nämlich jedes Ereignis, das Ansprüche zur Folge haben *könnte*. Das erste Gefühl der Erleichterung am Unfallort ist also leider nicht maßgebend. Es kann nämlich täuschen. Wer Unfallflucht begeht, erschwert der Versicherung die Aufklärung des Versicherungsfalles. Er verwischt sozusagen die Spuren. Das tut auch derjenige, der falsche Angaben macht oder seine Trunkenheit verschweigt. Andererseits darf man die Ansprüche des Unfallgegners auch *nicht anerkennen*. Einräumen dürfen Sie allenfalls den objektiven Hergang des Unfalles. Jeder Versicherungsnehmer muß alles tun, was der Aufklärung des Unfalles und der Minderung des Schadens dient. Also muß man es der Versicherung auch *unverzüglich* melden, wenn der Staatsanwalt anfängt zu ermitteln, oder wenn man einen Strafbefehl oder Bußgeldbescheid bekommt. Das gleiche gilt natürlich auch, wenn man in einem Zivilprozeß verklagt wird. Zur Führung des Prozesses ist die Versicherung *alleine* befugt. Sie stellt mir auch einen Anwalt. Damit soll verhindert werden, daß man durch seine Unbeholfenheit oder Unwissenheit den Prozeß verliert, und die Versicherung dann zu Unrecht oder zuviel zahlen muß. Erst kürzlich war eine Frau bei mir im Gerichtssaal. Ihr war eine Kaminhaube vom Dach auf ein Auto gefallen. Da sie ohne Anwalt kam, fragte ich sie, ob ihre Gebäudeversicherung Bescheid wisse. Als sie nein sagte, habe ich sie blitzschnell aus dem Gerichtssaal gejagt, damit sie ihre Versicherung wenigstens fünf vor zwölf noch informieren konnte. Im nächsten Termin kam sie dann mit dem Anwalt, den die Versicherung ihr besorgt hatte.

Vor wie nach dem Unfall hat man gewisse Verpflichtungen gegenüber der Versicherung, damit sie sachgerecht den Schaden regulieren kann: Man muß den Schaden der Versicherung melden und darf keine falschen Angaben machen und nichts Wichtiges verschweigen.

Nach einem Unfall dürfen Sie, auch wenn Sie sich schuldig fühlen, kein Schuldanerkenntnis abgeben. Sie dürfen also nicht sagen oder schreiben: Ich bin schuld. Ihre rechtliche Beurteilung des Unfalls könnte nämlich falsch sein. Halten Sie besser den Unfallhergang so gut wie möglich fest, wenn die Polizei dies nicht tut. Durch eine Skizze oder Fotos. Schreiben Sie auch die Anschrift neutraler Zeugen auf.

Rückgriff bei Leistungsfreiheit

Verletzt man seine Obliegenheiten vorsätzlich oder auch nur grob fahrlässig, so ist der Versicherungsschutz grundsätzlich verwirkt. Das ist zum Beispiel bei Unfallflucht oder wahrheitswidrigen Angaben der Fall. Es genügt dann, daß die Obliegenheitsverletzung ganz allgemein geeignet ist, die Interessen des Versicherers ernsthaft zu gefährden. Ob die Versicherung auch wirklich einen Schaden erlitten hat oder nicht, ist dann gleichgültig. Wenn die Versicherung Ihnen gegenüber von der Verpflichtung zur Leistung frei ist, bedeutet das, daß sie zunächst dem Geschädigten den Schaden bezahlt. Dann aber nimmt sie bei Ihnen *Rückgriff,* um sich das Geld bei Ihnen zurückzuholen. Die Kraftfahrzeug-Haftpflichtversicherer, nicht aber die Kasko-Versicherer, haben diesen *Regreß* bei Verletzung der Obliegenheiten *nach* dem Unfall in den AKB bei besonders schwerwiegenden Fällen auf 5000,– DM begrenzt. Ansonsten ist der Rückgriff auf 1000,– DM beschränkt. In den Fällen der Verletzung von Obliegenheiten *vor* dem Unfall oder wegen Gefahrerhöhung haben die Kraftfahrzeug-Haftpflichtversicherer den Rückgriff durch geschäftsplanmäßige Erklärung auf 5000,– DM beschränkt. Ausnahme: Der Fahrer hat das Fahrzeug durch eine strafbare Handlung erlangt. Diese Beschränkung des Rückgriffs gilt aber nur für die Kraftfahrzeug-Haftpflichtversicherung. Die Sozialversicherungen hingegen können zum Beispiel die Krankenhauskosten vom Versicherungsnehmer oder dem mitversicherten Fahrer uneingeschränkt zurückverlangen. Wer also schwarzfährt oder ohne Fahrerlaubnis, stürzt im Falle eines Unfalles nicht nur andere ins Unglück, sondern unter Umständen auch sich selber in den Ruin.
Wenn das Unfall-Opfer zum Beispiel berufsunfähig wird oder erwerbsgemindert, bedeutet das, daß der nicht versicherte Schädiger unter Umständen lebenslänglich Rente zahlen muß.

Hoffentlich privathaftpflichtversichert

Die Kraftfahrzeug-Haftpflichtversicherung ist eine Pflichtversicherung und *muß* bei Anmeldung eines Kraftfahrzeuges abgeschlossen werden. Der Abschluß einer Privat-Haftpflichtversicherung ist rein rechtlich betrachtet freiwillig. Für mich ist er aber praktisch ein Muß. Als Verkehrsrichter kann ich nicht verstehen, wie man die paar Mark im Jahr sparen und dabei auch noch ruhig schlafen kann. Wer Weib und Kind hat und vielleicht noch eine Katze, eine Wohnung besitzt, ab und zu zu Fuß geht, mit dem Fahrrad fährt oder auf einem Leihpferd reitet, benötigt unbedingt eine Privat-Haftpflichtversicherung mit möglichst hoher Deckungssumme. Denn oft ist das Verschulden klein, der Schaden aber groß. Im Gerichtssaal frage ich regelmäßig nach einem Fußgänger- oder Radfahrer-Unfall, den ich zu beurteilen habe, ob eine Privat-Haftpflichtversicherung besteht. Zu oft bekomme ich die traurige Antwort: *Jetzt ja.* Wer Hunde oder Pferde hat, Haus- und Grundbesitzer

Kraftfahrzeuge sind durch gesetzlichen Zwang pflichtversichert. Wer keine Versicherung abschließt und trotzdem fährt, fährt ohne Versicherungsschutz. Das ist ein strafrechtliches Vergehen. Eltern, Fußgänger, Radfahrer, Tierhalter und Hausbesitzer sind nicht zwangsversichert. Sie sollten aber eine Privathaftpflichtversicherung abschließen. Damit Sie für alle Fälle in Ruhe schlafen können.

ist und einen Öltank hat, braucht gesonderte Haftpflichtversicherungen. Ein Liter Heizöl kann einige Millionen Liter Wasser verseuchen. Dafür haftet man auch ohne Verschulden. Meine Privat-Haftpflichtversicherung reguliert berechtigte Ansprüche und wehrt unberechtigte ab. Dafür besorgt sie mir kostenlos einen Anwalt.

20. Keinen Ärger mit de

Brauche ich vor dem Verkehrsrichter einen Verteidiger?

Es war während der Fußball-Weltmeisterschaft 1970. Italien hatte die Bundesrepublik mit 4:3 geschlagen und war ins Finale vorgedrungen. Bei mir verteidigte sich ein Italiener wegen einer Ordnungswidrigkeit. Er redete mit Händen und Füßen, und ich bekam kein Bein auf die Erde. Da zückte ich eine gelbe Karte, die ich zufällig vom letzten Verkehrsunterricht an einer Schule noch bei mir hatte. Sie beruhigte den Betroffenen soweit, daß wir uns anschließend vernünftig unterhalten konnten. Aus meiner Sicht ist jeder normale Angeklagte nervös, wenn es um seinen Kopf oder Kragen geht oder auch nur um seine weiße Weste. Gerade deshalb ist er auch befangen. Sein Anwalt hingegen sieht den Fall etwas nüchterner. Nicht zuletzt auch deshalb ist er Garant eines fehlerfreien wie fairen Prozesses. Bitte erwarten Sie von Ihrem Anwalt keine Wunder. Er kann nicht aus schwarz weiß machen. Allerdings kann er dezent darauf hinweisen, daß es dazwischen noch Grautöne gibt. Aus meiner Sicht wirkt ein Anwalt also nicht nur ausgleichend, sondern auch beruhigend. Allerdings gibt es auch Angeklagte, die sich vom besten Verteidiger nicht bremsen lassen. Einer meiner Angeklagten verhaspelte sich beim letzten Wort. Was er sagte, kam einem vollen Geständnis gleich. Daraufhin wurde es im Gerichtssaal mucksmäuschenstill. Und jeder konnte vernehmen, wie der Verteidiger flüsterte: *Ich habe Ihnen doch gesagt, Sie sollen die Schnauze halten!*

Wir Verkehrsrichter werden leider nicht arbeitslos. Immer wieder gibt es Punkte-Sünder, Verkehrsdelinquenten und Unfallgeschädigte, die uns straf- oder zivilrechtlich in Anspruch nehmen. Auch wenn wir nicht alle Ansprüche befriedigen können. Für ein kleines bißchen Recht können Sie nicht zuviel Justiz verlangen.

Und die Bagatellprozesse

Daß man wegen eines Bußgeldes von 10,– DM oder 20,– DM wegen eines Parkverstoßes einen Rechtsanwalt einschaltet und vor Gericht geht, habe ich noch nie als sehr sinnvoll betrachtet. Gleichwohl habe ich mich darüber noch nie geärgert. Denn es ist natürlich weitaus weniger sinnvoll, einen Richter, der acht Jahre Ausbildung hinter sich hat, mit solchen Lappalien zu beschäftigen. Richter Potter Stewart vom Obersten Gerichtshof der Vereinigten Staaten nannte das mir gegenüber einmal eine fürchterliche Verschwendung von Persönlichkeiten (a terrible waste of personality). Ich kenne genügend Richter, die über die Rechtsschutzversicherungen schimpfen. Sie machen für die vermeintliche oder wirkliche Überlastung der Gerichte in erster Linie die steigende Zahl der Rechtsschutzversicherungen verantwortlich. Denn: *Wer kostenlos prozessieren kann, wird dies ja auch hemmungslos tun, auch wenn dies unvernünftig oder aussichtslos ist.*

Die Rechtsschutzversicherungen und der steigende Geschäftsanfall der Zivilgerichte

Wenn die gegnerische Haftpflichtversicherung nach einem Unfall nicht zahlen will, müssen Sie prozessieren, wenn Sie sich mit gutem Grund in Ihrem Recht fühlen und auch Recht bekommen wollen. Die meisten meiner Kläger beim Amtsgericht Köln kommen von vornherein mit einem Anwalt. Viele davon sind auch im Rechtsschutz. Die Rechtsschutzversicherungen haben insgesamt in den letzten Jahren einen enormen Zuwachs zu verzeichnen. Die versicherten *Risiken* sind von 1976 bis 1984 von ca. 13 Millionen DM auf knapp 20 Millionen DM angewachsen. Im gleichen Zeitraum haben sich die Versicherungsfälle um knapp 56 Prozent gesteigert und die Versicherungsleistungen insgesamt sind von 588 Millionen DM auf 1,526 Milliarden DM angewachsen. Das ist eine Steigerung um knapp 160 Prozent. Demgegenüber ist beim Amtsgericht Köln die Zahl der insgesamt erledigten Verkehrs-Zivilprozesse von 1979 bis 1984 nur um etwa 20 Prozent gestiegen. Ein hoher Prozentsatz der Versicherungsleistungen der Rechtsschutzversicherer entfällt denn auch auf den Straf- und Verkehrsrechtsschutz. Insgesamt machen die Rechtsschutzversicherer offenbar ein gutes Geschäft. Von den 1984 vereinnahmten Prämien von 2,235 Milliarden DM mußten sie nämlich nur 1,526 Milliarden DM ausgeben. Zivilrechtlich liegt das sicher auch mit daran, daß alles, was besonders konfliktträchtig ist und zu Prozessen führen könnte, von vornherein vom Versicherungsschutz ausgenommen ist, wie zum Beispiel Bau- und Ehesachen sowie Erbangelegenheiten und bezeichnenderweise auch Ärger mit allen anderen Versicherungen. Die Rechtsschutzversicherung ist die mit den meisten Ausschlußklauseln. Wenn Sie so wollen, ist eine Rechtsschutzversicherung nichts anderes als eine Sparkasse für verlorene Prozesse, für die Sie allerdings 30 Prozent *Zinsen* bezahlen müssen. Wenn Sie kein Recht haben, nützt auch die Rechtsschutzversicherung nichts. Wenn Sie aber Recht haben und klagen müssen, dann bekommen Sie Ihren Rechtsschutz auch bei mir. Ihren Anwalt zahlt dann der Gegner. Falls Sie umgekehrt verklagt werden und zu wenig Einkommen haben, ordne ich Ihnen über die Prozeßkostenhilfe einen Rechtsanwalt bei, falls Ihnen die Haftpflichtversicherung nicht ohnehin einen stellt.

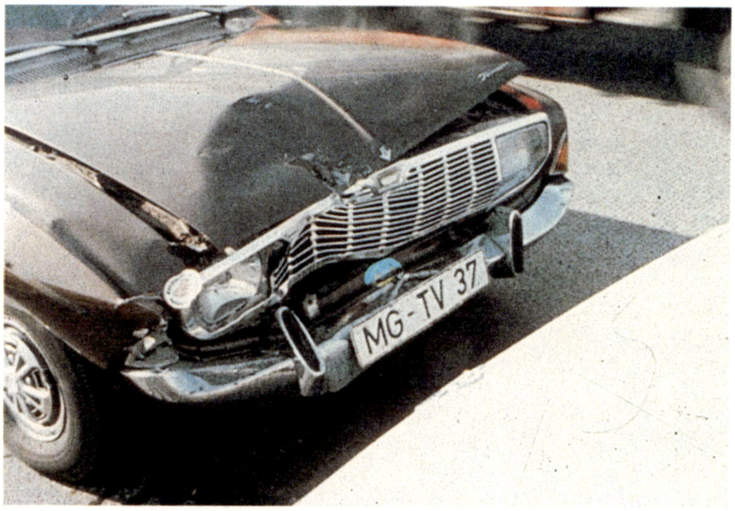

Wenn Sie mich persönlich fragen: Als Richter bin ich selber auch im Rechtsschutz. Das beruhigt so schön. Gerade als Richter weiß ich ganz bestimmt nicht, wie meine Kollegen über meinen Fall entscheiden werden. Deshalb lasse ich mich von meinem Anwalt beraten. Das hat der Justiz schon einige Prozesse erspart.

Die Prozeßquote in der Kraftfahrzeug-Schadensregulierung

Wer in der Pflichtversicherung für Kraftfahrzeuge ist, hat automatisch Rechtsschutz. Die Versicherung führt den Prozeß für ihn, auch wenn er es nicht will, und stellt auch meist einen Anwalt.

Über die Rechtsschutzversicherungen und den steigenden Geschäftsanfall der Gerichte gibt es inzwischen einige soziologische Untersuchungen. Entsprechende Untersuchungen über die Kraftfahrzeug-Haftpflichtversicherer fehlen merkwürdigerweise, obwohl jeder Kraftfahrzeug-Haftpflichtversicherte automatisch *Rechtsschutz* von der Versicherung bekommt. Das Bundesaufsichtsamt für Versicherungswesen, das sonst manches kontrolliert, kontrolliert noch nicht einmal die Prozeßquote der einzelnen Versicherungen. Es ist eben leider, wie ihm das Bundesverwaltungsgericht bescheinigt hat, keine Verbraucherschutzbehörde. Deshalb weiß auch niemand so genau, wieviel Prozent der Schadensersatzansprüche nach Verkehrsunfällen gerichtlich reguliert werden müssen. Nach Angaben des HUK-Verbandes betrug die Prozeßquote in der Kraftfahrzeug-Haftpflichtversicherung Anfang der siebziger Jahre 0,84 Prozent. Nach der Meinung von Fachleuten ist es durchaus wahrscheinlich, daß diese Quote sich inzwischen verdoppelt hat. Da allein die Kraftfahrzeug-Haftpflichtversicherer 1984 3,396 Millionen Schadensfälle zu regulieren hatten, ergibt das bereits über 57.000 Verkehrs-Zivilprozesse. Hinzu kommen die Unfallprozesse aus der Kaskoversicherung und der Privat-Haftpflichtversicherung der Fußgänger, Radfahrer und Tierhalter. 1981 waren beim Amtsgericht Köln ein Prozent aller Richter der Zivilgerichtsbarkeit beschäftigt und es wurden dort knapp drei Prozent aller Zivilprozesse erledigt. Allerdings ist dabei zu berücksichtigen, daß Köln eine Hochburg der Versicherungswirtschaft mit zahlreichen Niederlassungen ist. Die tatsächliche Zahl der Verkehrsunfallprozesse wird daher nach meinen Schätzungen irgendwo um die 100.000 liegen.

Die Prozeßvorteile der Kraftfahrt-Versicherer

Wer einmal in seinem Leben einen Unfall hat und vor Gericht gehen muß, ist ein Laie, der von der Sache nichts versteht. Wer Jahr für Jahr zigtausende Prozesse führt, ist hingegen ein Prozeß-Profi. Er hat entweder eine eigene Rechtsabteilung oder beauftragt spezialisierte Rechtsanwälte, mit denen er zufrieden ist. Er kann auch mittels gezielter Veröffentlichungen das Schrifttum und die Kommentare mit für ihn günstigen Ergebnissen bereichern. Während der Normalbürger Nutzen und Kosten eines Prozesses für sich alleine kalkulieren muß, kann der Profi Mischkalkulation treiben. Für ihn ist es schon lohnend, wenn er unter dem Strich die Mehrzahl der Prozesse gewinnt. Bei der Versicherungswirtschaft kommt noch hinzu, daß sie letztlich risikofreier prozessiert als der einzelne Rechtsschutzversicherte. Bei diesem wird immerhin die Erfolgsaussicht einer Klage geprüft. Die Kosten für verlorene Haftpflichtprozesse trägt im übrigen nicht die einzelne Versicherung, sondern die Solidar-Gemeinschaft der Versicherten, die sie über die allgemeinen Kosten mitfinanzieren muß. 1984 haben die Kraftfahrzeug-Haftpflichtversicherer für verlorene Prozesse 400 Millionen DM ausgeben müssen. Das sind 117,79 DM für jeden einzelnen Schadensfall, ob er nun gerichtlich oder außergerichtlich reguliert wurde. Mit dieser Summe kann man schon einige Anwälte am Leben und einige Verkehrsrichter auf Trab halten.

Die Schadenslast verdirbt das Geschäft

Man kann der Versicherungswirtschaft vieles nachsagen, nur nicht, daß sie *schaden-froh* ist. Von 1970 bis 1984 sind in der Kraftfahrzeug-Haftpflicht die Schadensfälle nur um 16 Prozent gestiegen. Der Schadensaufwand hingegen hat sich fast verdreifacht. Der Anteil der Versicherungsleistungen an den verdienten Prämien betrug 1983 102,5 Prozent. Das bedeutet: Es wurde millionenfach Minus gemacht. Fachleute können sich deshalb des Eindrucks nicht ganz erwehren, daß es in letzter Zeit zunehmend schwieriger geworden ist, seinen Schadensersatz zu bekommen und daß Verkehrsunfallprozesse hartnäckiger geführt werden. Manchmal wird bei mir um Kleinstbeträge gefeilscht. Die Chance, einen Verkehrsunfallprozeß gütlich durch Vergleich zu erledigen, ist ebenfalls in den letzten Jahren gesunken. Meine Kollegen beim Mietgericht oder in der allgemeinen Zivilabteilung erzielen rund 27mal sooft einen Vergleich wie wir Verkehrszivilrichter.

Was steht mir nach einem Verkehrsunfall zu?

Wenn für jeden Schadensfall nur eine einzige Mark zuviel gezahlt wird, addiert sich das für die gesamte Versicherungswirtschaft bei Verkehrsunfällen in einem Jahr auf knapp 40 Millionen DM. Sie würden für eine Mark nicht prozessieren. Die Versicherungswirtschaft kann's und tut's. Sie hat nämlich kaufmännisch kein Prozeßrisiko.

Der Schadensaufwand der Kraftfahrzeug-Haftpflichtversicherer ist natürlich insbesondere auch deshalb gestiegen, weil in den letzten Jahren alles teurer geworden ist. Vielleicht aber auch deshalb, weil die Geschädigten heute besser beraten sind und wissen, was ihnen zusteht. Rechtlich kann der Geschädigte den Geldbetrag verlangen, der *erforderlich* ist, um den Zustand vor dem Unfall wieder herzustellen. Was jedoch im Einzelfall erforderlich ist, ist keineswegs immer unstreitig. Vielmehr gibt es eine Menge *heißer Eisen.*
Hier die meiner Ansicht nach wichtigsten Schadenspositionen: *Wiederbeschaffungswert und Reparaturkosten.*
Bei wirtschaftlichem Totalschaden, wenn also die Reparaturkosten den Wert des Fahrzeuges nicht unerheblich überschreiten, bekommen Sie den Geldbetrag, der erforderlich ist, um sich ein gleichwertiges Fahrzeug zu beschaffen. Das ist der sogenannte Wiederbeschaffungswert. Ob Sie sich dann wirklich ein anderes Fahrzeug anschaffen oder nicht, ist Ihre Sache. Bei größeren Schäden ab 1000,– DM würde ich immer einen Sachverständigen einschalten, um ein Beweismittel über die Schadenshöhe in Händen zu halten. Es sei denn, die gegnerische Versicherung verzichtet darauf. Bei kleineren Schäden genügt ein Kostenvoranschlag. Die Sachverständigengebühren übernimmt auch die Versicherung des Schädigers. Lohnt sich die Reparatur, dann bekommen Sie die Reparaturkosten einschließlich der Mehrwertsteuer. Wenn Sie auf Gutachten- oder Kostenvoranschlag-Basis abrechnen, gibt es oft Ärger über die tatsächliche Höhe des Schadens. Wenn Sie einen Sachverständigen Ihres Vertrauens einschalten, setzt die Versicherung oft einen Hausgutachter dagegen. Im Streitfall muß dann vom Gericht ein weiterer Sachverständiger hinzugezogen werden. Weniger Streit gibt es also, wenn Sie das Fahrzeug reparieren lassen und die Reparaturkosten-Rechnung vorlegen.

In den Unfall-Prozessen beim Amtsgericht Köln, dem zweitgrößten Amtsgericht der Bundesrepublik, wird professionell um jede kleinste Schadensposition gekämpft. Die Rechtsanwälte beider Parteien wie auch der Richter sind Profis. Deshalb werden bei mir auch oft Musterprozesse geführt.

Merkantiler Minderwert

Wenn Ihr Fahrzeug unfallbedingt trotz ordnungsgemäßer Reparatur hinterher weniger wert ist, können Sie unter Umständen auch den kaufmännischen Minderwert geltend machen, auch wenn Sie Ihr Fahrzeug erst später oder gar nicht verkaufen wollen. Der Minderwert hängt ab vom Wert des Fahrzeugs vor dem Unfall, der Höhe der Reparaturkosten, der Marktgängigkeit des Modells und meiner Ansicht nach auch davon, ob der Schaden im Falle eines Weiterverkaufs offenbart werden müßte. Im Streitfall muß er von einem Sachverständigen oder vom Gericht geschätzt werden. Ich benutze dafür eine Tabelle, die auch bei vielen Oberlandesgerichten Anerkennung gefunden hat. Ihr Anwalt hat sie.

Kaufmännischer Minderwert ist der Betrag, den Ihr Fahrzeug auf Grund des Unfalls weniger wert ist. Für einen Lackkratzer gibt es meist nichts. Für einen Schaden, den Sie fairerweise offenbaren müssen, wenn Sie Ihr Fahrzeug weiterverkaufen, gibt es meiner Meinung nach wohl etwas. Aber das ist, wie so vieles im Schadensersatzrecht, streitig und ein heißes Eisen.

Mietwagen oder Tagegeld?

Ein ständiger Streitpunkt in meinen Prozessen sind die Mietwagenkosten. Wenn Sie zum Beispiel ein Ersatzfahrzeug aus beruflichen Gründen dringend brauchen, dürfen Sie eins anmieten. Wenn Sie aber ein gleichwertiges Fahrzeug anmieten, bekommen Sie einen Abzug von 15 Prozent, weil Ihr eigenes Fahrzeug in der Reparaturzeit Verschleiß erspart. Halten Sie sich daher genau an die Empfehlungen des HUK-Verbandes. Mieten Sie ein Fahrzeug der zugeordneten niedrigeren Klasse an. Dann verzichten die meisten Versicherungen auf den Abzug. Wenn die Mietwagenkosten unverhältnismäßig hoch sind, weil Sie entweder zu viel oder aber zu wenig fahren, wendet die Versicherung ein, Sie hätten gegen Ihre Schadenminderungspflicht verstoßen. Grundsätzlich darf man nämlich nur das beanspruchen, was ein vernünftiger Mensch beanspruchen würde. Wenn Sie also täglich nur wenige Kilometer zurücklegen müssen, so daß der Tagesgrundpreis unverhältnismäßig ins Gewicht fällt, überlegen Sie bitte, ob es nicht billiger ist, eine Taxe zu nehmen. Unter Umständen lohnt es sich auch für Sie, auf den Mietwagen oder die Erstattung von Fahrtkosten ganz zu verzichten. Die Versicherungswirtschaft verspricht nämlich als Anreiz für diesen Fall ein Tagegeld, das je nach Modell Ihres Autos 25,50 DM bis 97,– DM pro Tag beträgt. Auch dafür gibt es eine Tabelle, die allgemein anerkannt ist. Einzelheiten sind jedoch wiederum heillos streitig. Fragen Sie deshalb Ihren Anwalt.

Schmerzensgeld

Wenn bei einem Verkehrsunfall ein Mensch verletzt wurde, dann sind Meinungsverschiedenheiten mit dem Schädiger bzw. der Haftpflichtversicherung besonders häufig, um nicht zu sagen vorprogrammiert. Nicht selten gehen die beiderseitigen Vorstellungen erheblich auseinander. Das Schmerzensgeld ist als immaterieller Schaden nicht exakt berechenbar. Es ist vielmehr eine *billige Entschädigung,* die zwei Funktionen hat. Sie soll nämlich dem Verletzten Genugtuung für die erlittene Unbill sowie auch einen Ausgleich für die Schmerzen und die entgangene Lebensfreude verschaffen. Auch für Schmerzensgeldbeträge gibt es Tabellen. In ihnen steht, für welche Verletzungen mit welchen Folgen welche Gerichte welche Beträge zugesprochen haben. Diese Tabellen sind jedoch für den Richter im Einzelfall nicht verbindlich. Deshalb ist es hier besonders nützlich, einen Anwalt einzuschalten.

Ein rücksichtsloser Autofahrer fuhr durch eine Pfütze und besudelte eine junge Frau von oben bis unten. Deshalb hatte sie sich körperlich spürbar geekelt. Sie bekam bei mir entgegen einer Entschließung eines Deutschen Verkehrsgerichtstages ein Schmerzensgeld zugesprochen. Darob wurde ich vom Präsidenten des Verkehrsgerichtstages als »Rheinisches Amtsgericht« getadelt. Für mich ist das heute ein Ehrentitel, weil ich manchmal nicht umhin kann, auch versöhnlichen Humor in meine Urteile einfließen zu lassen.

Was kostet ein Verkehrsunfallprozeß?

Wer einen Prozeß verliert, hat die Kosten des gesamten Rechtsstreits zu tragen. Darunter fallen die Gerichtskosten, die Gebühren beider Rechtsanwälte sowie die Auslagen für Zeugen und Sachverständige. Wenn beide Parteien teils verlieren, teils gewinnen, werden die Kosten anteilmäßig verteilt. Wenn Sie klagen müssen, ist es immer nützlich, sich vorher über die Kosten zu vergewissern, die entstehen können. Das gilt insbesondere, wenn Sie nicht abschätzen können, ob Sie hundertprozentig recht haben oder am Zustandekommen des Unfalles mitschuld sind oder ob Ihnen die Betriebsgefahr Ihres Fahrzeuges angerechnet wird. Das ist in bestimmten Fällen so, wenn Sie nicht den Nachweis erbringen können, daß der Unfall für Sie ein unabwendbares Ereignis war. Jeder gute Anwalt ist bereit, Sie zunächst über die ungefähre Erfolgsaussicht wie auch die entstehenden Kosten zu beraten. Eine Beratungsgebühr ist allemal viel billiger als ein verlorener Prozeß. Wenn ich an meinem Stuhl kleben würde, wäre ich auch für jeden überflüssigen Prozeß dankbar, der von vorneherein aussichtslos ist. Weil er dazu beiträgt, meinen Arbeitsplatz zu erhalten. Dennoch bin ich der Meinung: Wer Recht behalten will, ohne es zu haben, sollte sich lieber von seinem Anwalt vom Prozeß abraten lassen.

Der Streitwert als Bemessungsgrundlage

Die Gebühren des Anwalts wie des Gerichtes werden nicht nach dem Zeitaufwand, sondern nach dem Streitwert berechnet. Dabei kann ein Streit um eine kleine Summe viel Zeit und Mühe kosten und ein Streit um eine große Summe nur wenig. In der Menge gleicht sich das aus. Ich kenne aber genügend Prozesse, bei denen ein Rechtsanwalt nicht auf seine Unkosten kommen kann. Hier ein paar *Kostenvoranschläge:* Wenn der Streit um weniger als 200,– DM geht, betragen die gesamten Kosten des Prozesses ohne Beweisaufnahme und Zeugengebühren wenigstens 200,– DM. Bei einem Streit um 1000,– DM sind die Kosten für Rechtsanwälte und Gericht etwa 950,– DM, wenn Sie neben der Versicherung auch den Halter und den Fahrer des gegnerischen Unfallfahrzeuges verklagen und Beweis erhoben werden muß. Hinzu kommen dann noch die Auslagen für die Zeugen und die eventuellen Gebühren für einen Sachverständigen. Sehr leicht übersteigen also auch hier die Kosten des Rechtsstreits die Summe, um die es geht. Sie sehen, bei kleineren Streitwerten lohnt sich ein Prozeß nur, wenn man möglichst genau nur das einklagt, was einem auch wirklich zusteht. Für ein kleines bißchen Recht kann man eben nicht allzuviel Justiz verlangen. Selbst bei einem Streitwert von 6000 DM müssen Sie damit rechnen, daß die gesamten Kosten 40 bis 50 Prozent dieser Summe ausmachen. Erst kürzlich hatte ich einen Prozeß, in dem es um 2656,– DM ging. Im Streit war insbesondere die Höhe der notwendigen Reparaturkosten. Die gesamten Kosten des Rechtsstreites waren etwa doppelt so hoch wie der Streitwert. Vor dem Prozeß wie im Prozeß beschäftigten sich insgesamt vier Sachverständige mit dem Problem, die insgesamt ca. 3500,– DM kosteten. Das Endergebnis war so, daß die Klägerin 2000,– DM Minus machte und die beklagte Versicherung über 1300,– DM. Beide Parteien konnten daher mit Fug und Recht sagen: *Wir haben eine große Niederlage errungen.*

Prozesse sind kostspielig. Nicht nur für den, der sie verliert, sondern auch für den Staat, das heißt, für uns alle. Denn die Justiz kann ihre Kosten über die Gebühren nicht hereinholen. Als Richter lebe ich also von Ihnen allen, weil Sie Steuern zahlen. Sie sind meine Arbeitgeber, ob Sie mich nun in Anspruch nehmen oder nicht. Das Wort des letzten Präsidenten des Bundesverfassungsgerichtes Benda: »Das Recht ist eine knappe Ressource«, ist nach meinem Empfinden miserables Deutsch. Es hat mir auch rechtspolitisch nicht gefallen. Ressourcen sind Geldmittel, die wir für einen kaufmännischen Zweck bereit halten oder auszugeben bereit sind. Wenn es um den »Kampf ums Recht« geht (Rudolf von Jhering), ist mir das jeden Aufwand wert. Wenn Sie allerdings der Meinung sind, daß ich auch für fünf Mark Gerechtigkeit austeilen soll, dann hat das mit dem Recht, wie ich es verstehe, nichts mehr zu tun. Das nenne ich Geld- wie Personalverschwendung.

Ihr gesetzlicher Richter

Wenn der Streit um mehr als 5000,– DM geht, müssen Sie beim Landgericht klagen. Das können Sie nur mit einem Rechtsanwalt. Beim Amtsgericht können Sie zwar ohne Anwalt klagen, sind aber meist mit Anwalt besser bedient. Denn nicht bei jedem Amtsgericht gibt es Spezialabteilungen für Verkehrssachen. Bei Verkehrsunfallprozessen ist meist das Gericht des Unfallortes oder der Niederlassung der beklagten Versicherung zuständig. Im übrigen sind die Parteien, die mir am Amtsgericht anvertraut sind, durch den Geschäftsplan nach Anfangsbuchstaben des Namens vom Beginn des Jahres an festgelegt. Wir können einander also nicht aussuchen. Wenn Sie mir zum Schluß ein Wort in eigener Sache gestatten, dann denken Sie bitte daran, daß auch Ihr Richter ein Mensch ist, der sich irren kann. Eine meiner Parteien hatte gehofft: *Der Richter wird's schon richten.* Über mein Urteil war sie dann allerdings sehr enttäuscht. Sie schrieb unter anderem: *Beim nächsten Mal passen sie gefälligst besser auf.* Zu Weihnachten habe ich dann versucht, ihr in einem freundlichen Brief zu erklären, daß bei der Justiz Konflikte nicht immer durch Lösung beendet, sondern manchmal durch Beendigung gelöst werden. Wenn mich eine Partei um *Gerechtigkeit* bittet, antworte ich halb im Scherz,

Die Menschen, die bei mir um ein Urteil nachsuchen, haben mich nicht ausgesucht. Umgekehrt gilt aber das Gleiche. Gerade deshalb bemühe ich mich persönlich, jedem durch mein Urteil eine Lösung zu geben, die er akzeptieren kann. Auch wenn bei der Justiz sehr oft Konflikte nicht durch Lösung beendet, sondern durch Beendigung gelöst werden. Notorische Juristen nennen das Rechtsfrieden. Mir persönlich ist der innere Frieden wichtiger.

halb im Ernst: *Bei mir bekommen Sie leider nur ein Urteil.* Wir Richter bemühen uns alle redlich, im *Kampf ums Recht* die in der Verfassung verankerte Spannung zwischen *Recht und Gesetz* auszutragen und auch jedem einzelnen Anliegen und Fall gerecht zu werden. Naturgemäß kann uns das nicht immer gelingen. Deshalb sagte schon Kurt Tucholsky:

Wem es bestimmt, der endet auf dem
Mist mit seinem edelsten Bestreben.
Ich bin zum Beispiel immer noch Jurist.
So ist das Leben.

21. Trunkenheit im

Betrunkene Mörder?

Wegen Mordes und Totschlags wurden 1984 in der Bundesrepublik 840 Angeklagte verurteilt. Wegen fahrlässiger Tötung im Straßenverkehr wurden im gleichen Jahr 2491 Personen verurteilt, davon 572 wegen fahrlässiger Tötung in Trunkenheit. Eine Hauptverhandlung werde ich als Verkehrsrichter nie vergessen. Der Angeklagte hatte unter Alkoholeinfluß ein Kind totgefahren. Die Eltern waren als Nebenkläger im Gerichtssaal. Als sie den Angeklagten sahen, schleuderten sie ihm ins Gesicht: *Du Mörder.* Wenn wir selbst zutiefst getroffen sind, schreien wir nach Rache, auch wenn die Tötung *nur fahrlässig* erfolgte. Trunkenheit am Steuer bedeutet für fast 100 Prozent der Bevölkerung *Lebensgefahr.* Nach einer Infas-Befragung ist für 64 Prozent der Bevölkerung das Fahren im angetrunkenen Zustand gleichbedeutend mit der Körperverletzung eines anderen. Nach dem Statistischen Bundesamt war 1983 Alkohol die Ursache bei 8,5 Prozent der Unfälle mit Verletzten, also bei etwa jedem zwölften Unfall und bei 13,1 Prozent der Unfälle mit Getöteten, also bei jedem siebten bis achten Unfall. Unter Alkoholeinfluß ist also das Risiko getötet zu werden anderthalbmal so hoch, wie das Risiko verletzt zu werden.

Abstrakte und konkrete Gefahr

Trunkenheit am Steuer ist ein sogenanntes abstraktes Gefährdungsdelikt. Wer einen anderen heimtückisch totschießt, wird wegen Mordes bestraft. Wer den anderen ermorden will, aber daneben schießt oder das Opfer nur verletzt, wird wegen Versuches bestraft. Wer fest entschlossen ist, den anderen zu ermorden und mit dem geladenen Revolver losfährt, wird höchstens wegen verbotenen Waffenbesitzes bestraft, aber noch nicht wegen des geplanten Mordes. Er begeht insoweit nur eine straflose Vorbereitungshandlung. Im Straßenverkehr ist das anders. Wer zuviele Promille *geladen* hat, darf gar nicht erst losfahren, sonst wird er bestraft. Damit das Opfer schon geschützt ist, bevor es zum Opfer wird.

Wieviele Promille darf ich haben?

Die Frage ist natürlich falsch gestellt. Es geht nämlich nicht darum, wieviel Promille man haben darf, sondern darum, wieviel man nicht haben darf. Jedermann weiß zwar, daß er nicht betrunken Auto fahren darf. Was das aber konkret bedeutet, weiß kaum einer ganz genau. Wir alle kennen die 0,8-Promille-Grenze. Daß es noch eine andere Promillegrenze gibt, ist weitgehend aus unserem Bewußtsein verschwunden. Im Strafgesetzbuch steht, daß man im Straßenverkehr kein Fahrzeug führen darf, wenn man infolge des Genusses alkoholischer Getränke oder anderer berauschender Mittel *nicht in der Lage ist, das Fahrzeug sicher zu führen.*

Wer mit Alkohol im Blut als Kraftfahrer am öffentlichen Verkehr teilnimmt, ist in der Regel eine Gefahr für die Verkehrsgemeinschaft. Regelmäßige Alkoholkontrollen durch die Polizei dienen unserem Schutz und unserer Sicherheit.

Straßenverkehr

Absolut heißt: Kein Gegenbeweis

Unter welchen Umständen man fahruntüchtig ist, steht nicht im Gesetz. Die Rechtsprechung sagt, daß man mit 1,3 Promille *absolut* fahruntüchtig ist. Das heißt nicht etwa, daß Sie nicht fahren konnten, sondern schlicht, daß Sie nicht fahren durften. Ihnen ist also vor Gericht der Beweis abgeschnitten, daß Sie vielleicht doch noch Herr der Lage waren. Bei mir war einmal ein Bierkutscher angeklagt. Der wollte mit mir wetten, daß er mit zwei Promille besser fahren könne als ich nüchtern. Ich habe ihm *Im Namen des Volkes* sagen müssen: *Die Wette gilt nicht.* Zunächst hatte die Rechtsprechung die Höchstgrenze auf 1,5 Promille festgesetzt und dann auf 1,3 Promille gesenkt. 1976 hat dann der Gesetzgeber die 0,8-Promille-Grenze eingeführt. Er hat aber nicht etwa das Strafgesetzbuch geändert. Vielmehr hat er als politischen Kompromiß nur eine Ordnungswidrigkeit geschaffen. Für das Fahren unter Alkoholeinfluß gibt es also sozusagen zweierlei Recht.

Die Auswirkungen des Alkohols auf Denken, Handeln und Reagieren sind von verschiedenen körperlichen und seelischen Begleitumständen abhängig. Auch geringe Alkoholmengen sind gefährlich, dann nämlich, wenn man sich gesundheitlich nicht wohl fühlt. Vorsicht bei der Einnahme von Medikamenten: Denn das Zusammenwirken von Alkohol und Medikamenten kann zu unvorhergesehenen Reaktionen führen.

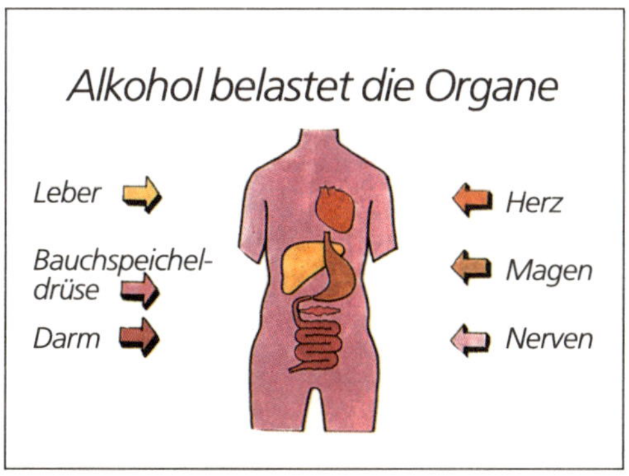

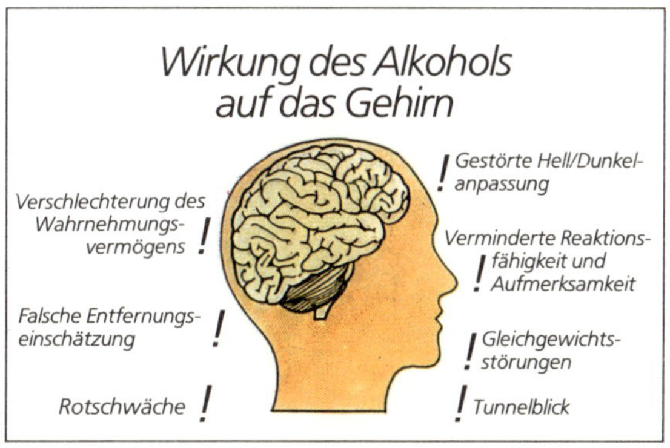

Die Wirkung des Alkohols ist abhängig von:

1. Promillewert
2. Trinkphase
3. Sonstige Faktoren

Die Alkoholwirkung kann verstärkt werden durch:

- Ermüdung
- Ungeduld, Ärger
- Falsche Ernährung
- Rauchen, Kaffee, Tee, coffeinhaltige Getränke
- Medikamente

Relativ heißt: Beweise sind nötig

Das Gegenteil von absolut ist relativ. Relativ fahruntüchtig ist ein Kraftfahrer, wenn er zwar weniger als 1,3 Promille im Blut hat, aber zusätzliche Beweise dafür liefert, daß er nicht in der Lage war, sein Fahrzeug sicher zu führen. Solche Beweise sind relativ leicht zu finden: Schlangenlinien oder enthemmte und regelwidrige Fahrweise. Auch Lallen und unsicherer Gang gehören dazu sowie Übermüdung. Wer noch schnell einen Doppelten runterkippt, bevor er einsteigt, muß sich nicht wundern, wenn er anschließend einen Black-Out bekommt. Je nach den Umständen kann man bereits mit 0,3 Promille fahruntüchtig sein. Daß viele Medikamente den Alkoholeinfluß verstärken können, wissen Sie hoffentlich. Lesen Sie bitte immer den Waschzettel, der dem Medikament beigegeben ist und befolgen Sie auf jeden Fall den Rat Ihres Arztes.

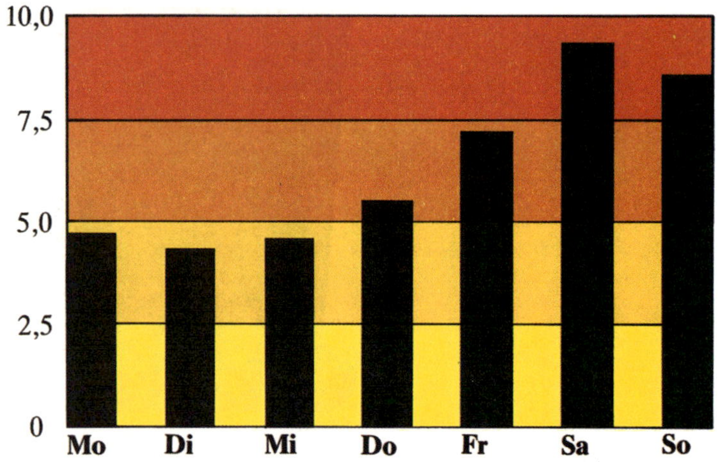

Alkoholunfälle mit Personenschaden im Straßenverkehr 1983 in Tausend nach Wochentagen,

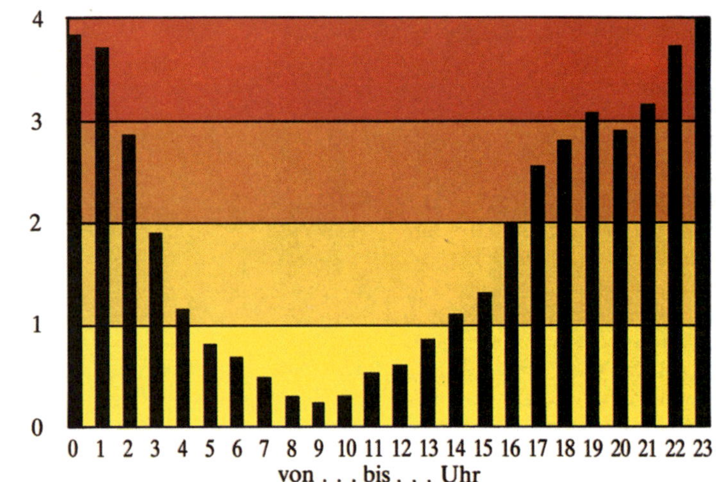

nach Tagesstunden.

Quelle: Statistisches Bundesamt

Auch ohne Blutprobe

Je nachdem wie groß die Ausfallerscheinungen sind, benötige ich als Verkehrsrichter noch nicht einmal eine Blutprobe. Einer meiner Angeklagten war kopfüber in den Kofferraum seines Autos gefallen, als er ein Paket herausholen wollte. Zeugin war eine Nachtschwester eines Krankenhauses. Sie schilderte mit drastischen Worten, wie *voll* der Angeklagte ihrer Ansicht nach war. Obwohl kein Blutprobenergebnis vorlag, habe ich ihn verurteilt, ohne einen Sachverständigen zu befragen.

Wieviel ist in diesem Glas?

Immer wieder werde ich von Bekannten gefragt, wieviel Alkohol in einem Glas enthalten sei. Keiner weiß das nämlich so genau, wieviel Glas Bier, Wein oder Sekt von welcher Sorte bei ihm wieviel Promille ausmachen. Nur auf der Schnapsflasche steht, wieviel Prozent des Inhaltes aus Alkohol bestehen. Die Volumen-Prozente muß man aber erst in Gramm umrechnen. Bei den anderen alkoholischen Getränken gibt es keine Kennzeichnungspflicht. Je nach Brauart kann daher in einem Glas Bier doppelt soviel Alkohol enthalten sein wie in einem anderen. Und auch der Wein ist bekanntlich von Lage zu Lage und von Jahrgang zu Jahrgang verschieden.

Die rechte Abbildung ist wie der Alkohol selbst mit höchster Vorsicht zu genießen. Man hat nämlich überall die schwächsten Sorten rausgesucht. Um Sie zu verunsichern, gebe ich Ihnen hier die Schwankungsbreite der Gramm Alkohol an, die in einem Liter enthalten sein können. Das sind bei Normalbier 32–48 g, bei Starkbier 49–100 g, bei Sekt 75–113 g und bei Wein 80–130 g und mehr. Nur bei Schnaps weiß man genau, was in einem Glas von 0,02 l drin ist. Bei 32 Volumenprozent sind dies 5,14 g, bei 34 vol-% 5,46 g, bei 38 vol-% 6,1 g, bei 42 vol-% 6,76 g, bei 48 vol-% 7,72 g und bei 73 vol-% 11,74 g.

Alkoholgehalt in Getränken

BIER	WEISSWEIN	SEKT	KORN
0,33 l enthält 10 g reinen Alkohol bei 4 Vol.-%	0,125 l enthält 10 g reinen Alkohol bei 10 Vol.-%	0,1 l enthält 10 g reinen Alkohol bei 12 Vol.-%	0,04 l enthält 10 g reinen Alkohol bei 32 Vol.-%

*Körpergewicht **80** kg,*
*70% davon Körperflüssigkeit = **56** kg*
*1 Liter Bier = **35 g** reiner Alkohol*
Auf 1 kg Körperflüssigkeit entfallen:

$$\frac{35\,g}{56} = ca.\ 0{,}6\,g$$

Das bedeutet auf 1000 g 0,6 g reiner Alkohol:

0,6 Promille

Ein Promille bedeutet: Ein Tausendstel Ihres Blutes besteht aus purem Alkohol. Der Verteilungsfaktor ist der Prozentsatz, der an Flüssigkeit auf Ihr Körpergewicht entfällt. Er schwankt zwischen 55 und 70 und ist für Männer wie Frauen wie auch individuell unterschiedlich. Das Beispiel auf der linken Abbildung ist für einen Mann berechnet. Er hat ohne Resorptionsverlust genau 0,625 Promille. Eine Frau mit 48 kg Gewicht wäre bei der gleichen Menge Bier möglicherweise bereits absolut fahruntüchtig. Sie hätte 1,33 Promille.

Verrechnen Sie sich zu Ihren Ungunsten

Es gibt keine zuverlässige Formel, die es Ihnen ermöglichen würde, die Blutalkoholkonzentration im voraus genau zu berechnen. Die Getränke sind zu verschieden. Und auch die Menschen. Grundsätzlich hängen die Promille ab von den Gramm absoluten Alkohols, die man zu sich nimmt. Sie hängen weiter ab vom Körpergewicht, vom Resorptionsverlust und von dem Körperverteilungsfaktor. Für diesen gibt es nur statistische Durchschnittswerte. Gerade bei Ihnen persönlich können die Werte aber ungünstiger liegen. Beim Alkoholgenuß gibt es leider auch keine Gleichberechtigung zwischen Mann und Frau. Wenn Mann und Frau gleichviel wiegen und gleichviel trinken, dann hat Er zum Beispiel nur 0,8 Promille, Sie aber bereits knapp 1 Promille. Ich weiß, daß das ungerecht ist. Ich kann aber nichts dafür. Keiner kennt auch seinen persönlichen Abbauwert pro Stunde. Der kann 0,3 Promille ausmachen, aber auch nur 0,1. Wenn Sie überhaupt rechnen, dann rechnen Sie bitte möglichst ungünstig. Das ist nämlich für Sie günstiger. 0,3 Promille können sehr schnell erreicht sein. Deshalb halte ich persönlich auch nichts von Alco-Test-Geräten für den Hausgebrauch. Sie kosten viel Geld und sind nichts wert, weil sie ungenau messen. Es dauert auch seine Zeit, bis der letzte Tropfen Alkohol im Blut ist. Mißtrauen Sie daher auch allen Trink-Tabellen. Wenn Sie ganz sicher sein wollen, gibt es nur eine Regel: *Mein fester Wille – ohne Promille.*

Gegen die Promille gibt es keine Pille

Gegen Alkohol ist kein Kraut gewachsen. Es gibt zwar genügend Scharlatane, die Ihnen gegen den Alkohol die absolut sichere Pille verkaufen. Fallen Sie nicht darauf herein. Die Pillen nützen nur dem Hersteller. Ihnen helfen sie nichts. Denn: Promille bleibt Promille. Auch Kaffee, Sprudel oder sonstige Muntermacher nutzen nichts. Sie beschleunigen nur den Kreislauf, und der Alkohol in Ihrem Blut kommt schneller ins Gehirn. Denken Sie auch bitte immer an den Restalkohol. Wenn Sie bis in die Nacht hinein sich tüchtig einen auf die Lampe gegossen haben und Ihre Leber schlecht abbaut, dann sind Sie am nächsten Morgen noch fahruntüchtig. Drei oder vier Stunden Schlaf genügen nicht. Die Leber braucht ihre Zeit, bis sie den Alkohol abgebaut hat. Am besten machen Sie 24 Stunden Pause.

Die Verurteilten

1984 wurden von den deutschen Gerichten über drei Viertel Millionen Bürger wegen einer Straftat verurteilt. Das war jeder 66. Einwohner über 14 Jahre. Mehr als ein Drittel davon standen wegen eines Verkehrsdeliktes vor Gericht. Rechnet man noch die vielen Bußgeldverfahren hinzu, so stehen wir alle mit einem Bein vor dem Verkehrsrichter. Über die Hälfte der Verkehrssünder stand wegen eines Alkoholdeliktes vor Gericht, etwa jeder sechste wegen fahrlässiger Körperverletzung und jeder siebte wegen Unfallflucht. Von den Alkoholdelinquenten haben 39 Prozent einen Unfall verursacht. Von den fahrlässigen Körperverletzungen insgesamt wurde jede fünfte durch Trunkenheit herbeigeführt. Etwa 60 Prozent der Angeklagten verloren ihren Führerschein.

Gerade Jugendliche unterschätzen die Wirkung des Alkohols. Heiße Musik, Dancing, Mädchen, ein »bißchen« Alkohol – das bringt Stimmung, Hochgefühl und Euphorie. Vielen fällt dann viel zu spät ein, daß sie noch nach Hause müssen. Und wenn die letzte Bahn weg ist, das Taschengeld fürs Taxi zu knapp, steigt man unüberlegt ins Auto, oder aufs Mofa . . .

Hafte ich als Gastgeber?

Ein Gastwirt hatte seinen angetrunkenen Gast vollends betrunken gemacht, so daß er schließlich torkelte. Als der Gast die Benutzung einer Taxe ablehnte, führte der Wirt ihn hinaus, lehnte ihn an die Hauswand und riet ihm, sich an einem Regenrohr festzuhalten. Dann ging der Wirt in seine Wirtschaft zurück. Der Gast verlor den Halt, fiel auf die Fahrbahn und geriet unter ein Auto. Er wurde so schwer verletzt, daß er vier Wochen später verstarb. Das Schwurgericht hatte den Wirt verurteilt. Allerdings nur wegen Aussetzung einer hilflosen Person mit Todesfolge. Der Bundesgerichtshof hat das Urteil seinerzeit bestätigt. Ich bin mir sicher, daß der Wirt heute ebenso wie ein privater Gastgeber wegen Totschlags verurteilt würde. Wer Gefahren schafft oder erhöht, hat nämlich dafür zu *garantieren,* daß die Gefahr nicht eintritt. Unterläßt er das, so haftet er, wenn der Gast verunglückt und sich selbst oder andere schädigt, denn das ist nach menschlichem Ermessen vorhersehbar. Wenn Sie also Ihren Gast haben vollaufen lassen, nehmen Sie ihm bitte den Schlüssel ab. Notfalls dürfen Sie auch die Tür abschließen und ihn zu Bett bringen.

Alkohol aus Bier und Wein ist schneller abgebaut als Alkohol aus destillierten Getränken. Dennoch ist der Abbau ein sehr langsamer Prozeß. Nach reichlichem Alkoholgenuß ist am anderen Morgen oft noch eine erhebliche Alkoholmenge im Körper, die zur Beeinträchtigung der Leistungsfähigkeit führt.

Die Strafen

Wer mit 0,8 Promille im Körper oder im Blut ein Kraftfahrzeug führt, also auch ein Mofa, zahlt im ersten Fall ein Bußgeld von DM 500,–. Beim zweiten oder dritten Mal das Doppelte und das Dreifache. Außerdem gibt es vier Punkte in Flensburg. Wer hingegen alkoholbedingt verkehrsuntüchtig ist und ein beliebiges Fahrzeug, also auch ein Fahrrad, führt, wird wegen Trunkenheit im Verkehr mit einer Freiheitsstrafe bis zu einem Jahr oder mit Geldstrafe bestraft, auch wenn gar nichts passiert ist. Bei einer folgenlosen Trunkenheitsfahrt ist der Regelsatz mindestens ein Monatsnettoeinkommen, auch wenn Sie Ihr Fahrzeug nur mal eben aus dem Parkverbot wegsetzen wollten. Wenn Sie sich derart berauschen, daß Sie unzurechnungsfähig sind, ist das kein Entschuldigungsgrund. Sie hätten rechtzeitig die Notbremse ziehen müssen. Je folgenschwerer die Tat ist, desto höher ist naturgemäß die Strafe. Für eine Trunkenheitsfahrt sind in Flensburg 7 Punkte vorgesehen.

Fahrverbot und Führerschein-Entzug

Bei einem Verstoß gegen das 0,8-Promille-Gesetz wird Ihnen ein Fahrverbot von wenigstens einem Monat auferlegt. Sie müssen also Ihren Führerschein zur Akte reichen und bekommen das Original nach einem Monat zurück. Bei den anderen Trunkenheitsdelikten wird Ihnen die Fahrerlaubnis entzogen *und* der Führerschein wird eingezogen, das heißt: vernichtet. Weiter setzt das Gericht eine Frist fest, vor deren Ablauf die Verwaltungsbehörde keine neue Fahrerlaubnis erteilen darf. Es nützt also nichts, wenn man sich im benachbarten Ausland einen neuen Führerschein besorgt, denn in Deutschland hat man damit keine gültige Fahrerlaubnis. Die Sperrfrist beträgt im ersten Fall wenigstens sechs Monate, im zweiten Fall mindestens ein Jahr. Ist der Führerschein sofort von der Polizei sichergestellt worden, so kann die Zeit bis zum Termin angerechnet werden. Drei Monate bleiben aber immer übrig. Maßgebend ist das, was der Richter im Urteil als noch verbleibende Sperre verkündet. Für ganz Unbelehrbare beträgt die Sperrfrist fünf Jahre oder sogar lebenslänglich.

Können Fußgänger oder Radfahrer den Führerschein verlieren?

Die Antwort lautet: Jein. Radfahrer sind auch Fahrzeugführer. Sie können also auch wegen Trunkenheit im Verkehr bestraft werden. Ein Fußgänger, der sich alkoholbedingt nicht sicher im Verkehr bewegen kann, handelt an sich nur ordnungswidrig. Er kann aber auch bestraft werden, wenn er zum Beispiel durch seine Trunkenheit einen Unfall verursacht und verschuldet. Der *Strafrichter* entzieht die Fahrerlaubnis nach einer Trunkenheitsfahrt nur dann, wenn ein *Kraftfahrzeug* geführt wurde. Die *Verwaltungsbehörde* hingegen muß die Fahrerlaubnis *jedermann* entziehen, der sich als ungeeignet zum Führen von Kraftfahrzeugen erwiesen hat. Das kann auch ein Fußgänger oder Radfahrer sein, der schon zuviele Punkte angesammelt hat und wegen Trunkenheit im Straßenverkehr aufgefallen ist.

Nicht nur Kraftfahrer, auch andere Verkehrsteilnehmer, also Fußgänger, Radfahrer, Reiter oder Beifahrer, können sich strafbar machen, wenn sie in alkoholisiertem Zustand am Straßenverkehr teilnehmen.

22. Begutachtung de

Was kostet eine Trunkenheitsfahrt?

Eine Trunkenheitsfahrt kann über den quantifizierbaren finanziellen Schaden hinausgehend weitreichende juristische, arbeitsrechtliche und soziale Folgen nach sich ziehen.

Die Entziehung der Fahrerlaubnis ist eine *Maßregel* der Besserung und Sicherung und keine *Strafe*, obwohl sie als solche empfunden wird. Die Entziehung der Fahrerlaubnis soll die Allgemeinheit schützen. Der Trunkenheitstäter ist kraft Gesetzes eine bestimmte Zeit lang ungeeignet zum Führen eines Kraftfahrzeuges. Die Fahrerlaubnis wird also im Regelfall automatisch entzogen. Wirtschaftliche Belange des Angeklagten spielen dabei keine Rolle. Ein Berufskraftfahrer hat mir hinterher einmal vorgerechnet, was ihn die Trunkenheitsfahrt gekostet hat. Geldstrafe und Anwaltskosten waren der kleinste Rechnungsposten. Der nächste Posten war der Totalschaden seines eigenen Fahrzeuges. Die Kaskoversicherung zahlte nicht, weil der Unfall durch grobe Fahrlässigkeit herbeigeführt worden war. Der größte Rechnungsposten war der Verdienstausfall. Sein Arbeitgeber hatte ihm fristlos gekündigt. Insgesamt betrug die Rechnung über DM 26.000,–. Davon hätte er drei Jahre lang sonntags wie werktags Taxe fahren können. Heute käme noch eine achtwöchige Sperre für das Arbeitslosengeld hinzu.

Finanzielle Folgen

Der Führerscheinverlust kann ins Geld gehen:

Geldstrafe	1000 bis	8000 DM
Blutalkoholuntersuchung	135 bis	250 DM
Gerichtsgebühren	100 bis	500 DM
Gutachtergebühren	100 bis	500 DM
Zeugenaussagen	10 bis	200 DM
Verteidigerhonorar	150 bis	3000 DM
Ingesamt für eine Instanz:	1495 bis	12 450 DM

Nach Ablauf der Sperre

Wenn die Fahrerlaubnis entzogen wird, wird der Führerschein eingezogen, das heißt: vernichtet. Man muß also beim zuständigen Straßenverkehrsamt eine neue Fahrerlaubnis beantragen. Man kann das auch schon vor Ablauf der Sperrfrist. Daß die vom Gericht festgesetzte Frist abgelaufen ist, bedeutet nicht, daß man die Fahrerlaubnis automatisch wiederbekommt. Die Verwaltungsbehörde entscheidet nämlich selbständig und prüft die Eignung umfassend. Deshalb muß man auch einen Auszug aus dem Verkehrszentralregister in Flensburg beibringen.

Fahreignung und Nachschulung

Zu viele Punkte und Promille

Wer mit der Trunkenheitsfahrt sein Punktekonto in Flensburg überzogen hat, zum zweiten Mal wegen Trunkenheit am Steuer aufgefallen ist oder beim ersten Mal mehr als zwei Promille im Blut hatte, wird umfassend auf seine Eignung überprüft. Die Verwaltungsbehörde verlangt dann die Beibringung eines medizinisch-psychologischen Gutachtens einer anerkannten Gutachterstelle. Anerkannt sind die medizinisch-psychologischen Institute beim TÜV sowie einzelne Obergutachter. Das Gutachten ist im Volksmund als Idiotentest gefürchtet. In der Begutachtung werden anhand der Akten die Delikte, die den Anlaß zur Begutachtung gegeben haben, analysiert. Dann werden die Leberwerte und die Trinkgewohnheiten unter die Lupe genommen. Entscheidend für die Begutachtung ist ein ausführliches Gespräch mit dem Psychologen.

Eine Folge erhöhten Alkoholkonsums ist der sogenannte »Tunnelblick«. Er ist zum einen auf eine verminderte Sehfähigkeit zurückzuführen und zum anderen darauf, daß sich die Aufmerksamkeit einer alkoholisierten Person mehr auf das zentrale Gesichtsfeld konzentriert. Fehleinschätzungen der seitlichen Räume führen oft zum Streifen von Fahrzeugen im Vorbeifahren, eine verhältnismäßig häufige Form alkoholbedingter Unfälle.

Das Gutachten als Urteil

Der Psychologe, der die Fahreignung zu begutachten hat, geht davon aus, daß die Trunkenheit am Steuer eine *Vermutung* der Nichteignung begründet. Es gibt nämlich wissenschaftliche Belege dafür, daß die Rückfallwahrscheinlichkeit mit der Höhe der Blutalkoholkonzentration und der Zahl der Trunkenheitsdelikte steigt. Deshalb muß der Kraftfahrer die Vermutung der Nichteignung *widerlegen.* Gelingt ihm dies nicht, weil er keine positive Veränderung glaubhaft machen kann, dann steht am Schluß des Gutachtens, daß die Vermutung der Nichteignung nicht widerlegt ist. Die Verwaltungsbehörde zieht dann aus der Vermutung den Schluß auf die Wirklichkeit. Sie stellt fest, daß der Kraftfahrer rechtlich nicht geeignet ist. In seinem Gutachten fällt der Psychologe also, ob er's will oder nicht, ein Urteil über die Eignung zum Führen von Kraftfahrzeugen. Genauso wie der Richter, der im Urteil darüber befindet, ob der Angeklagte sich künftig straffrei führen wird und deshalb Bewährung verdient hat.

Nachprüfbar und nachvollziehbar

Das Gutachten muß genauso wie das Urteil eines Richters nachvollziehbar und nachprüfbar sein. Es muß also in sich verständlich sein und insbesondere die Tatsachen angeben, aus denen der Psychologe seine Schlüsse zieht. Entspricht das Gutachten nicht diesen Anforderungen, ist es also mangelhaft, dann kann man es zurückgeben.
Der TÜV-Psychologe untersteht wie der Arzt einer beruflichen Schweigepflicht. Verletzt er sie, so kann er bestraft werden.
Es ist also weder notwendig noch empfehlenswert, den Psychologen schon von vornherein gegenüber der Verwaltungsbehörde von seiner Schweigepflicht zu befreien. Man braucht die Katze nicht im Sack zu kaufen. Wenn das Gutachten negativ ausgefallen ist, darf man es für sich behalten. Man hat es ja schließlich auch bezahlt. Wenn man allerdings der Verwaltungsbehörde kein Gutachten vorlegt, darf diese daraus schließen, daß man nicht geeignet ist.

Das Dilemma der Eignungsbegutachtung

Daß der Psychologe nicht preisgeben darf, was man ihm unter dem Siegel der Verschwiegenheit anvertraut, hat seinen guten Sinn. Nach seinen berufsethischen Verpflichtungen muß er nämlich *auf das Wohl der Menschen bedacht sein,* die von seiner Berufsausübung betroffen werden. Er soll also den ihm anvertrauten Menschen helfen. Das kann er aber nur, wenn man sich ihm auch anvertraut und offen ist. Wer seine Probleme zu vertuschen sucht, wer also zum Beispiel argumentiert, er habe nur Pech gehabt, als er aufgefallen sei, oder wer seine Trinkmengen beschönigt, der fällt durch. Wer allerdings schonungslos gegen sich selbst offen und ehrlich zugibt, daß er erhebliche Probleme hat, der liefert sich selbst sozusagen ans Messer und läuft Gefahr, auch durchzufallen.

Dichtes Auffahren, riskante Wettrennen, abruptes Abbremsen, knappes Einscheren in eine Lücke sind jugendspezifische Verhaltensweisen, die nach erhöhtem Alkoholkonsum das Fahrverhalten bestimmen. Gerade Jugendliche müssen vor unbedachtem Alkoholkonsum mehr noch als bisher gewarnt werden.

Verkehrsstrafrecht

Bereits ab 0,3 ‰ ist eine Bestrafung wegen Fahruntüchtigkeit möglich!
(einschl. Führerscheinverlust!)

Nach dem Verkehrsstrafrecht macht sich ein Fahrzeugführer strafbar, wenn er infolge des Konsums alkoholischer Getränke oder anderer berauschender Mittel nicht mehr in der Lage ist, sein Fahrzeug sicher zu führen.

Der Alkoholabbau ist ein langsamer Prozeß, eine Tatsache, die vor allem für die Verkehrsteilnehmer von Bedeutung ist.

Der Rückfall ist wahrscheinlich wahrscheinlich

Menschliche Urteile über Lebenssachverhalte sind immer nur Wahrscheinlichkeitsurteile. Wir begnügen uns nämlich mit einer praktischen Gewißheit, der gegenüber vernünftige Zweifel nicht mehr aufkommen. Erst recht sind Urteile über künftiges Verhalten anderer Wahrscheinlichkeitsurteile, weil menschliches Verhalten nie ganz genau vorausgesagt werden kann. So gesehen stellt ein Gutachten immer nur mit Wahrscheinlichkeit fest, was wahrscheinlich sein wird. Die Formulierung: *Die Vermutung der Nichteignung ist nicht widerlegt* heißt, daß ein Rückfall wahrscheinlich wahrscheinlich ist. Zweifel daran, wie wahrscheinlich die Wahrscheinlichkeit des Rückfalles ist, gehen hier nicht zu Gunsten, sondern zu Lasten des Betroffenen. Damit hat aber der Betroffene praktisch die Beweislast, obwohl rechtlich die Verwaltungsbehörde beweisen müßte, daß er nicht geeignet ist.

Ein alltägliches Bild: Ein Mitarbeiter hat Geburtstag, und die Kollegen begießen das Ereignis. An vielen Arbeitsplätzen ist es gang und gäbe, daß Alkohol getrunken wird, manchmal täglich, oder zu bestimmten Anlässen. Chronischer Alkoholmißbrauch bringt für viele Betriebe mannigfache Probleme mit sich. Denn Mitarbeiter, die alkoholische Getränke vor und während der Arbeit konsumieren, gefährden sich selbst und ihre Arbeitskollegen. Hinzu kommt der Leistungsabfall während der Angetrunkenheit mit allen weiteren betrieblichen Folgen.

Einsicht ist der erste Weg zur Besserung

Wer uneinsichtig ist, wird sich kaum bessern. Wer argumentiert, er habe Pech gehabt, als er in die Kontrolle geraten sei, sucht die Schuld nicht bei sich, sondern schiebt sie der Polizei in die Schuhe. Die hätte nämlich *besser Verbrecher fangen* sollen. Besser sollte man sich überlegen, warum es zu der Trunkenheitsfahrt gekommen ist und was bei ihr hätte alles passieren können. Man muß sich auch Gedanken darüber machen, was man ganz konkret tun muß, um eine erneute Trunkenheitsfahrt auszuschließen.

Wenn Sie einen Kneipenabend planen und doch nicht auf Ihr Auto verzichten wollen, dann stimmen Sie vorher mit Ihrem Partner ab, wer den Abend alkoholfrei verbringen soll. Treffen Sie diese Entscheidung aber nicht erst, wenn Sie das Gasthaus verlassen. Auch wenn Ihre Frau nur ein »bißchen was« getrunken hat, sollten Sie in Ihrer beider Interesse mit einer Taxe nach Hause fahren. Und zu dieser Einsicht gehört auch, daß man die Risiken, sich und andere wegen Alkohol am Steuer durch einen Unfall zu gefährden, realistisch einschätzt und nicht herunter zu spielen versucht. Wenn auch nur jede 200. bis 300. Trunkenheitsfahrt von der Polizei entdeckt wird, sollte uns die Statistik zu denken geben. Allein 1984 ereigneten sich in der BRD 62 251 Alkoholunfälle mit schwerem Sachschaden oder Personenschaden.

Sich ändern ist der zweite Weg zur Besserung

Einer meiner Bekannten mußte zur Begutachtung. Er hatte in einem Jahr zwei Geschwindigkeitsüberschreitungen sowie sechs Rotlichtverstöße (immer an der gleichen Stelle) und damit über 18 Punkte in Flensburg angesammelt. Der Psychologe hat ihn gefragt, wie es denn zu seinen Verstößen gekommen sei. Er hatte bereits darüber nachgedacht. Er war verantwortlicher Bauleiter für einen U-Bahnabschnitt. Dieser mußte auf den Tag genau fertig werden, andernfalls drohten seiner Firma hohe Konventionalstrafen. Die große Verantwortung raubte ihm die Ruhe. Er geriet in Hektik und hetzte von Termin zu Termin. Als er das erkannt hatte, stand er einfach morgens eine viertel Stunde früher auf. Er konnte langsamer fahren, und wenn die Ampel Gelb hatte, hatte er Zeit zum Bremsen. Damit war sein Problem beseitigt. Sein Gutachten fiel positiv aus.

Zu viel Alkohol wirkt sich auf das Nervensystem lähmend aus, also auch auf unsere Wahrnehmung. Schon bei 0,5 Promille lassen die Reaktionsfähigkeit und Aufmerksamkeit erheblich nach, und der Anhalteweg wird länger. Diese Verlängerung kann zum Verhängnis werden.

Ändern ist besser als entziehen

Wenn es zu einem oder mehreren Alkoholdelikten gekommen ist, ist eine Verhaltensänderung schwieriger. Wir müssen nämlich tiefer eingefahrene Gewohnheiten ändern. Wer mit 2,3 Promille auffällt, tut dies nicht am ersten Tag seiner Fahrpraxis. Vielmehr hat er das Trinken wie das Fahren nach dem Trinken lange geübt. Wie mein Angeklagter. Ich fragte ihn, was er sich dabei gedacht habe, mit über zwei Promille zu fahren. Er erwiderte treuherzig: *Och, ich habe mir gedacht, das geht gut wie immer.* Mir war klar, daß bei ihm die Fahrerlaubnisentziehung alleine nicht viel helfen würde. Generalbundesanwalt Dr. Kurt Rebmann hat einmal gesagt, es sei *widersinnig* und ein *Trugschluß* anzunehmen, ein ungeeigneter Verkehrsteilnehmer könne durch den bloßen Zeitablauf der Führerscheinsperre wieder geeignet werden. Der Mensch ändert sich eben nicht wegen, sondern allenfalls trotz der Strafe.

Ein kurzer Schlaf, Duschen, Kaffee, Medikamente oder sonstige Muntermacher beseitigen weder den Kater noch den Restalkohol.

Kurse für alkoholauffällige Kraftfahrer

Aus diesem Grund haben Psychologen des TÜV vor nunmehr zehn Jahren Kurse eingeführt, die den Kraftfahrern nach Trunkenheitsdelikten helfen sollen, ihr Verhalten zu ändern und einen Rückfall zu vermeiden. In diesen Kursen wird das Pechvogel-Argument abgebaut. Es wird Einsicht in die Verantwortung für eigenes Tun wie die Gefährlichkeit des Alkohols vermittelt. Und es wird gelernt, sein Trinkverhalten zu ändern und Nein zu sagen. Meine Wirtin entgegnete mir einmal in unverfälschtem Kölsch, als ich ein Mineralwasser bestellte: *Ein Wasser? Willst Du auch noch ein Handtuch und ein Stück Seife, um die Hände zu waschen?* Ich habe mein Wasser trotzdem bekommen. Aber es ist mir ehrlich gesagt schwergefallen, darauf zu bestehen, denn alle anderen haben mich ausgelacht. Inzwischen gibt es Kurse für Kraftfahrer, die erstmals mit nicht zu viel Promille aufgefallen sind. An diesen Kursen kann man schon vor der Gerichtsverhandlung teilnehmen. Die Teilnahme an diesen Kursen wird auch in der Regel vom Richter als redliches Bemühen anerkannt, sein Verhalten zu ändern. Die Sperrfrist wird verkürzt oder fällt je nach den Umständen ganz weg. Dann gibt es Kurse für Kraftfahrer, die erstmals mit mehr als zwei Promille oder zum zweiten Mal aufgefallen sind. Sie dauern naturgemäß länger und sind intensiver. Oft ist es auch so, daß der Eignungsgutachter noch nicht feststellen kann, daß die Vermutung der Nichteignung widerlegt ist. Dann empfiehlt er die Teilnahme an einem solchen Kursus. Darüber bekommt man dann hinterher ein Zertifikat, das von der Verwaltungsbehörde anerkannt wird. Zugegeben: Die Kurse kosten Zeit und Geld. Ich finde aber, beides ist gut angewendet. Solche Kurse gibt es auch an anderen Instituten und für Verkehrsteilnehmer, die ohne Alkoholdelikte zu viel Punkte angesammelt haben. Fragen Sie Ihren Anwalt, und lesen Sie weiter im Kapitel *Kleiner Ratgeber Recht* zum Stichwort Nachschulung.

Ausgelassene junge Menschen nach einem vergnüglichen Abend. Aber Vorsicht! Alkohol und Autofahren ist eine gefährliche Verbindung. Gerade Jugendliche unterschätzen die Gefahr. An Alkoholunfällen sind sie deutlich häufiger beteiligt als ältere Kraftfahrer.

23. Alkohol als gesellschaftliches

Wovon lassen wir uns abschrecken?

Wir alle glauben, daß schon die bloße Androhung einer Strafe zur Verhütung von Straftaten beiträgt, weil der Mensch ein vernünftiges Wesen ist, das Nutzen und Kosten einer Handlung kaufmännisch kalkuliert. Kaufmännisch werden aber nur solche Delikte kalkuliert, die wir ohne besondere Askese auch seinlassen könnten, wie schwarzfahren oder falsch parken. Von Dingen, die uns kurzfristig Spaß machen, lassen wir uns aber schlecht abschrecken, auch wenn sie uns langfristig schaden. Das war schon bei Adam und Eva so, wie Sie in der Bibel nachlesen können. Solange der *Apfel* schmeckt, wird er auch gegessen. Das gilt auch heute noch für solche Laster wie das Rauchen oder aber auch das Trinken und Fahren. Für mich als Verkehrsrichter ist es eine sehr beunruhigende Frage, ob die Trunkenheit am Steuer in den Augen der Bevölkerung tatsächlich ein kriminelles Delikt ist, wenn sie zwei für sich neutrale oder nützliche Verhaltensweisen unter Strafe stellt, wenn diese zusammentreffen. Wenn zu viele Fahrer trinken und zu viele Trinker nach dem Trinken fahren, dann ist die Trunkenheit am Steuer ein *Kavaliersdelikt,* weil ihre Gefährlichkeit von zu wenigen erkannt wird.

Die Feststellung des Alkoholisierungsgrades eines Verkehrsteilnehmers jenseits des gesetzlich tolerierten Grenzwertes ist ein wesentlicher Beitrag zur Sicherung im Straßenverkehr. Alco-Test-Geräte sind bislang gerichtlich nicht anerkannt. Sie helfen aber, an Ort und Stelle viele auszusieben.

Die Vorverurteilten und die Ohnmacht des Verkehrsrichters

Wenn das, was verboten ist, dennoch gerne getan wird, stoßen Strafen auf die Grenzen ihrer Wirksamkeit. In den zehn Jahren von 1975 bis 1984 haben die deutschen Gerichte über 1,5 Millionen Fahrerlaubnisse entzogen oder Führerscheinsperren ausgesprochen. Alle dreieinhalb Minuten wurde also eine Führerscheinmaßnahme verhängt. Was mich als Verkehrsrichter noch mehr beunruhigt ist die Tatsache, daß unter den Verurteilten der Anteil der Vorverurteilten von Jahr zu Jahr kontinuierlich angestiegen ist. Unter den Verurteilten befanden sich 1975 4811 (= 3,86 Prozent) Angeklagte, denen der Führerschein vorher schon zweimal oder noch öfter entzogen worden war. 1984 waren es bereits 12.296 (= 8,16 Prozent). Relativ wie absolut hat sich also die Zahl der Vorverurteilten mehr als verdoppelt.

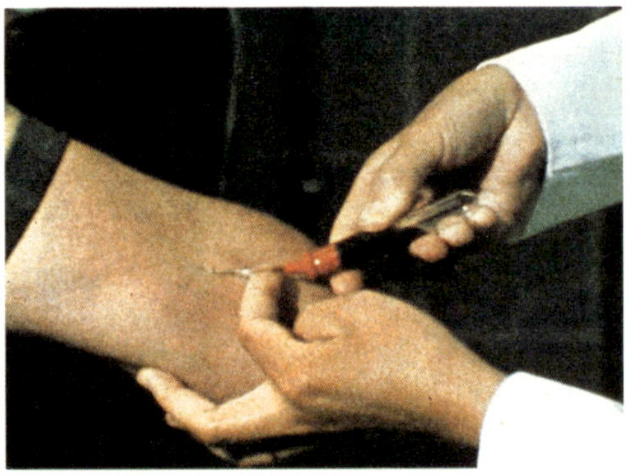

Ob jemand zuviel getrunken hat, läßt sich nicht zuverlässig aus seinem Verhalten schließen. Erst die Ermittlung des Blutalkoholgehaltes durch Blutproben und Blutanalysen führt zu eindeutigen Ergebnissen.

Problem

Das Dunkelfeld

Nach einer Infas-Befragung gaben 1982 nur 51 Prozent der Kraftfahrer an, nie nach Alkoholgenuß zu fahren. Das bedeutet für mich, daß sich knapp 15 Millionen Führerschein-Inhaber nicht gehörig abschrecken lassen. Amerikanische Forscher schätzen die Chance, nach einer Trunkenheitsfahrt schließlich auch verurteilt zu werden, auf 0,0031 = 1 : 3247. Demnach müßten wir in Deutschland jährlich eine halbe Milliarde Trunkenheitsfahrten haben. Selbst wenn man die Chance verurteilt zu werden, zehnmal höher ansetzt, bleiben immer noch zu viele übrig, die sich der Gefährlichkeit ihres Tuns nicht bewußt sind.

An den Pranger oder mehr Polizei-Kontrollen?

In einem Bezirk in Österreich werden Trunkenheitssünder jetzt an den Pranger gestellt. Ihr Name wird in der Zeitung veröffentlicht. Bei uns in Deutschland schafft das nur, wer öffentlich einen Schutzmann beleidigt. Dagegen haben prominente Juristen nichts. Aber sie haben etwas dagegen, daß auch Trunkenheitstäter öffentlich angeprangert werden. Das verstieße nämlich gegen den Datenschutz. Sie fordern statt dessen mehr Polizei-Kontrollen. Die Wahrscheinlichkeit, bei Trunkenheit mit und ohne Unfall aufzufallen, verhält sich zu der Wahrscheinlichkeit, ohne Unfall in einer Kontrolle entdeckt zu werden, wie 2 : 1. Wenn wir also die Kontrollen verzehnfachen wollen, benötigen wir zwanzigmal soviel Verkehrspolizisten wie wir haben.

1983 entfiel in Deutschland ein Polizeibeamter auf 366 Einwohner. Insgesamt waren es 186.213. Wenn entsprechend dem Anteil der Verkehrsdelikte an allen Delikten etwa 40 Prozent davon mit Verkehrsverstößen befaßt waren, dann würden wir also knapp 1,5 Millionen Schutzleute mehr benötigen. Wir hätten dann auf 44 Einwohner einen Polizeibeamten. Wer will aber soviel Polizei wirklich haben? Juristen wollen immer nur das Problem loswerden, nicht aber den Alkohol. Sie wollen nur Prävention aber nicht Prohibition. Obwohl in des Wortes ursprünglichster Bedeutung beides dasselbe bedeutet: Verhütung.

Verstärkte Polizeikontrollen würden kaum das Problem des Alkohols im Straßenverkehr lösen. Denn Alkohol ist ein gesellschaftliches Problem. Hier kann ein Fehlverhalten nur durch langfristig angelegte positive Einflußnahme geändert werden. Einige Institutionen unterstützen die notwendigen polizeilichen Überwachungsmaßnahmen durch entsprechende Aufklärungs- und Informations-Kampagnen.

Prominente Kavaliere

Prominente *Kavaliere*, die nach einer Trunkenheitsfahrt erwischt worden sind, erfreuen sich meiner Ansicht nach bei den Medien allzu großer Beliebtheit. Wir alle kennen Prominente, die aufgefallen sind. Politiker und Oberstaatsanwälte sind ebenso dabei wie Fernsehstars und Ritter des Ordens wider den tierischen Ernst. Alles Leute, die uns durchaus sympathisch sind. Der Soziologe Heinrich Popitz sagt: *Zu Kavaliersdelikten werden ja nicht Delikte, die auch Kavaliere begehen, sondern Delikte, bei denen auch Kavaliere erwischt werden. Die Sanktion statushoher Sünder mag dem Ruf des Sanktionssystemes zugute kommen – aber nicht dem Ruf der übertretenen Norm.*

Worüber hier noch alle lachen, kann schon im nächsten Augenblick tödliche Folgen haben. Wer kaum noch auf den Füssen stehen kann, wird noch viel weniger in der Lage sein, sich und sein Zweirad sicher nach Hause zu bringen.

Die Selbstmörder

Die Aktionen gegen die Trunkenheit am Steuer haben unser Bewußtsein um die Gefährlichkeit des Alkohols erheblich geschärft. Wenn wir gefragt werden, setzen wir den Alkohol unter den Unfallursachen an die erste Stelle. Gefühlsmäßig heißt das für uns, daß Trunkenheit am Steuer *für andere* gefährlich ist. Wer von uns weiß aber, daß Alkoholsünder in höchstem Maße auch *sich selbst* gefährden. Nach einer Untersuchung der Bundesanstalt für Straßenwesen sind über ein Drittel der Alkoholunfälle Allein-Unfälle. Dieses Drittel der Alkoholtäter hat also nur sich selbst gefährdet, verletzt und getötet. Besonders für Fußgänger ist Alkoholgenuß eine tödliche Gefahr. In den Jahren 1977 bis 1979 wurden insgesamt 5571 nüchterne Fußgänger von einem alkoholisierten Kraftfahrer geschädigt, das heißt, verletzt oder getötet. Hingegen kollidierten 9147 alkoholisierte Fußgänger mit einem nüchternen Kraftfahrer. Das sind knapp zwei Drittel mehr. *Schnaps, das war sein letztes Wort, da trugen ihn die Englein fort.* So lautet ein bekanntes rheinisches Karnevalslied. Ich kann es nicht mehr hören. Es ist mir zu makaber.

Ausgaben und Einnahmen für Alkohol

1983 haben wir in der Bundesrepublik Deutschland über 41,96 Milliarden Mark für alkoholische Getränke ausgegeben. Das waren pro Tag 115 Millionen, pro Stunde 4,8 Millionen und pro Minute knapp 80.000,– DM. Im gleichen Jahr nahm der Staat 6,18 Milliarden DM an Getränkesteuern ein. 1984 hingegen betrugen die Ausgaben für Alkohol nur noch 32,75 Milliarden DM. Sie sind also im Verhältnis zum Vorjahr um ca. 22 Prozent gesunken. Für mich ist das ein erfreuliches Zeichen. Offenbar beginnen wir, den Alkohol selbst als Problem zu sehen. Verteilen Sie bitte einmal in Gedanken den in der Bundesrepublik insgesamt getrunkenen Alkohol gleichmäßig auf die Einwohner im Alter über 14 Jahre. Raten Sie, wieviel Prozent davon täglich mit 0,8 oder 1,3 Promille versorgt werden könnten. Das Ergebnis hat mich selbst zunächst so überrascht, daß ich es nicht glauben wollte. Ich habe deshalb zweimal nachgerechnet und auch die Deutsche Hauptstelle gegen Suchtgefahren befragt. Sie hat mir bestätigt, daß meine Rechnung leider richtig sei.

Ein verschwommener Blick ist bereits höchstes Alarmzeichen, daß wir fahruntüchtig sind. Je mehr Alkohol im Körper ist, desto länger sind die Reaktionszeiten. Desto enger wird auch der Blickwinkel; indem wir Alkohol trinken, setzen wir uns gewissermaßen Scheuklappen auf.

Der tägliche Alkoholkonsum pro Kopf

1983 wurden von 61,422 Millionen Einwohner pro Jahr und Kopf 12,41 Liter reinen Alkohols getrunken. Umgerechnet auf die Bevölkerung über 14 Jahre, waren es 14,874 Liter. Das ergibt rund 33 Gramm reinen Alkohols pro Tag und Kopf der Bevölkerung über 14 Jahre. Diese Menge erzeugt bei einem Mann mit 70 Kilogramm Körpergewicht knapp 0,6 Promille und bei einer Frau mit 60 Kilogramm Körpergewicht 0,85 Promille. Hochgerechnet auf die Gesamtbevölkerung, die zu 47 Prozent aus Männern und zu 53 Prozent aus Frauen besteht, reicht diese Alkoholmenge aus, um durchschnittlich täglich 90 Prozent der trinkenden Bevölkerung mit 0,8 Promille zu versorgen oder über 55 Prozent absolut fahruntüchtig zu machen. Wenn wir die Sanktions-Grenze auf 0,5 Promille senken wollten, dann müßten wir zur gleichmäßigen Verteilung zusätzlich 22,5 Millionen Mitbürger aus dem Ausland zu Hilfe rufen. Mich wundert es deshalb nicht, daß wir ein bis zwei Millionen Alkoholabhängige in der Bundesrepublik haben und daß die Chance, an Leberzirrhose zu sterben, zwölfeinhalbmal so groß ist wie die, durch einen alkoholisierten Kraftfahrer getötet zu werden.

Umkehr tut not

Das ist das Fazit der Höcherl-Kommission, die sich Gedanken darüber zu machen hatte, wie man die Verkehrssicherheit erhöhen kann. Wenn wir in einer Gesellschaft leben, die so sehr vom Auto und vom Alkohol abhängig ist, dann ist es für mich ein gutes Zeichen, daß wir unsere Ausgaben für den Alkoholkonsum erheblich einschränken. Gut finde ich es auch, daß die Besorgnis der Bevölkerung über den Alkoholkonsum sich seit 1973 fast verdoppelt hat. Was ich aber nicht gut finde ist die Tatsache, daß in den Discos ein alkoholfreies Getränk immer noch doppelt so teuer ist wie ein Bier. Jede Wende kommt von innen. *Wir* müssen uns ändern, denn jede Rechtsordnung lebt davon, daß sie *freiwillig* eingehalten wird. Auf den positiven Trend, der sich abzuzeichnen beginnt, setze ich mehr als auf verschärfte Strafen und Kontrollen.

24. Auszug der StVO

Die StVO ist ein Handbuch der Verkehrssicherheit wie auch der Haftungsverteilung im Unfallprozeß. Sie enthält drei große Kapitel über: Allgemeine Regeln; Zeichen und Verkehrseinrichtungen und Durchführungs-, Bußgeld- und Schlußbestimmungen. Hier finden Sie aus dem ersten Kapitel einige besonders wichtige Vorschriften. Ein Blick ins Gesetz schafft manchmal ungeahnte Klarheit.

§ 1. Grundregeln.

(1) Die Teilnahme am Straßenverkehr erfordert ständige Vorsicht und gegenseitige Rücksicht.

(2) Jeder Verkehrsteilnehmer hat sich so zu verhalten, daß kein anderer geschädigt, gefährdet oder mehr, als nach den Umständen unvermeidbar, behindert oder belästigt wird.

§ 2. Straßenbenutzung durch Fahrzeuge.

(1) Fahrzeuge müssen die Fahrbahn benutzen, von zwei Fahrbahnen die rechte.

(2) Es ist möglichst weit rechts zu fahren, nicht nur bei Gegenverkehr, beim Überholtwerden, an Kuppen, in Kurven oder bei Unübersichtlichkeit.

(3) Fahrzeuge, die in der Längsrichtung einer Schienenbahn verkehren, müssen diese, soweit möglich, durchfahren lassen.

(4) Radfahrer müssen einzeln hintereinander fahren; nebeneinander dürfen sie nur fahren, wenn dadurch der Verkehr nicht behindert wird. Sie haben rechte Radwege zu benutzen; linke Radwege dürfen sie nur benutzen, wenn diese für die Gegenrichtung freigegeben sind (Zeichen 237). Sie haben ferner rechte Seitenstreifen zu benutzen, wenn keine Radwege vorhanden sind und Fußgänger nicht behindert werden. Das gilt auch für Fahrräder mit Hilfsmotor, die
1. auf ebener Strecke nicht schneller als 25 km/h fahren können oder
2. durch Treten fortbewegt werden.

(5) Kinder bis zum vollendeten achten Lebensjahr müssen mit Fahrrädern Gehwege benutzen. Das gilt nicht, wenn Rad-

wege vorhanden sind. Auf Fußgänger ist besondere Rücksicht zu nehmen.

§ 3. Geschwindigkeit.

(1) Der Fahrzeugführer darf nur so schnell fahren, daß er sein Fahrzeug ständig beherrscht. Er hat seine Geschwindigkeit insbesondere den Straßen-, Verkehrs-Sicht- und Wetterverhältnissen sowie seinen persönlichen Fähigkeiten und den Eigenschaften von Fahrzeug und Ladung anzupassen. Er darf nur so schnell fahren, daß er innerhalb der übersehbaren Strecke halten kann. Auf Fahrbahnen, die so schmal sind, daß dort entgegenkommende Fahrzeuge gefährdet werden könnten, muß er jedoch so langsam fahren, daß er mindestens innerhalb der Hälfte der übersehbaren Strecke halten kann.

(2) Ohne triftigen Grund dürfen Kraftfahrzeuge nicht so langsam fahren, daß sie den Verkehrsfluß behindern.

(2 a) Die Fahrzeugführer müssen sich gegenüber Kindern, Hilfsbedürftigen und älteren Menschen, insbesondere durch Verminderung der Fahrgeschwindigkeit und durch Bremsbereitschaft, so verhalten, daß eine Gefährdung dieser Verkehrsteilnehmer ausgeschlossen ist.

(3) Die zulässige Höchstgeschwindigkeit beträgt auch unter günstigsten Umständen

1. innerhalb geschlossener Ortschaften für alle Kraftfahrzeuge 50 km/h,
2. außerhalb geschlossener Ortschaften
   a) für Kraftfahrzeuge mit einem zulässigen Gesamtgewicht über 2,8 t bis 7,5 t, ausgenommen Personenkraftwagen, für Personenkraftwagen mit Anhänger und Lastkraftwagen bis zu einem zulässigen Gesamtgewicht von 2,8 t mit Anhänger und für Kraftomnibusse, auch mit Gepäckanhänger 80 km/h,
   b) für Kraftfahrzeuge mit einem zulässigen Gesamtgewicht über 7,5 t, für alle Kraftfahrzeuge mit Anhänger, ausgenommen Personenkraftwagen sowie Lastkraftwagen bis zu einem zulässigen Gesamtgewicht von 2,8 t und für Kraftomnibusse mit Fahrgästen, für die keine Sitzplätze mehr zur Verfügung stehen 60 km/h,
   c) für Personenkraftwagen sowie für andere Kraftfahrzeuge mit einem zulässigen Gesamtgewicht bis 2,8 t 100 km/h.

   Diese Geschwindigkeitsbeschränkung gilt nicht auf Autobahnen (Zeichen 330) sowie auf anderen Straßen mit Fahrbahnen für eine Richtung, die durch Mittelstreifen oder sonstige bauliche Einrichtungen getrennt sind. Sie gilt ferner nicht auf Straßen, die mindestens zwei durch Fahrstreifenbegrenzung (Zeichen 295) oder durch Leitlinien (Zeichen 340) markierte Fahrstreifen für jede Richtung haben.

Die StVO wendet sich an alle Verkehrsteilnehmer, ob sie zu Fuß gehen oder fahren. Jeder muß sich also aus dem Gesetzestext die Vorschriften heraussuchen, die für ihn wichtig sind.

(4) Die zulässige Höchstgeschwindigkeit beträgt für Kraftfahrzeuge mit Schneeketten auch unter günstigen Umständen 50 km/h.

§ 4. Abstand.

(1) Der Abstand von einem vorausfahrenden Fahrzeug muß in der Regel so groß sein, daß auch dann hinter ihm gehalten werden kann, wenn es plötzlich gebremst wird. Der Vorausfahrende darf nicht ohne zwingenden Grund stark bremsen.

(2) Kraftfahrzeuge, für die eine besondere Geschwindigkeitsbeschränkung gilt, sowie Züge, die länger als 7 m sind, müssen außerhalb geschlossener Ortschaften ständig so großen Abstand von dem vorausfahrenden Kraftfahrzeug halten, daß ein überholendes Kraftfahrzeug einscheren kann. Das gilt nicht,

1. wenn sie zum Überholen ausscheren und dies angekündigt haben,
2. wenn in der Fahrtrichtung mehr als ein Fahrstreifen vorhanden ist oder
3. auf Strecken, auf denen das Überholen verboten ist.

§ 5. Überholen.

(1) Es ist links zu überholen.

(2) Überholen darf nur, wer übersehen kann, daß während des ganzen Überholvorgangs jede Behinderung des Gegenverkehrs ausgeschlossen ist. Überholen darf ferner nur, wer mit wesentlich höherer Geschwindigkeit als der zu Überholende fährt.

(3) Das Überholen ist unzulässig:
1. bei unklarer Verkehrslage oder
2. wo es durch Verkehrszeichen (Zeichen 276, 277) verboten ist.

(4) Wer zum Überholen ausscheren will, muß auf den nachfolgenden Verkehr achten. Beim Überholen muß ein ausreichender Seitenabstand zu anderen Verkehrsteilnehmern, insbesondere zu Fußgängern und Radfahrern, eingehalten werden. Der Überholende muß sich sobald wie möglich wieder nach rechts einordnen. Er darf dabei den Überholten nicht behindern.

(4a) Das Ausscheren zum Überholen und das Wiedereinordnen sind rechtzeitig und deutlich anzukündigen; dabei sind die Fahrtrichtungsanzeiger zu benutzen.

(5) Außerhalb geschlossener Ortschaften darf das Überholen durch kurze Schall- oder Leuchtzeichen angekündigt werden. Wird mit Fernlicht geblinkt, so dürfen entgegenkommende Fahrzeugführer nicht geblendet werden.

(6) Wer überholt wird, darf seine Geschwindigkeit nicht erhöhen. Der Führer eines langsameren Fahrzeugs muß seine Geschwindigkeit an geeigneter Stelle ermäßigen, notfalls warten, wenn nur so mehreren unmittelbar folgenden Fahrzeugen das Überholen möglich ist. Hierzu können auch geeignete Mehrzweckstreifen in Anspruch genommen werden.

(7) Wer seine Absicht, nach links abzubiegen, ankündigt und sich eingeordnet hat, ist rechts zu überholen. Schienenfahrzeuge sind rechts zu überholen. Nur wer das nicht kann, weil die Schienen zu weit rechts liegen, darf links überholen. Auf Fahrbahnen für eine Richtung dürfen Schienenfahrzeuge auch links überholt werden.

§ 6. Vorbeifahren.

Wer an einem haltenden Fahrzeug, einer Absperrung oder einem sonstigen Hindernis auf der Fahrbahn links vorbeifahren will, muß entgegenkommende Fahrzeuge durchfahren lassen. Muß er ausscheren, so hat er auf den nachfolgenden Verkehr zu achten und das Ausscheren sowie das Wiedereinordnen – wie beim Überholen – anzukündigen.

§ 7. Benutzung von Fahrstreifen durch Kraftfahrzeuge.

(1) Auf Fahrbahnen mit mehreren Fahrstreifen für eine Richtung dürfen mehrspurige Kraftfahrzeuge von dem Gebot, möglichst weit rechts zu fahren (§ 2 Abs. 2), abweichen, wenn die Verkehrsdichte das rechtfertigt. Fahrstreifen ist der Teil einer Fahrbahn, den ein mehrspuriges Fahrzeug zum ungehinderten Fahren im Verlauf der Fahrbahn benötigt.

(2) Ist der Verkehr so dicht, daß sich auf den Fahrstreifen für eine Richtung Fahrzeugschlangen gebildet haben, so darf rechts schneller als links gefahren werden.

(3) Innerhalb geschlossener Ortschaften – ausgenommen auf Autobahnen (Zeichen 330) – dürfen Personenkraftwagen sowie Lastkraftwagen mit einem zulässigen Gesamtgewicht bis zu 2,8 t auf Fahrbahnen mit mehreren markierten Fahrstreifen für eine Richtung (Zeichen

Die StVO enthält zwei grundsätzliche Appelle in den Paragraphen 1 (Vorsicht und Rücksicht) und 11 (Vorrangverzicht und Mißtrauensgrundsatz). Und sie enthält zwei Grundgesetze in den §§ 2 (Rechtsfahrgebot) und 8 (Vorfahrt rechts vor links). Das dritte Grundgesetz steht in § 3 (Sichtfahrgebot und angepaßte Geschwindigkeit). Wenn Sie wissen wollen, wann, wo und wie Sie überholen dürfen oder nicht, müssen Sie die §§ 5, 7 und 26 studieren. Daß Sie nach dem Überholen wieder nach rechts einscheren müssen, steht schon in § 2, gehört also rechtlich nicht mehr zum Überholen. Überholen heißt nur, auf dem eigenen Fahrstreifen schneller zu fahren als der andere auf dem anderen.

Die wichtigste Unfallverhütungsvorschrift in der StVO ist die Forderung, sich in bestimmten, immer wiederholenden und besonders unfallträchtigen Situationen so zu verhalten, daß jede Gefährdung anderer ausgeschlossen ist. Wer gleichwohl einen Unfall verursacht hat, hat sich gerade nicht so verhalten. Deshalb ist er immer schuld. Suchen Sie einmal im Textauszug, wie oft Sie die Forderung, jede Gefährdung anderer zu vermeiden, wörtlich oder dem Sinne nach wiederfinden können. Sie steht an zehn Stellen. (Sie steht in den §§ 3 Abs. 2a, 7 Abs. 4, 8 Abs. 2, 9 Abs. 1, 9 Abs. 5, 10, 14, 20 Abs. 1, 26 Abs. 3 und demnächst auch in 5 Abs. 4)

296 oder 340) den Fahrstreifen frei wählen, auch wenn die Voraussetzungen des Absatzes 1 Satz 1 nicht vorliegen. Dann darf rechts schneller als links gefahren werden.

(4) In allen Fällen darf ein Fahrstreifen nur gewechselt werden, wenn eine Gefährdung anderer Verkehrsteilnehmer ausgeschlossen ist. Jeder Fahrstreifenwechsel ist rechtzeitig und deutlich anzukündigen; dabei sind die Fahrtrichtungsanzeiger zu benutzen.

(5) Ist auf Straßen mit mehreren Fahrstreifen für eine Richtung das durchgehende Befahren eines Fahrstreifens nicht möglich oder endet ein Fahrstreifen, so ist den am Weiterfahren gehinderten Fahrzeugen der Übergang auf den benachbarten Fahrstreifen in der Weise zu ermöglichen, daß sich diese Fahrzeuge jeweils im Wechsel nach einem auf dem durchgehenden Fahrstreifen fahrenden Fahrzeug einordnen können (Reißverschlußverfahren).

§ 8. Vorfahrt.

(1) An Kreuzungen und Einmündungen hat die Vorfahrt, wer von rechts kommt. Das gilt nicht,

1. wenn die Vorfahrt durch Verkehrszeichen besonders geregelt ist (Zeichen 205, 206, 301, 306)
   oder
2. für Fahrzeuge, die aus einem Feld- oder Waldweg auf eine andere Straße kommen.

(2) Wer die Vorfahrt zu beachten hat, muß rechtzeitig durch sein Fahrverhalten, insbesondere durch mäßige Geschwindigkeit, erkennen lassen, daß er warten wird. Er darf nur weiterfahren, wenn er übersehen kann, daß er den, der die Vorfahrt hat, weder gefährdet noch wesentlich behindert. Kann er das nicht übersehen, weil die Straßenstelle unübersichtlich ist, so darf er sich vorsichtig in die Kreuzung oder Einmündung hineintasten, bis er die Übersicht hat. Auch wenn der,

Die StVO regelt Fahrvorgänge wie das Anfahren, Abbiegen und Ausfahren. Sie enthält aber auch Vorschriften über die Benutzung technischer Einrichtungen wie Lichthupe, Blinker, Warnblinkanlage und Beleuchtung (§§ 5, 9, 15, 16 und 17).

der die Vorfahrt hat, in die andere Straße abbiegt, darf ihn der Wartepflichtige nicht wesentlich behindern.

(3) Diese Vorschriften gelten für Fahrzeuge aller Art. Fußgänger, die Fahrzeuge mitführen, müssen stets warten.

§ 9. Abbiegen, Wenden und Rückwärtsfahren.

(1) Wer abbiegen will, muß dies rechtzeitig und deutlich ankündigen; dabei sind die Fahrtrichtungsanzeiger zu benutzen. Wer nach rechts abbiegen will, hat sein Fahrzeug möglichst weit rechts, wer nach links abbiegen will, bis zur Mitte, auf Fahrbahnen für eine Richtung möglichst weit links einzuordnen, und zwar rechtzeitig. Wer nach links abbiegen will, darf sich auf längs verlegten Schienen nur einordnen, wenn er kein Schienenfahrzeug behindert. Vor dem Einordnen und nochmals vor dem Abbiegen ist auf den nachfolgenden Verkehr zu achten; vor dem Abbiegen ist es dann nicht nötig, wenn eine Gefährdung nachfolgenden Verkehrs ausgeschlossen ist.

(2) Radfahrer, die abbiegen wollen, müssen an der rechten Seite der in gleicher Richtung abbiegenden Kraftfahrzeuge bleiben.

(3) Wer abbiegen will, muß entgegenkommende Fahrzeuge durchfahren lassen, Schienenfahrzeuge, Fahrräder mit Hilfsmotor und Radfahrer auch dann, wenn sie auf oder neben der Fahrbahn in der gleichen Richtung fahren. Dies gilt auch gegenüber Linienomnibussen und sonstigen Fahrzeugen, die gekennzeichnete Sonderfahrstreifen benutzen. Auf Fußgänger muß er besondere Rücksicht nehmen; wenn nötig, muß er warten.

(4) Wer nach links abbiegen will, muß entgegenkommende Fahrzeuge, die ihrerseits nach rechts abbiegen wollen, durchfahren lassen.

(5) Beim Abbiegen in ein Grundstück, beim Wenden und beim Rückwärtsfahren muß sich der Fahrzeugführer darüber hinaus so verhalten, daß eine Gefährdung anderer Verkehrsteilnehmer ausgeschlossen ist; erforderlichenfalls hat er sich einweisen zu lassen.

§ 10. Einfahren und Anfahren.

Wer aus einem Grundstück oder aus einem verkehrsberuhigten Bereich (Zeichen 325/326) auf eine Straße oder von anderen Straßenteilen auf die Fahrbahn einfahren oder vom Fahrbahnrand anfahren will, hat sich dabei so zu verhalten, daß eine Gefährdung anderer Verkehrsteilnehmer ausgeschlossen ist; erforderlichenfalls hat er sich einweisen zu lassen. Er hat seine Absicht rechtzeitig und deutlich anzukündigen; dabei sind die Fahrtrichtungsanzeiger zu benutzen.

§ 11. Besondere Verkehrslagen.

(1) Stockt der Verkehr, so darf trotz Vorfahrt oder grünem Lichtzeichen niemand in die Kreuzung oder Einmündung einfahren, wenn er auf ihr warten müßte.

(2) Auch wer sonst nach den Verkehrsregeln weiterfahren darf oder anderweitig Vorrang hat, muß darauf verzichten, wenn die Verkehrslage es erfordert: auf einen Verzicht darf der andere nur vertrauen, wenn er sich mit dem Verzichtenden verständigt hat.

Die StVO enthält besondere Vorschriften zum Schutze der Schwächeren. Das sind: Kinder, Hilfsbedürftige und ältere Personen (§ 3 Abs. 2a), Fahrgäste öffentlicher Verkehrsmittel und von Schulbussen (§ 20) und Fußgänger (§ 26). Ihnen gegenüber müssen wir besondere Rücksicht walten lassen. Das Gesetz verlangt das Äußerste an Sorgfalt.

§ 14. Sorgfaltspflichten beim Ein- und Aussteigen.

(1) Wer ein- oder aussteigt, muß sich so verhalten, daß eine Gefährdung anderer Verkehrsteilnehmer ausgeschlossen ist.

(2) Verläßt der Führer sein Fahrzeug, so muß er die nötigen Maßnahmen treffen, um Unfälle oder Verkehrsstörungen zu vermeiden. Kraftfahrzeuge sind auch gegen unbefugte Benutzung zu sichern.

§ 15. Liegenbleiben von Fahrzeugen.

Bleibt ein mehrspuriges Fahrzeug an einer Stelle liegen, an der es nicht rechtzeitig als stehendes Hindernis erkannt werden kann, so ist sofort Warnblinklicht einzuschalten. Danach ist mindestens ein auffällig warnendes Zeichen gut sichtbar in ausreichender Entfernung aufzustellen, und zwar bei schnellem Verkehr in etwa 100 m Entfernung; vorgeschriebene Sicherungsmittel, wie Warndreiecke, sind zu verwenden. Darüber hinaus gelten die Vorschriften über die Beleuchtung haltender Fahrzeuge.

§ 15a. Abschleppen von Fahrzeugen.

(1) Beim Abschleppen eines auf der Autobahn liegengebliebenen Fahrzeugs ist die Autobahn (Zeichen 330) bei der nächsten Ausfahrt zu verlassen.

(2) Beim Abschleppen eines außerhalb der Autobahn liegengebliebenen Fahrzeugs darf nicht in die Autobahn eingefahren werden.

(3) Während des Abschleppens haben beide Fahrzeuge Warnblinklicht einzuschalten.

§ 20. Öffentliche Verkehrsmittel und Schulbusse.

(1) An öffentlichen Verkehrsmitteln, die an Haltestellen (Zeichen 224 oder 226) halten, darf nur vorsichtig vorbeigefahren werden. Wenn Fahrgäste auf der Fahrbahn ein- oder aussteigen, darf am öffentlichen Verkehrsmittel rechts nur mit mäßiger Geschwindigkeit und nur in einem solchen Abstand vorbeigefahren werden, daß eine Gefährdung von Fahrgästen ausgeschlossen ist. Sie dürfen auch nicht behindert werden. Wenn nötig, muß der Fahrzeugführer warten.

(1a) An gekennzeichneten Schulbussen, die halten und Warnblinklicht (§ 16, Abs. 2) eingeschaltet haben, darf nur mit mäßiger Geschwindigkeit und in einem solchen Abstand vorbeifahren werden, daß eine Gefährdung der Schulkinder ausgeschlossen ist. Sie dürfen auch nicht behindert werden. Wenn nötig, muß der Fahrzeugführer warten.

Die Verantwortlichkeit aller Fahrzeugführer, also auch der Radfahrer, für den technisch einwandfreien Zustand des Fahrzeuges und für seine verkehrssichere Benutzbarkeit ist in § 23 geregelt.

(2) Omnibussen des Linienverkehrs ist das Abfahren von gekennzeichneten Haltestellen zu ermöglichen. Wenn nötig, müssen andere Fahrzeuge warten.

(3) Personen, die öffentliche Verkehrsmittel benutzen wollen, müssen sie auf den Gehwegen, den Seitenstreifen oder einer Haltestelleninsel, sonst am Rand der Fahrbahn erwarten.

§ 23. Sonstige Pflichten des Fahrzeugsführers.

(1) Der Fahrzeugführer ist dafür verantwortlich, daß seine Sicht und das Gehör nicht durch die Besetzung, die Ladung, Geräte oder den Zustand des Fahrzeugs beeinträchtigt werden. Er muß dafür sorgen, daß das Fahrzeug, der Zug, das Gespann sowie die Ladung und die Besetzung vorschriftsmäßig sind und daß die Verkehrssicherheit des Fahrzeugs durch die Ladung oder die Besetzung nicht leidet. Er muß auch dafür sorgen, daß die vorgeschriebenen Kennzeichen stets gut lesbar sind. Vorgeschriebene Beleuchtungseinrichtungen müssen an Kraftfahrzeugen und ihren Anhängern sowie an Fahrrädern auch am Tage vorhanden und betriebsbereit sein, sonst jedoch nur, falls zu erwarten ist, daß sich das Fahrzeug noch im Verkehr befinden wird, wenn Beleuchtung nötig ist (§ 17 Abs. 1).

(2) Der Fahrzeugführer muß das Fahrzeug, den Zug oder das Gespann auf dem kürzesten Weg aus dem Verkehr ziehen, falls unterwegs auftretende Mängel, welche die Verkehrssicherheit wesentlich beeinträchtigen, nicht alsbald beseitigt werden; dagegen dürfen Kleinkrafträder, Fahrräder mit Hilfsmotor und Fahrräder dann geschoben werden.

(3) Radfahrer und Führer von Krafträdern dürfen sich nicht an Fahrzeuge anhängen. Sie dürfen nicht freihändig fahren. Die Füße dürfen sie nur dann von den Pedalen oder den Fußrasten nehmen, wenn der Straßenzustand das erfordert.

§ 25. Fußgänger.

(1) Fußgänger müssen die Gehwege benutzen. Auf der Fahrbahn dürfen sie nur gehen, wenn die Straße weder einen Gehweg noch einen Seitenstreifen hat. Benutzen sie die Fahrbahn, so müssen sie innerhalb geschlossener Ortschaften am rechten oder linken Fahrbahnrand gehen; außerhalb geschlossener Ortschaften müssen sie am linken Fahrbahnrand gehen, wenn das zumutbar ist. Bei Dunkelheit, bei schlechter Sicht oder wenn die Verkehrslage es erfordert, müssen sie einzeln hintereinander gehen.

(2) Fußgänger, die Fahrzeuge oder sperrige Gegenstände mitführen, müssen die Fahrbahn benutzen, wenn sie auf dem Gehweg oder auf dem Seitenstreifen die anderen Fußgänger erheblich behindern würden. Benutzen Fußgänger, die Fahrzeuge mitführen, die Fahrbahn, so müssen sie am rechten Fahrbahnrand gehen; vor dem Abbiegen nach links dürfen sie sich nicht links einordnen.

(3) Fußgänger haben Fahrbahnen unter Beachtung des Fahrzeugverkehrs zügig auf dem kürzesten Weg quer zur Fahrtrichtung zu überschreiten, und zwar, wenn die Verkehrslage es erfordert, nur an Kreuzungen oder Einmündungen, an Lichtzeichenanlagen innerhalb von Markierungen oder auf Fußgängerüberwegen (Zeichen 293). Wird die Fahrbahn an Kreuzungen oder Einmündungen überschritten, so sind dort angebrachte Fußgängerüberwege oder Markierungen an Lichtzeichenanlagen stets zu benutzen.

(4) Fußgänger dürfen Absperrungen, wie Stangen- oder Kettengeländer, nicht überschreiten. Absperrschranken (§ 43) verbieten das Betreten der abgesperrten Straßenfläche.

(5) Gleisanlagen, die nicht zugleich dem sonstigen öffentlichen Straßenverkehr dienen, dürfen nur an den dafür vorgesehenen Stellen betreten werden.

§ 26. Fußgängerüberwege.

(1) An Fußgängerüberwegen haben Fahrzeuge mit Ausnahme von Schienenfahrzeugen den Fußgängern, welche die Fahrbahn auf dem Überweg erkennbar überschreiten wollen, das Überqueren zu ermöglichen. Deshalb dürfen sie nur mit mäßiger Geschwindigkeit heranfahren; wenn nötig, müssen sie warten.

(2) Stockt der Verkehr, so dürfen Fahrzeuge nicht auf den Überweg fahren, wenn sie auf ihm warten müßten.

(3) An Überwegen darf nur überholen oder an anderen Fahrzeugen vorbeifahren, wer übersehen kann, daß eine Gefährdung von Fußgängern ausgeschlossen ist. Wartet ein Fahrzeug vor dem Überweg, weil Fußgänger die Fahrbahn überschreiten, so dürfen andere Fahrzeuge es nicht überholen.

(4) Führt die Markierung über einen Radweg oder einen anderen Straßenteil, so gelten diese Vorschriften entsprechend.

§ 34. Unfall.

(1) Nach einem Verkehrsunfall hat jeder Beteiligte

1. unverzüglich zu halten,
2. den Verkehr zu sichern und bei geringfügigem Schaden unverzüglich beiseite zu fahren,
3. sich über die Unfallfolgen zu vergewissern,
4. Verletzten zu helfen (§ 323 c des Strafgesetzbuches),
5. anderen am Unfallort anwesenden Beteiligten und Geschädigten
   a) anzugeben, daß er am Unfall beteiligt war und
   b) auf Verlangen seinen Namen und seine Anschrift anzugeben sowie ihnen Führerschein und Fahrzeugschein vorzuweisen und nach bestem Wissen Angaben über seine Haftpflichtversicherung zu machen,
6. a) solange am Unfallort zu bleiben, bis er zugunsten der anderen Beteiligten und der Geschädigten die Feststellung seiner Person, seines Fahrzeuges und der Art seiner Beteiligung durch seine Anwesenheit ermöglicht hat oder
   b) eine nach den Umständen angemessene Zeit zu warten und am Unfallort Namen und Anschrift zu hinterlassen, wenn niemand bereit war, die Feststellung zu treffen,
7. unverzüglich die Feststellungen nachträglich zu ermöglichen, wenn er sich berechtigt, entschuldigt oder nach Ablauf der Wartefrist (Nummer 6 Buchstabe b) vom Unfallort entfernt hat. Dazu hat er mindestens den Berechtigten (Nummer 6 Buchstabe a) oder einer nahe gelegenen Polizeidienststelle mitzuteilen, daß er am Unfall beteiligt gewesen ist, und seine Anschrift, seinen Aufenthalt sowie das Kennzeichen und den Standort seines Fahrzeugs anzugeben und dieses zu unverzüglichen Feststellungen für eine ihm zumutbare Zeit zur Verfügung zu stellen.

(2) Beteiligt an einem Verkehrsunfall ist jeder, dessen Verhalten nach den Umständen zum Unfall beigetragen haben kann.

(3) Unfallspuren dürfen nicht beseitigt werden, bevor nicht die notwendigen Feststellungen getroffen worden sind.

Wenn Sie nach einem Verkehrsunfall alles das tun, was in § 34 steht, dann machen Sie sich weder einer unterlassenen Hilfeleistung noch der Unfallflucht schuldig.

25. Verkehrssünderkartei

Bestand
1982 waren im Verkehrszentralregister in Flensburg noch knapp fünf Millionen Kraftfahrer eingetragen. Damals wurden Bußen über *mehr* als 40,– DM eingetragen. Die Eintragungsgrenze ist vom Gesetzgeber inzwischen erhöht worden. Jetzt werden Bußen *ab* 80,– DM eingetragen. 1984 waren deshalb etwa 20 Prozent der Verkehrssünder aus der Kartei verschwunden. Es waren nur noch etwas über 3,9 Millionen eingetragen.

Was kostet wieviel Punkte?
Da ich immer wieder gefragt werde, was wieviel Punkte kostet, drucke ich Ihnen hier auszugsweise die Tabelle mit der Punktebewertung ab:

Straftaten

Verkehrsunfallflucht	7 P
Straßenverkehrsgefährdung durch Fahrunsicherheit infolge Alkohol oder anderer berauschender Mittel	7 P
Straßenverkehrsgefährdung durch grob verkehrswidriges und rücksichtsloses	
– Mißachten der Vorfahrt oder des Rechtsfahrgebots	7 P
– Fehlverhalten beim Überholen oder an Fußgängerüberwegen	7 P
– zu schnelles Fahren	7 P
– Wenden oder versuchtes Wenden auf Autobahnen	7 P
– Nichtkenntlichmachen haltender oder liegengebliebener Fahrzeuge	7 P
Fahren ohne Fahrerlaubnis bzw. ohne Versicherungsschutz	6 P
Kennzeichenmißbrauch oder Gebrauch unversicherter Kfz	6 P
Unbefugter Gebrauch von Kfz	5 P
Nötigung	5 P
Fahrlässige Tötung, Körperverletzung	5 P
Andere Straftaten	5 P

Alle Kraftfahrer haben Angst vor Punkten in Flensburg. Deshalb wirkt das Punkt-System abschreckend und fördert die Verkehrssicherheit, weil es Unfälle verhütet. Das sagen viele Juristen.

Nach einer Infas-Befragung über die Wirksamkeit des Verkehrszentralregisters halten 68 Prozent der Führerscheinbesitzer ihren Punktestand für wichtig. Von ihnen haben 17 Prozent ein Punkte-Konto.

Ordnungswidrigkeiten, Vorfahrt, Verkehrsregelung

Nichtbeachten der Vorfahrt, des Rotlichts, der Haltezeichen von Polizisten oder des STOP-Zeichens	3 P
Unzulässiges Überqueren von Bahnübergängen	3 P
Nichtbeachten der anderen vorfahrtregelnden Verkehrszeichen oder Weisungen von Polizisten	1 P

An-, Ein- oder Ausfahren, Abbiegen

Verbotenes Ein- oder Ausfahren auf Autobahnen oder Kraftfahrtstraßen	3 P
Falsches Ein- oder Anfahren unter Gefährdung anderer	2 P
Falsches Verhalten beim Abbiegen mit Gefährdung anderer	2 P
Falsches Verhalten beim Ein- oder Anfahren oder beim Abbiegen in sonstigen Fällen	1 P

Wenden, Rückwärtsfahren

auf Autobahnen oder Kraftfahrtstraßen	4 P
Falsches Verhalten beim Wenden mit Gefährdung anderer	2 P
Behindern oder Gefährden des Verkehrs beim Rückwärtsfahren	1 P

Überholen, Vorbeifahren, Begegnen

Verbotenes Überholen oder Vorbeifahren an Fußgängerüberwegen mit Gefährdung von Fußgängern	4 P
Überholen bei Unübersichtlichkeit oder bei unklarer Verkehrslage	
– unter Nichtbeachtung von Überholverboten oder Fahrstreifenbegrenzungen	4 P
– in anderen Fällen	3 P
Rechtsüberholen außerhalb von Ortschaften	3 P
Behindern oder Gefährden des Verkehrs beim Überholen	1 P
Unzulässiger Fahrstreifenwechsel unter Gefährdung anderer	2 P
Falsches Vorbeifahren an Haltestellen	2 P

Fehlverhalten beim Überholen, Überholtwerden, Vorbeifahren 1 P

Nichtrechtsfahren bei Gegenverkehr, beim Überholtwerden, an Kuppen, an unübersichtlichen Kurven und an sonstigen unübersichtlichen Stellen 2 P

Ladung, Ladegeschäft

Führen eines Fahrzeuges mit
- mangelhaft gesicherter Ladung 3 P
- einer Ladung mit unzulässiger Höhe/Breite/Länge oder mit unzulässig herausragender Ladung 1 P

Verblüffenderweise würden nur 24 Prozent der Führerschein-Inhaber eine doppelt oder dreifach so hohe Geldbuße bezahlen, um Punkte zu vermeiden. Hingegen ziehen es 62 Prozent vor, Punkte zu kassieren, anstatt ein höheres Bußgeld zu bezahlen. Sie haben also mehr Sorge um den eigenen Geldbeutel als Angst vor den Punkten. Offenbar funktionieren die Punkte nicht so wie Juristen sich das wünschen.

Geschwindigkeit

Überschreiten der zulässigen Höchstgeschwindigkeit

innerhalb geschlossener Ortschaften	außerhalb geschlossener Ortschaften	
um mehr als 40 km/h	50 km/h	4 P
um mehr als 25 km/h	25 km/h	3 P

Überhöhte Geschwindigkeit an unübersichtlichen Stellen oder an Straßenkreuzungen und Bahnübergängen 3 P

Sicherheitsabstand

Ungenügender Sicherheitsabstand
- bei einer Geschwindigkeit über 80 km/h 3 P

Parken

Verbotenes Parken auf Autobahnen oder Kraftfahrtstraßen 2 P

Sonstiges verbotenes Parken 1 P

Überschreiten der zulässigen Gewichte, Achslasten oder Anhängelasten eines Fahrzeuges
- um mehr als 20 Prozent für Fahrer 3 P
- um mehr als 10 Prozent für den, der es anordnet oder zuläßt 3 P
- in anderen Fällen 1 P

Unzulässige Mitnahme von Personen auf Kfz oder Anhängern 1 P

Technische Mängel

Mangelhafte Reifen/Bremsen 3 P

Unzulängliche oder unzulässige Beleuchtung 3 P

Erhebliche Sicherheitsmängel (z. B. Lenkung/Anhängerkupplung) 3 P

Sonstige Ordnungswidrigkeiten

Anordnung oder Zulassung oder Durchführung fahrerlaubnispflichtiger Fahrgastbeförderung, obwohl der Fahrer die Fahrerlaubnis zur Fahrgastbeförderung nicht besitzt 3 P

Bei Erreichen von 18 Punkten droht der Verlust des Führerscheins, wenn man den Eignungstest nicht besteht. Jeder Punkt ist also ein Achtzehntel des Führerscheins. Und Punkt ist gleich Punkt. Die einzelnen Verstöße sind aber mit einem »Schuß in's Dunkle« mehr oder weniger willkürlich bepunktet. Gefährliches Überholen kostet nur einen Punkt. Gefährliches Abbiegen kostet zwei Punkte. Für mich sind beide Verstöße gleich

gefährlich. Sodann kostet das Nichtbeachten eines Stopp-Schildes drei Punkte, gleichgültig, ob Querverkehr gefährdet wird oder überhaupt nicht vorhanden ist. In Flensburg wird also ungleich Gefährliches gleich behandelt. Es wird auch das eingetragen, was nicht gefährlich war, nur weil es hätte gefährlich sein können.

Fahren mit nichtzugelassenem Fahrzeug	3 P
Fahren außerorts ohne Licht oder nur mit Standlicht bei erheblicher Sichtbehinderung durch Nebel, Schneefall oder Regen	3 P
Sonstiges Fahren ohne Licht oder mit unzulässiger Beleuchtungseinrichtung	1 P
Ungenügendes Kenntlichmachen liegengebliebener Fahrzeuge	2 P
Überschreiten der Anmeldefrist zur Hauptuntersuchung gem. § 29 StVZO um mehr als 8 Monate	2 P
Gefährden anderer Verkehrsteilnehmer beim Ein- oder Aussteigen	1 P
Übermäßige Geräusch-, Abgas- oder Rauchentwicklung	1 P
Vorschriftswidriges Verhalten von Fußgängern, Radfahrern, Reitern und anderen Nichtkraftfahrern	1 P
ANDERE nicht aufgeführte ORDNUNGSWIDRIGKEITEN	1 P

Wann verschwinden meine Punkte?

Die Eintragungen in die Verkehrssünderkartei werden nach Ablauf von bestimmten Fristen automatisch getilgt. Gelöschte Eintragungen dürfen dann nicht mehr mit Punkten bewertet werden. Die Tilgungsfristen sind:

Zwei Jahre bei allen Bußgeldbescheiden ohne Rücksicht auf die Höhe des Bußgeldes,
fünf Jahre bei Verurteilungen wegen einer Verkehrsstrafsache zu Geldstrafe oder Freiheitsstrafe bis zu drei Monaten,
zehn Jahre in den übrigen Fällen. Dazu zählen insbesondere die Entziehung der Fahrerlaubnis wegen charakterlicher Ungeeignetheit durch die Verwaltungsbehörde und die Neuerteilung einer Fahrerlaubnis nach vorangegangener Entziehung.

Bei Verkehrsordnungswidrigkeiten beginnt die Löschungsfrist mit der Rechtskraft des Bußgeldbescheides oder, wenn man Einspruch eingelegt hat, mit der Rechtskraft des Urteils des Verkehrsrichters. Bei Verkehrsstrafsachen beginnt die Frist mit dem Tag des ersten Urteils oder der Unterzeichnung des Strafbefehls durch den Richter.

Wenn man entsprechend neue Punkte sammelt und alte noch nicht gelöscht sind, dann häufen sich die Punkte.

Wie erfahre ich meinen Punktestand?

Jeder kann sich nach dem ihn betreffenden Inhalt der Verkehrssünderkartei erkundigen. Die kostenpflichtige Auskunft wird auf Antrag erteilt. Dem Antrag ist

Das Verkehrszentralregister ist kein Unfallregister. In Flensburg sind nämlich ganz überwiegend folgenlose Verstöße eingetragen. Als 1983 die Grenze zur Erfassung der Unfälle mit schwerem Sachschaden von 1000 auf 3000 Mark angehoben wurde, verschwanden rund eine viertel Million Unfälle aus unseren Statistiken. Das waren 15 Prozent aller Unfälle und über die Hälfte der Sachschadensunfälle. Deshalb ist die Verkehrssünder-Kartei für die Unfallforschung unbrauchbar. Wie sie dann gleichwohl zur Verhütung von Unfällen beitragen soll, ist für mich unbegreiflich. Für mich ist die Wirksamkeit der Punkte reine Glaubenssache. Das Punkt-System ist ein zu engmaschiges Netz. Es fängt zu viele kleine und harmlose Fische und zu wenige dicke und gefährliche. Für mich als Verkehrsrichter würde das Strafregister als Netz für die dicken Fische genügen. Das Punkt-System könnte man getrost abschaffen. Dann würden zwar einige Anwälte, Psychologen und Verkehrsrichter arbeitslos. Aber die Verkehrssicherheit würde keinen Schaden nehmen.

eine behördliche Identitätsbescheinigung (amtliche Beglaubigung der Unterschrift) beizufügen, damit sichergestellt ist, daß nur der Betroffene Auskunft erhält. Im Antrag sind alle Vornamen und das Geburtsdatum anzugeben. Er ist zu richten an das:
Kraftfahrt-Bundesamt
2390 Flensburg
Fördestraße 16
Die Auskunft wird nicht fernmündlich erteilt.
Vor Erteilung einer Fahrerlaubnis oder vor Ausfertigung eines Ersatzführerscheines wird von der Behörde in Flensburg nachgefragt, ob Nachteiliges über den Antragsteller eingetragen ist.
Die eingetragenen Entscheidungen werden vom Kraftfahrtbundesamt vorläufig bepunktet. Bei einem Stand von mindestens neun Punkten wird die zuständige Verwaltungsbehörde benachrichtigt.
Einen ausführlichen Katalog von über 600 Tatbeständen mit der Höhe der Bußgelder und den Tilgungsvorschriften enthält die Broschüre »Das neue Verkehrssünder-Punktsystem« des ADAC-Verlages (128 Seiten, 4,– DM).

Was passiert, wenn ich zuviele Punkte habe?
Überziehe ich mein Punktekonto innerhalb bestimmter Grenzen, so trifft die Verwaltungsbehörde folgende Maßnahmen:
9 Punkte: Schriftliche Verwarnung.
14 Punkte: Wiederholung der theoretischen, bei Anlaß auch der praktischen Fahrerlaubnisprüfung. Vorbereitungszeit ein Monat. Bei negativem Ergebnis ist die Prüfung innerhalb derselben Frist zu wiederholen. Bei nochmaligem Nichtbestehen in der Regel Fahrerlaubnisentzug.
18 Punkte: Medizinisch-psychologische Untersuchung auf Eignung zum Führen von Kfz. Bei Nichteignung Entzug der Fahrerlaubnis.
Innerhalb von zwei Jahren:
18 Punkte: Regelmäßig Entzug der Fahrerlaubnis nach medizinisch-psychologischer Untersuchung, wenn diese Nichteignung ergab.

Innerhalb zwei Jahren nach Fahrerlaubnisentzug:
9 Punkte: Medizinisch-psychologische Untersuchung auf Eignung zum Führen von Kfz. Bei Nichteignung Entzug der Fahrerlaubnis.

26. Kleiner Ratgeber

In diesem kleinen Lexikon gebe ich Ihnen kurze Informationen zu einigen wichtigen Stichworten, vom Anscheinsbeweis bis zum sogenannten Vertrauensgrundsatz, den man meiner Ansicht nach besser nicht erfunden hätte.

Anscheinsbeweis

Wer auffährt, ist immer schuld. Das heißt: Wer mit einem Kraftfahrzeug auf das Fahrzeug eines anderen auffährt, ist dem anderen zum Ersatz des daraus entstehenden Schadens verpflichtet, sofern sich nicht aus bestimmten Tatsachen die Möglichkeit eines schuldlosen Auffahrens ergibt. Das gilt auch für den, der die Vorfahrt verletzt und für alle die Fälle, in denen das Gesetz vorschreibt, daß man sich so verhalten muß, daß jede *Gefährdung* anderer *ausgeschlossen* ist. Wer gleichwohl einen Unfall verursacht, hat den Beweis des ersten Anscheins gegen sich, daß er den Unfall alleine verursacht und verschuldet hat. Um den Anscheinsbeweis auszuräumen, muß man den anderen Geschehensablauf nicht nur *dartun,* sondern auch *beweisen.* Wenn man auffährt, genügt also nicht die bloße *Möglichkeit,* daß der Vordermann vorher auf einem anderen Fahrstreifen gefahren ist. Den Fahrstreifenwechsel muß man vielmehr beweisen.

Alco-Test

Wer eine *Fahne* hat oder beim Gehen schwankt oder auf Grund seiner Fahrweise sonst als alkoholisiert erscheint, muß *blasen.* Man bläst etwa 15 Sekunden durch ein Röhrchen mit gelben Kristallen in eine Plastiktüte. Je nach der Grünverfärbung veranlaßt der Polizeibeamte dann die Entnahme einer Blutprobe durch einen Arzt. Diese Alco-Test-Röhrchen sind seit über 30 Jahren im Gebrauch. Ihr Vorteil: Eine Zehnerpackung kostet nur 61,– DM. Der Nachteil: Sie sind ausgesprochen ungenau. Das führte nach Feststellungen der Polizei in Nordrhein-Westfalen dazu, daß zum Beispiel 1981 jede vierte bis fünfte Blutentnahme unnötig war. Deshalb benutzt die Polizei jetzt lieber mehr und mehr das Alco-Test-Gerät 7310 der Firma Dräger. Der Alkohol im Atem wird durch Infrarot-Strahlen identifiziert. Die Promille lassen sich dann auf einer Leuchtkristallanzeige ablesen. Das Gerät ist viel teurer. Es kostet 1700,– DM. Es ist aber auch viel genauer. Andererseits ist es für Beweiszwecke noch nicht genau genug. Der Alco-Test ist also nur ein Vortest. Wer ihn nicht besteht oder verweigert, muß zur Blutprobe. Bislang ist nur die in einem Labor analysierte Blutprobe vor Gericht beweiskräftig. Eines nicht fernen Tages wird sicher ein Gerät auf dem Markt sein, das die Blutprobe ganz überflüssig macht. Ich hätte nichts dagegen, denn für die meisten Bürger ist eine Blutentnahme eine unangenehme Angelegenheit. Inzwischen testet die Polizei bereits das neue Alco-Test-Gerät 7110 der Firma Dräger. Das Gerät ist bereits in den USA und Australien im Einsatz. Es arbeitet viel genauer, kostet aber wahrscheinlich 8000,– DM.

Haftung von Fahrer, Halter und Versicherung

Neben dem Fahrer haftet in der Regel auch der Halter des Fahrzeugs. Daneben

Verkehr

muß auch die Kraftfahrzeug-Haftpflichtversicherung des Schädigers zahlen. Man kann sie direkt verklagen. Am zweckmäßigsten verklagt man alle drei zusammen. Sonst hat man den gegnerischen Fahrer als Zeugen gegen sich. Andererseits werden aber die Aussagen des in den Unfall verwickelten Fahrers bei Gericht meist nicht allzu hoch bewertet, weil er nicht neutral ist. Er hat ein verständliches Bedürfnis, sich ins rechte Licht zu rücken und ist natürlich auch am Ausgang des Rechtsstreits interessiert. Es liegt auf der Hand, daß die Ehefrau oder der Sohn des Halters wegen des Unfalles keinen häuslichen Ärger bekommen wollen.

Alleinhaftung
Wer den *Anscheinsbeweis* gegen sich hat, haftet nach einem Verkehrsunfall in der Regel *alleine.* Wer auffährt, die Vorfahrt verletzt oder rückwärts fährt, ist nämlich *immer schuld.* Das Gesetz verlangt ja von ihm, sich so zu verhalten, daß jede *Gefährdung* anderer *ausgeschlossen* ist. Der *Unfall,* der ja mehr ist als eine bloße Gefährdung, beweist aber gerade, daß er sich *nicht* ungefährlich verhalten hat. Sein Verschulden wiegt daher in der Regel so schwer, daß der Unfall für den anderen Kraftfahrer ein *unabwendbares Ereignis* ist.

Amtshaftung
Verletzt ein Beamter in Ausübung seines Amtes eine Amtspflicht, so haftet grundsätzlich nur der Staat. Beispiele sind: Eine Funkstreife im Einsatz wird in einen Unfall verwickelt, oder an einer Kreuzung zeigen die Ampeln für beide Richtungen gleichzeitig *feindliches* Grün. Hat der Beamte nur fahrlässig gehandelt, wie dies wohl meist der Fall sein wird, so müssen Sie erst versuchen, anderweitig Schadensersatz zu erlangen. Im Extremfall müssen Sie also erst einen Prozeß verlieren, um den anderen gegen den Staat überhaupt gewinnen zu können. Die Einzelheiten des Amtshaftungsrechtes sind außerordentlich kompliziert und wenig bürgerfreundlich. Das Staatshaftungsgesetz von 1981, das die Rechtsstellung des Bürgers gegenüber dem Staat erheblich verbessert hätte, ist leider aus formellen Gründen beim Bundesverfassungsgericht gescheitert.

Aufsichtspflichtverletzung
Eltern haften nur bedingt für ihre Kinder. Die Baustellenschilder, auf denen das Gegenteil angedroht wird, bluffen nur. Erforderlich für eine Haftung der Eltern ist, daß und inwieweit das Kind noch der Beaufsichtigung bedarf. Wer für die richtige Verkehrserziehung zu Hause, im Kindergarten und in der Schule gesorgt hat, braucht sein Kind nicht zu Hause einzusperren. Kinder, die noch keine sieben Jahre alt sind und die noch nicht selber haften können, muß man naturgemäß mehr hüten als einen 15jährigen, der seine Mofa-Prüfung bestanden hat. Die Ersatzpflicht der Eltern tritt also nicht ein, wenn

Sie ihrer Aufsichtspflicht genügt und das Ihrige getan haben, oder wenn der Schaden trotzdem entstanden wäre. Das muß man allerdings für den Fall eines Prozesses vortragen und eventuell auch beweisen. Gleichwohl würde ich vorsorglich für alle Fälle eine Privathaftpflichtversicherung abschließen, wenn Sie dies noch nicht getan haben.

Ausreden vor Gericht
Als Angeklagte brauchen Sie vor Gericht überhaupt nichts zu sagen, wenn Sie nicht wollen. Andererseits haben Sie das Recht, sich zu verteidigen und für Sie günstige Umstände vorzubringen. Da in Deutschland die Angeklagten nicht in den Zeugenstand treten, werden Sie natürlich auch nicht wegen Meineides verurteilt, wenn Sie mir etwas vorlügen. Wenn Sie aber falsch geparkt haben, kommen Sie mir bitte nicht mit der Tante Jutta aus Kalkutta. Ich frage nämlich in Kalkutta nach, ob die Tante tatsächlich verantwortlich ist. Eine weitverbreitete Zeitung hat kürzlich *die besten Ausreden vor Gericht* gebracht. Der Untertitel lautete: *Eine Ausrede kann Wunder wirken.* Glauben Sie mir bitte: Wir Verkehrsrichter sind nicht wundergläubig. Eine Ausrede, die wir schon einmal gehört oder gelesen haben, zieht bei uns nicht mehr. Selbst wenn wir Humor haben. Wir sagen dann einfach: Die Ausrede ist nicht glaubhaft. Naturgemäß werden die meisten Ausreden benützt, um nach Alkoholgenuß die *Schlangenlinien* anderweitig zu erklären. Kommen Sie mir also bitte nicht mit einem Aal, auf dem Sie ausgerutscht sein wollen. Der einzige Erfolg, den Sie damit erzielen können, ist Heiterkeit der Zuschauer im Gerichtssaal. Sie bilden sozusagen die Stimme des Volkes.

Betriebsgefahr
Kraftfahrzeuge sind gefährlicher als Menschen. Deshalb haftet der Halter eines Kraftfahrzeuges grundsätzlich schon dann, wenn der Unfall *bei dem Betrieb* des Kraftfahrzeuges passierte. Das gilt in vermehrtem Maße auch für Schienenbahnen. Das sind Eisen- wie Straßenbahnen und Schwebebahnen. Schienenbahnen, die *außerhalb* des Verkehrsraumes öffentlicher Straßen fahren, haften nur dann nicht, wenn der Unfall durch *höhere Gewalt* wie zum Beispiel ein Erdbeben verursacht wurde. Schienenbahnen, die *innerhalb* des Verkehrsraumes öffentlicher Straßen fahren, haften wie Kraftfahrzeuge. Beide haften nicht, wenn der Unfall durch ein *unabwendbares Ereignis* verursacht wurde. Wenn der Unfall zum Beispiel auf abgefahrene Reifen eines Autos oder ein Versagen der Bremsen zurückzuführen ist, ist das nicht unabwendbar, sondern abwendbar. Nach der Faustformel ist ein Unfall nur dann unabwendbar, wenn er auch dem *denkbar besten Fahrer* passiert wäre, und wenn zum Beispiel der Verletzte selbst schuld ist.

Bei den meisten Unfällen steht der andere Unfallbeteiligte fest. Und man bekommt seinen Schaden ersetzt, wenn der andere schuld ist. Wenn der Unfallgegner aber geflüchtet ist oder nicht versichert war, bekommt man nur in bestimmten Fällen Ersatz vom Entschädigungsfonds.

Entschädigungsfonds
Wenn man keinen Schadensersatz bekommen kann, weil der Schädiger Unfallflucht begangen oder den Schaden vorsätzlich und widerrechtlich herbeigeführt hat oder das gegnerische Unfallfahrzeug nicht versichert war, so kann man sich als Geschädigter in besonderen Ausnahmefällen an den Entschädigungsfonds beim HUK-Verband in Hamburg wenden. Voraussetzung ist aber, daß der Geschädigte anderweitig keinen Schadensersatz bekommen kann. Wenn der Schaden also zum Beispiel durch Zahlung der Sozialversicherung oder Fortzahlung der Bezüge oder des Lohnes ausgeglichen ist, bekommt man nichts. Nach einer Unfallflucht bekommt man seinen *Sach*schaden nicht ersetzt. In den übrigen Fällen bekommt man ihn nur ersetzt, wenn der Schaden 1000,– DM überschreitet. Hier gibt es also eine Art Selbstbehalt. Ein Schmerzensgeld gibt es nach einer Unfallflucht nur dann, wenn dies wegen der besonderen Schwere der Verletzung zur Vermeidung einer groben Unbilligkeit erforderlich ist.

Die Einzelheiten sind ein bißchen kompliziert. Aber anfragen kostet nichts.

Haftung Minderjähriger

Die zivilrechtliche Haftung für Schäden, die man anderen zufügt, beginnt nicht erst mit der strafrechtlichen Verantwortlichkeit (mit 14 Jahren) oder der Volljährigkeit (mit 18 Jahren), sondern bereits mit sieben Jahren. Nur wer das siebente Lebensjahr noch nicht vollendet hat, ist für einen Schaden, den er anrichtet, grundsätzlich nicht verantwortlich. Zwischen 7 und 18 Jahren haften wir also sehr wohl, wenn wir die erforderliche Einsicht in unsere Verantwortlichkeit haben. Wenn wir also wissen, daß wir für die Folgen unseres Tuns selber gerade stehen müssen. In den letzten zehn Jahren habe ich als Verkehrsrichter nur ein einziges Mal bei einem Zehnjährigen Bedenken gehabt, der mit Gottes Gaben nicht allzu reich gesegnet war. Wie mir sein Anwalt dann aber versicherte, wußte er ganz genau, daß man mit einem in der Straßenbahn geklauten Nothämmerchen nicht Autokaputt-machen spielen darf.

Mitverschulden des Geschädigten

Wenn der Geschädigte den Schaden mitverursacht hat, so hängt die Frage, ob und wieviel Schadensersatz er bekommt, davon ab, inwieweit der Schaden *vorwiegend* von dem anderen oder von ihm selbst verursacht worden ist. Nehmen wir folgenden Fall: Ein Vorfahrtsberechtigter nähert sich mit 75 km/h statt erlaubter 50 km/h einer untergeordneten Straße. Vor der Einmündung steht rechts sichtbehindernd ein falsch parkendes Fahrzeug im Fünf-Meter-Raum. Gegenüber steht ein anderes Fahrzeug, das den linken Blinker an hat und dessen Fahrer winkt. Es kommt zum Zusammenstoß, als das herausgewinkte Fahrzeug sich zur Sichtlinie vortastet. In einem solchen Fall bekommt der Vorfahrtsberechtigte nur einen Teil seines Schadens ersetzt. Er mußte aufgrund des Winkens damit rechnen, daß der andere Kraftfahrer sich zur Sichtlinie vortasten würde. Er ist auch zu schnell gefahren. Wäre er nur 50 km/h gefahren und hätte auf das Winken rechtzeitig reagiert, wäre der Unfall möglicherweise vermieden worden. Die erhöhte Geschwindigkeit hat sich natürlich auch auf die *Höhe* des Schadens ausgewirkt. Der Vorfahrtsverletzer seinerseits hat drei Anspruchsgegner: Den Falschparker, weil er unfallträchtig die Sicht behindert hat, den Vorfahrtsberechtigten und auch den Winker, weil er gewinkt hat, obwohl der Vorfahrtsberechtigte mit überhöhter Geschwindigkeit herannahte. In solchen Fällen wird bei Gericht die Haftung meist

prozentual verteilt. Der Vorfahrtsberechtigte bekommt dann, sagen wir, 60 Prozent seines Schadens vom Vorfahrtsverletzer beziehungsweise dessen Versicherung ersetzt. Der Vorfahrtsverletzer seinerseits bekommt vom Falschparker, dem Vorfahrtsberechtigten und auch dem Winker zusammen 40 Prozent seines Schadens ersetzt. Wenn zwei Fahrer den Schaden in gleichem Maße verursacht haben, heißt das nicht: Jeder trägt seinen Schaden selbst. Vielmehr bekommt jeder die Hälfte seines Schadens von der gegnerischen Versicherung bezahlt.

Wenn Sie Kinder haben, sind Sie aufsichtspflichtig. Deshalb brauchen Sie sie aber nicht einzusperren. Dennoch sollten Sie eine Privathaftpflichtversicherung abschließen. Die tritt dann ein, gleichgültig ob Sie selbst oder Ihr Kind für den Schaden einstehen müssen.

Privat-Haftpflichtversicherung

Die Kraftfahrzeug-Haftpflichtversicherung umfaßt die Befriedigung begründeter und die Abwehr unbegründeter Ansprüche, die *durch den Gebrauch* des versicherten Kraftfahrzeuges ausgelöst werden. Wenn man als Fußgänger, Radfahrer, Aufsichtspflichtiger, Tierhalter, Gebäudebesitzer usw. für einen Unfall einzustehen hat, braucht man dringend eine Privat-Haftpflichtversicherung. In der Schweiz ist zum Beispiel eine Privat-Haftpflichtversicherung für Fahrräder vorgeschrieben. Mich würde

Auch Fußgänger und Radfahrer haften, wenn sie schuldhaft einen Unfall verursacht haben. Ich persönlich bin mit Weib und Kind privathaftpflichtversichert. Das kostet mich 102,60 Mark im Jahr. Das sind pro Tag und Person keine zehn Pfennige. Dafür deckt meine Versicherung Schäden bis zu drei Millionen Mark. Ich hoffe, das reicht.

es sehr beruhigen, wenn alle Radfahrer versichert wären. Sie sind nach meinen Erfahrungen sehr oft an einem Unfall mit schuld und sehen sich zum Teil sehr hohen Schadensersatzforderungen gegenüber, die sie aus der eigenen Tasche nicht bezahlen können.
Minderjährige sind in der Privat-Haftpflicht ihrer Eltern *mitversichert.* Regelmäßig sind dies auch noch Volljährige, die im Haushalt der Eltern leben. Allerdings nur bis zum Abschluß der ersten Berufsausbildung. Diese muß sich unmittelbar an die Schulausbildung anschließen. Wer also nach der Schule sich erst einmal von dem großen Streß erholen will oder herumjobt, oder wer das Pech hat, keinen Arbeitsplatz zu finden, ist nicht mehr bei den Eltern mitversichert. Ausnahme: Wer auf einen Studienplatz wartet, hat eine Schonfrist von einem Jahr. Wehrpflichtige wie Zivildienstleistende sind ebenfalls noch zu Hause versichert. Zeitsoldaten hingegen nicht mehr. Beim geringsten Zweifel würde ich *vorher* meine Versicherung fragen.

Prozeßkostenhilfe

Wer nach seinen persönlichen und wirtschaftlichen Verhältnissen die Kosten des Prozesses gar nicht, nur zum Teil oder nur in mehr als vier Raten aufbringen kann, kann Prozeßkostenhilfe bewilligt bekommen. Den Antrag dazu muß man beim Prozeßgericht stellen. Dafür gibt es bei der Antragsstelle Formulare, die man vorher ausfüllen muß. Man bekommt dann vom Gericht kostenlos einen Anwalt beigeordnet, wenn das erforderlich ist oder der Gegner bereits einen Anwalt hat. Bei mir ist das meistens der Fall. Zuvor prüft das Gericht allerdings, ob der Prozeß nicht mutwillig geführt wird und auch hinreichende Aussicht auf Erfolg bietet. Wer die Vorfahrt verletzt hat und keine Beweise für das Mitverschulden des Vorfahrtsberechtigten hat, bekommt keine Prozeßkostenhilfe. Der boshafte amerikanische Satiriker Ambrose Bierce behauptet bissig, die Prozeßkostenhilfe sei aus der Sicht des Anwalts eine Methode, die eine arme Partei rücksichtsvollerweise in den Stand versetze, ihren Prozeß zu verlieren. Für mich trägt Prozeßkostenhilfe zur Chancengleichheit vor Gericht bei.

Schadenfreiheitsrabatt

Der Erhalt des Schadenfreiheitsrabattes ist sicher neben alkoholischer Beeinflussung des Fahrers ein Hauptanreiz für die Unfallflucht. Über drei Millionen Kraftfahrer melden jährlich ihrer Kraftfahrzeug-Haftpflichtversicherung einen Unfall. Die Versicherung reguliert dann, ob es dem Kraftfahrer paßt oder nicht, den Schaden nach eigenem pflichtgemäßen Ermessen. Der Kraftfahrer bekommt dann seinen Rabatt nach einer Tabelle prozentual zurückgestuft. Anschließend dann gegen die Versicherung zu prozessieren, sie hätte zu Unrecht reguliert und müsse den ursprünglichen Bonus wieder gewähren, bietet nach meinen Erfahrungen kaum Aussicht auf Erfolg. Der Versicherung muß nämlich ein gewisser Spielraum eingeräumt werden. Sie kann zum Beispiel bei kleineren Schäden nicht alles genauestens nachprüfen, wenn dies zuviel Aufwand an Zeit und Geld kosten würde. Ein Blick in die Strafakte oder Bußgeldakte muß daher in manchen Fällen genügen. Besser ist es daher meiner Ansicht nach, sich auszurechnen, ob es nicht lohnt, den Schaden aus der eigenen Tasche zu bezahlen. Dafür gibt es Tabellen. Diese können Sie beim ADAC beziehen oder auch bei Ihrer Versicherung. 1984 waren knapp die Hälfte der Autofahrer mindestens neun Jahre schadensfrei. In der Vollkasko waren es sogar fast zwei Drittel. Für mich ist das ein sehr erfreuliches Ergebnis.

Sicherheitsgurt
Ich bin zwar kein unbedingter Anhänger des alleinseligmachenden Glaubens an die Wirksamkeit von Strafen. Gleichwohl bin ich der festen und wohlbegründeten Überzeugung, daß Tausende von Kraftfahrern und Fahrzeuginsassen heute noch leben würden oder unversehrt wären, wenn das Nichtanlegen des Sicherheitsgurtes von Anfang an mit einem Bußgeld verknüpft gewesen wäre. Der eine oder andere von uns braucht nämlich einen kleinen Denkanstoß. Deshalb freue ich mich über die Nachricht, daß man künftig auch auf den Rücksitzen den Gurt anlegen *muß*. Der Gurt ist die beste Kranken- oder sogar Lebensversicherung. Wer ihn nicht anlegt, ist es zu einem erheblichen Teil selbst schuld.

Unfallursachen
Dieter Ellinghaus befragte 1979 für die Uniroyal Kraftfahrer, auf welches falsche Verhalten ihrer Meinung nach die meisten Unfälle zurückzuführen seien. Hier die Reihenfolge, die dabei herauskam:
Auf Alkohol tippten 34 Prozent. Damit war er nach Meinung der Kraftfahrer die Unfallursache Nummer Eins. Die nächsten Rangplätze nahmen ein: Vorfahrt (19 Prozent), Überholen (15 Prozent), Geschwindigkeit (13 Prozent), und Nichteinhalten des Sicherheitsabstandes (10 Prozent). Demgegenüber ergab 1983 die polizeiliche Unfallstatistik folgende tatsächliche Reihenfolge der Hauptunfallursachen, und zwar in Prozentteilen der insgesamt verursachten Unfälle: Geschwindigkeit (22,79 Prozent), Vorfahrtsverletzungen (15,65 Prozent), Abbiegen, Wenden, Rückwärtsfahren (13,77 Prozent), Nichteinhalten des Sicherheitsabstandes (8,61 Prozent), und Alkoholeinfluß beim Fahrzeugführer (8,06 Prozent). Dann folgten auf Platz Sechs: Benutzen der falschen Fahrbahn mit 7,10 Prozent und auf Platz Sieben: Fehler beim Überholen mit 5,68 Prozent. Daraus folgt für mich, daß fehlerhafte oder unangepaßte Geschwindigkeit zu sehr unterbewertet wird.

Verschuldenshaftung
Bei Menschen wird die Haftung für einen Verkehrsunfall gesetzlich an ein Verschulden geknüpft, das der Unfallgegner beweisen muß. Verschulden beruht entweder auf Vorsatz oder Fahrlässigkeit. Fahrlässig handelt, wer die im Verkehr erforderliche Sorgfalt außer acht läßt. Also natürlich auch der, der Verkehrsregeln mißachtet.

Vertrauensgrundsatz
Darf ich als Verkehrsteilnehmer grundsätzlich darauf vertrauen, daß andere Verkehrsteilnehmer sich verkehrsgerecht und regelgetreu verhalten? Die Straßenverkehrsordnung stellt einen solchen Grundsatz bewußt nicht auf. In § 11 Absatz 2 StVO steht lediglich, daß man auf einen Vorrangverzicht *nur* dann vertrauen darf, *wenn* man sich mit dem Verzichtenden *verständigt* hat. Wenn Sie mich fragen: Vertrauen Sie bitte nicht auf einen Vertrauensgrundsatz. Für mich hat der Vertrauensgrundsatz immer ein wenig den Beigeschmack des Fortkommens auf Kosten anderer gehabt. Nach meiner Rechtsprechung ist er inzwischen auch gegenüber Kindern, Hilfsbedürftigen und älteren Personen durch § 3 Absatz 2a StVO weitgehend außer Kraft gesetzt worden. Nach dem klaren Willen des Gesetzgebers genießt dieser Personenkreis besonderen Schutz, weil er den Anforderungen und Gefahren des Straßenverkehrs oft nicht gewachsen ist. Deshalb ist hier geradezu Mißtrauen am Platz. Wir müssen uns nämlich so verhalten, daß jede Gefährdung der geschützten Personen *ausgeschlossen* ist. Kinder sind übrigens alle, die noch nicht 14 Jahre alt sind. Der Gesetzgeber hat bewußt den Schutz nicht auf Kinder bis zu sieben oder zehn Jahren beschränkt.

Wir alle haben gefühlsmäßig bestimmte Vorstellungen über die Reihenfolge der Unfallursachen. Die Wirklichkeit sieht aber etwas anders aus.

27. Wichtige Adressen

Hier eine Liste wichtiger Adressen, bei denen Sie weitere Informationen zu Fragen der Verkehrssicherheit, der Verkehrsunfallforschung, der Verkehrstechnik und des Verkehrsrechts bekommen können:

ADAC
Am Westpark 8
8000 München 70
(Technische und rechtliche Informationen rund ums Auto; Rettungshubschrauber; Verkehrssicherheitsarbeit auf allen Gebieten, u.a.: Zweirad-Turniere, Sicherheitstraining; Pannenhilfe: Telefon-Nummer bundeseinheitlich 19211; Motorwelt)

ADFC
(Allgemeiner Deutscher Fahrrad-Club)
Postfach 107744
2800 Bremen 1
(Informationen rund ums Fahrrad; Einsatz für Belange der Radfahrer)

Arbeitsgemeinschaft der Verbraucher e.V.
Heilsbachstraße 20
5300 Bonn
(Dachverband der Verbraucher-Beratungsstellen. Diese finden Sie in Ihrem örtlichen Telefonbuch)

Bundesanstalt für Straßenwesen
Bereich Unfallforschung
Brüderstraße 53
5060 Bergisch Gladbach 1
(Wichtige Untersuchungen auf allen Gebieten der Verkehrssicherheit und der Verkehrsunfallforschung)

Bund der Versicherten e.V.
Postfach 760204
2000 Hamburg 76
(Verbraucherschutz-Verein für alle Versicherte; Hans Dieter Meyer: Heyne Ratgeber Versicherung Nr. 4899; Versichern ja – aber für weniger Geld, rororo Nr. 7815)

Bundesaufsichtsamt
für das Versicherungswesen
Ludwigkirchplatz 3–4
1000 Berlin 15
(Beschwerdeinstanz bei Ärger mit der Versicherung)

Bundesminister für Verkehr
Godesberger Allee 185
5300 Bonn 2

Deutsche Akademie
für Verkehrswissenschaft
Agnesstraße 53
2000 Hamburg 60
(Veranstaltet jährlich den Deutschen Verkehrsgerichtstag: Empfehlungen zu aktuellen Fragen des Verkehrsrechts und der Verkehrspolitik)

Deutsche Hauptstelle
gegen die Suchtgefahren (DHS)
Westring 2
4700 Hamm

Deutscher Verkehrssicherheitsrat
Obere Wilhelmstraße 32
5300 Bonn
(Dachverband zur Förderung aller Maßnahmen zur Verbesserung der Verkehrssicherheit; Partner-Report)

Deutsche Verkehrswacht
Platanenweg 39
5300 Bonn 3
(Verkehrserziehung an den Schulen; Radfahrer-Paß; Drehbücher und Ideen zum 7. Sinn)

Forschungsgesellschaft
für das Straßen- und Verkehrswesen
Alfred-Schütte-Allee 10
5000 Köln 21
(Befaßt sich mit allen technischen Fragen des Straßenbaus, der Verkehrsführung und der Verkehrssicherheit; zahlreiche Richtlinien, z.B. für Lichtsignalanlagen; neuere Schwerpunkte: Umwelt, Stadt und Verkehr)

HUK-Beratungsstelle
für Schadensverhütung
Ebertplatz 2
5000 Köln 1
(Untersuchungen zur Schulwegsicherung, Verkehrsberuhigung in Wohngebieten und Problemen des Radverkehrs; Heim- und Freizeitunfälle, Auswirkungen der Nachtabschaltung von Ampeln)

HUK-Verband
Glockengießerwall 1
2000 Hamburg 1

Institut für Zweiradsicherheit e.V.
Westenfelderstraße 58
4630 Bochum-Wattenscheid
(Alle Fragen der Sicherheit für Fahrer motorisierter Zweiräder, Schutzkleidung, Leitplanken-Sicherheit)

Schutzverband der Fußgänger
Ebertplatz 2
5000 Köln 1
(Alle Fragen des Schutzes für Fußgänger und ihrer Sicherheit)

Stiftung Warentest
Lützowplatz 11–13
1000 Berlin 30
(Tests über Kraftfahrzeuge; Zubehör: Reifen, Gurte; Tourismus und Verkehr; Liste kostenlos)

TÜV
(Bitte schauen Sie in Ihr örtliches Telefonbuch)
(Kfz-Untersuchungen; Fragen der Betriebserlaubnis und Zulässigkeit von Austauschteilen; Medizinisch-Psychologische Eignungsuntersuchungen; Mofa-Prüfung; Nachschulung auffälliger Kraftfahrer)

Uniroyal Englebert Reifen GmbH
Postfach
5100 Aachen
(hier bekommen Sie kostenlos die Uniroyal Verkehrsuntersuchungen von Dr. Dieter Ellinghaus, zur Zeit sind sechs Stück greifbar: Vorschrift und Verhalten; Suche mit Hindernissen; Das Reserverad; Essen und Autofahren; Wetter und Autofahren; Alter und Autofahren; und soeben erschienen: Rücksichtslosigkeit und Partnerschaft)

Zentralruf der Autoversicherer
Die Telefon-Nummer lautet: 19213
Diese Nummer gilt in den Städten Aachen, Berlin, Dortmund, Essen, Frankfurt, Hamburg, Hannover, Köln, Mannheim, München, Nürnberg, Saarbrücken und Stuttgart

Wenn der Schädiger nicht sagen kann, wo er versichert ist oder wenn er vergißt, den Unfall seiner Versicherung zu melden, dann hilft der Zentralruf der Autoversicherer weiter. Sie brauchen nur das Kennzeichen des gegnerischen Fahrzeugs, den Namen des Fahrzeughalters, das Unfalldatum und den Fahrzeugtyp anzugeben. In kurzer Zeit erfahren Sie dann den Namen der zuständigen Versicherung sowie auch die Versicherungs-Nummer. Der Zentralruf meldet auch den Schaden gleich dem Unternehmen, damit dieses sofort die Schadensregulierung einleiten kann.

28. Register

Bildquellennachweis:

Deutsche Verkehrswacht e.V., Bonn (213)/
Deutscher Verkehrssicherheitsrat e.V., Bonn (203, 205, 206, 207, 208, 209, 210, 211, 212, 216, 217)
Drägerwerk AG, Lübeck (202, 214)